武汉大学一流本科专业建设项目"新一代人工智能驱动下电子文件管理数智教育课程体系设计与创新"（项目编号：ZG24864）

中国特色档案学的当代构建

Contemporary Construction of
Archival Science with
Chinese Characteristics

尹鑫 ◎ 著

中国社会科学出版社

图书在版编目(CIP)数据

中国特色档案学的当代构建 ／ 尹鑫著． -- 北京：中国社会科学出版社，2025．3． -- ISBN 978-7-5227-5053-8

Ⅰ．G279.2

中国国家版本馆 CIP 数据核字第 2025LW1166 号

出 版 人	赵剑英
责任编辑	田　文
责任校对	邵前卫
责任印制	张雪娇

出　　版	中国社会科学出版社
社　　址	北京鼓楼西大街甲 158 号
邮　　编	100720
网　　址	http://www.csspw.cn
发 行 部	010-84083685
门 市 部	010-84029450
经　　销	新华书店及其他书店

印　　刷	北京君升印刷有限公司
装　　订	廊坊市广阳区广增装订厂
版　　次	2025 年 3 月第 1 版
印　　次	2025 年 3 月第 1 次印刷

开　　本	710×1000　1/16
印　　张	16.25
插　　页	2
字　　数	224 千字
定　　价	98.00 元

凡购买中国社会科学出版社图书，如有质量问题请与本社营销中心联系调换
电话：010-84083683
版权所有　侵权必究

序

中国特色档案学是档案学基础理论领域关注的热点问题。本书是我的博士生尹鑫在中国特色档案学研究领域的积极探索和拓展。此前我国档案学界关注的重点在于中国特色档案学形成的时间起点、中国特色档案学的主要性质、理论部分的主体内容等，主要面向中国特色档案学的研究起点部分，即"中国特色档案学是什么"。这一次转向了研究策略层面，即"怎么办"，即主要研究宏观战略和建设路径问题，两条清晰的主线贯穿其中，引发了这一研究拓展。一是向内看，我国有关中国特色档案学的倡议、理论、概念、组成部分、舆论等研究正呈现出兴起之势，但是关于理论建设方向的研究却一直较为零散、步伐较慢、效果略微，这些问题的不断发现，引发了我们对问题的症结及其破解之道的思考。二是向外看，国际学术界对于中国特色档案管理的长期关注，引发了尹鑫博士从理论层面抽象提炼档案学中"中国特色"的推进之道，以及促进档案学"特色出海"，进而促进"文化出海"的思考。尹鑫博士也在中外档案学特色的对照中，发现了一些超乎微观策略层面的整体思路章法。于是，她悟出一个道理：面对中国特色档案学建设这一历史性挑战，仅有战术层面的应对远远不够，还需要有面向档案学基础理论整体视野的宏观思维和战略应对，才能把这项研究有力地推向前进。尹鑫博士把这个思路称为"中国特色档案学的当代构建"。

2020年10月，受到疫情的影响，尹鑫博士所在的2020级成为历届博士新生班中较晚到校的一届，但这丝毫没有影响到尹鑫博士参与我主持的国家社会科学基金重大专项档案学子课题研究的热情。经过广泛深入的文献调研、实地走访，尹鑫博士逐渐掌握了中国特色档案学研究的一些基础材料。在逐渐掌握了一些基础材料后，尹鑫博士经常就研究心得与困惑和我展开讨论，重点把握两个方面研究内容：其一，对中国特色档案学的历史进行梳理，由此，她逐渐明确了一些中国特色档案学的代表性领域，如科技档案管理学、档案保护技术学、档案文献编纂学等，并经由特色领域的梳理，总结中国特色档案学的主要范畴、知识贡献等。其二，明确中国特色档案学当代构建的三个主要方向：一是围绕中国特色国家发展战略构建；二是围绕数字转型的社会背景构建；三是围绕新兴交叉学科建设的学科发展趋势构建。通过历史与未来的双向审视，我们逐渐得到了一些研究启示，形成了一些研究思路。

在研究中，我经常看到尹鑫博士流连于学校图书馆和学院资料室的忙碌身影，她努力收集第一手学科历史材料，在分析学科历史材料显现的"中国特色"、提出当代构建策略方面下足工夫。作为国家社科基金重大专项档案学子课题的负责人，我一方面欣喜于这一课题得到了我的博士生如此多的关注与付出，另一方面也为其研究难度感到压力。作为档案学基础理论研究拓展的重要领域，中国特色档案学研究需要研究者具有甘坐冷板凳的耐心与毅力。令我欣喜的是，仅仅两年时间，尹鑫博士通过中国特色档案学研究的训练，在博士阶段形成了一系列有影响力的研究成果，获得了来自相关领域专家的鼓励和认可，为她此后的教学科研生涯积累了一些有益经验。在本书稿即将付梓时，我也欣喜地得知，尹鑫博士在其任教的武汉大学信息管理学院，正不断地取得教学工作、学生工作方面的进步，实现了她博士毕业后职业生涯的新成长。作为导师，我深感欣慰，也期盼本书能够成为一部优秀的基础理论新作。

当然，中国特色档案学研究是一个深层的复杂问题，本书所做的分析必然会存在一些不足或欠缺，有关研究内容还需要深化，并接受随着理论和实践的深入发展的检验。当然，我相信，尹鑫博士的教学科研生涯也将以这本新作的付梓为契机，不断地拓宽、拓深。

张斌

2024 年 10 月 18 日

目　录

第一章　绪论 … 1
  一　研究缘起 … 1
  二　研究意义 … 5
  三　研究基础 … 6
  四　研究述评 … 26
  五　研究范围 … 26
  六　研究方法 … 30
  七　研究创新 … 31

第二章　中国特色档案学当代构建的历史基础 … 36
  一　中国特色档案学的历史脉络 … 37
  二　中国特色档案学的基本范畴 … 57
  三　中国特色档案学的演进规律 … 79
  四　中国特色档案学的主要经验 … 83
  五　中国特色档案学的思想体系 … 87
  六　中国特色档案学的知识贡献 … 109

第三章　中国特色档案学当代构建的逻辑理路 … 113
  一　中国特色档案学形成的主要原因 … 113

二　中国特色档案学的价值蕴含……………………………… 114
　　三　中国特色档案学的理论基础……………………………… 116
　　四　中国特色档案学的构成要素……………………………… 124
　　五　中国特色档案学的现状审视……………………………… 132
　　六　中国特色档案学当代构建的必要性……………………… 138

第四章　面向中国特色国家发展战略的当代构建……………… 141
　　一　面向中国式现代化建设，加强档案事业研究…………… 141
　　二　面向文化强国战略，加强档案人文数据研究…………… 147
　　三　面向教育强国战略，提升档案学教育服务高质量
　　　　发展能力……………………………………………………… 148
　　四　面向人才强国战略，推动杰出人才养成………………… 149
　　五　面向数字中国战略，推动档案学特色领域数字转型…… 150
　　六　面向健康中国战略，加强档案利用与鉴定研究………… 151
　　七　面向中国特色新型智库战略，加强档案智库研究……… 152

第五章　面向数字转型的当代构建……………………………… 158
　　一　中国特色档案学数字转型的基本原则…………………… 159
　　二　中国特色档案学数字转型的战略框架…………………… 161
　　三　中国特色档案学数字转型的技术路径…………………… 169

第六章　面向新兴交叉学科建设的当代构建…………………… 179
　　一　我国档案领域学科交叉的发展现状……………………… 180
　　二　我国档案领域新兴交叉学科理论建构…………………… 186
　　三　我国档案领域新兴交叉学科发展的基本特点…………… 190
　　四　我国档案领域交叉学科发展面临的现实挑战…………… 195
　　五　我国档案领域学科交叉发展的优化策略………………… 198

第七章 结论与展望：回顾·省思·前瞻 …… 204
　一　回顾：中国特色档案学的贡献 …… 204
　二　省思：档案学的"中国"与"特色" …… 204
　三　构建：中国特色档案学的当代策略与后续命题 …… 206

参考文献 …… 214

附　录 …… 239

后　记 …… 247

第一章

绪　论

本书属于"档案学基础理论"的研究范畴，通过"学科史"和"学科建设理论"两条主线展开。相较于宏观层面的档案学史研究和档案学建设理论研究，更偏向于微观层面的"中国特色"辨识研究。既然是研究"中国特色档案学"，那么本章就从中国特色档案学研究的背景谈起，以"国情背景""行业背景""学科背景"等为思考线索，明晰中国特色档案学研究的基本含义以及学界已有研究情况，从而设计全书的研究框架，以为当代构建研究提供基础。

一　研究缘起

中国特色档案学的当代构建，是识别与建构档案学中国性、自主性、体系性的重要途径，是档案学领域阐释习近平新时代中国特色社会主义思想的重要研究领域，主要立足于对中国特色档案学理论、制度、历史、文化进行考证，展现档案学的原创性、独创性、发展性贡献，并阐释档案学的"中国特色"。随着档案学发展进入新时代，学科发展需要立足中国国情，明晰学科的"中国特色"以及当代构建策略，促进档案学成为赋能中国特色哲学社会科学整体构建的主阵地，并进一步开阔视野、兼收并蓄、融合发展。

（一）国情背景

中华人民共和国成立后，为巩固新生政权，培养档案干部，发挥档案学在促进中国特色社会主义事业建设上的效能，我国档案学教师、档案学者通过自主编写教学材料、创立中国本土的实践教学体系、筹建中国本土的档案教育与研究机构等方式，开启了中国特色档案学建设的历史进程。[①] 由于新中国的建设遵循了"走自己的路""建设有中国特色社会主义""自力更生"等一系列重视国家发展内生动力的理念，中国特色社会主义事业得以建立并不断发展。在中国特色社会主义事业发展进程中，由于形成了重视技术档案工作、重视对中国悠久历史的考察与诠释、重视国家文化与教育事业发展等政策，中国特色档案学自建立以来就得到了良好的政策支持。党的二十大报告用专章阐述了"习近平新时代中国特色社会主义思想的世界观和方法论"，并指出："我们党勇于进行理论创新，以全新的视野深化对共产党执政规律、社会主义建设规律、人类社会发展规律的认识，取得重大理论创新成果，集中体现为新时代中国特色社会主义思想。"习近平新时代中国特色社会主义思想推进了人民主体论的创新发展，始终坚持"来自人民，为了人民，造福人民"的人民至上观，以人民立场作为逻辑起点[②]，实现了党的领导与民本理念的融合，推进"以人民为中心"的党的执政理念对档案学发展的科学指引，特别是实现了对红色档案研究、红色文献保护修复技术等领域的科学指引。

（二）行业背景

中华人民共和国成立后，"档案事业"这一概念在我国逐渐发展起

[①] 徐拥军、闫静：《中国特色档案学的基本范畴与核心命题》，《中国图书馆学报》2024年第3期。

[②] 张兴林、李俊伟：《习近平新时代中国特色社会主义思想的生成逻辑》，《学术探索》2023年第7期。

来，并与广义档案工作概念等同，在赋能中国特色社会主义事业建设进程中，逐渐发展成为包括档案行政事业、档案科技事业、档案信息化事业、档案法治事业、档案文化事业等在内的具有中国特色的、完整的、科学的档案事业体系。中国特色档案学的建立和发展，不仅得益于国家政策的支持，也得益于在遵循"行政主导""集中统一管理""文档一体化"等管理思想下我国独立自主建立的档案事业体系的支持。通过发现与尝试解决档案事业各历史阶段存在的问题，中国特色档案学得以不断丰富其理论体系，并提升解决中国问题的能力。

(三) 学科背景

1. 档案学需要融入中国特色哲学社会科学整体构建中

2016年，习近平总书记在哲学社会科学座谈会上首次明确提出要"加快构建中国特色哲学社会科学"，并指出"社会大变革的时代，一定是哲学社会科学大发展的时代"。[①] 随着档案学发展进入新时代，学科发展需要立足中国国情，促进档案学成为赋能中国特色哲学社会科学整体构建的主阵地，并进一步开阔视野、兼收并蓄、融合发展，这就需要结合中国特色社会主义伟大实践，将档案学加快融入中国特色哲学社会科学体系里；加快构建中国特色档案学学科体系、学术体系、话语体系；加快打造融通中外的档案学新概念、新范畴、新表述；加快凝练档案学体现中国立场、中国智慧、中国价值的理念、主张、方案，充分展现档案学中国特色哲学社会科学的特点和优势。

2. 档案学需要契合建构中国自主知识体系的根本要求

中国特色档案学的发展史也是中国自主的档案学知识的增长史。中国自主的知识体系建构是中国特色档案学当代构建的主要保障，也是中

---

① 习近平：《在哲学社会科学工作座谈会上的讲话》，人民出版社2016年版，第15、8页。

国特色档案学通过密切配合国家发展战略，加速数字转型、加强交叉学科建设的最终归宿，集中体现了中国特色档案学当代构建的成果，有助于中国特色档案学当代构建使命的具体实现。中国自主的档案学知识体系是以中国档案学者、档案工作者为主体建构的、能解决中国问题的档案学知识体系①，主要是指中国人立足中国实际自主建设的具有原创性、确定性、系统性的档案学认识和经验系统②，中国自主的档案学知识体系建构是中国特色档案学当代构建的主要保障。也是中国特色档案学通过密切配合国家发展战略，加速数字转型、加强交叉学科建设的最终归宿，集中体现了中国特色档案学当代构建的成果，有助于中国特色档案学当代构建使命的具体实现。档案学需要契合建构中国自主的知识体系的根本要求，主要表现为档案学建设需要遵循自主知识体系建构的国家主体性；档案学建设需要遵循自主知识体系建构的人民主体性；档案学建设需要遵循自主知识体系建构的文化主体性；档案学建设需要遵循自主知识体系建构的历史主体性；档案学建设需要遵循自主知识体系建构的学科主体性；档案学需要增强用中国理论解答中国问题的学科自觉自信。

3. 档案学需要配合新文科建设学科交叉融合的发展需求

新科技革命和文科融合化催生了新文科建设的时代需求，也促成了交叉学科发展的时代机遇。档案学需要根据新文科建设的需求，拓宽学科视野，促进思维范式变化，推动新的研究课题建立、促进研究内容与研究方法的融合创新，中国特色档案学的当代构建需要把握交叉学科建设的资源效能，通过借力多学科资源的赋能效用，实现学科建设的创新发展；围绕交叉学科发展出新的学科领域和学科方向，形成中国特色档案学知识体系创新发展的新领域，在与世界先进知识体系互学互鉴的同

---

① 冯惠玲：《关于建构中国档案学自主知识体系的几点想法》（2022-11-30）［2024-02-20］，https：//mp.weixin.qq.com/s/DGY9exkpF4NlIUiIRejGlQ。

② 张斌、杨文：《建构中国自主的档案学知识体系》，《中国图书馆学报》2023年第2期。

时，提升学科创新能力，助力中国特色哲学社会科学建设，通过培养具备复合知识储备能力和学科交叉建设能力的新型人才，特别是需要坚持长远眼光，实施以育人育才为中心的整体发展战略，培养和塑造一批既精通专业知识的"经师"，又涵养德行的"人师"，建设学科人才梯队。

二 研究意义

(一) 理论意义

1. 中国特色档案学研究明晰了档案学的"中国特色"

首先，本书关于"中国特色档案学的当代构建"研究是对中国特色哲学社会学科建设背景下档案学理论的发展与探索，能够丰富理论档案学与档案学基础理论。其中，在理论档案学方面，本书分析了档案学的"中国特色"因子在学科体系形成历史中的呈现理路。在基础理论方面，本书对中国特色档案学的内涵与外延进行了界定，对中国特色档案学当代构建的逻辑进行了理论构建，明确了中国特色档案学的形成原因、价值内蕴、构成要素。其次，本书从中国特色档案学当代构建方法层面探析当代构建"何以可为"与"何以可行"，是对学科史理论的完善，能够从实现角度推进中国特色档案学当代构建的实现。

2. 构建新时代档案价值论

中国特色档案学的当代构建研究，实现了档案价值论在当代的新发展，有助于推进档案学当代价值的实现。首先，对档案价值论而言，本书提出了通过中国特色档案学的当代构建实现档案学价值重构的创新路径。其次，对档案学学科本身的价值而言，本书提出将学科价值嵌入国家价值与多学科价值的创新路径。

(二) 实践意义

首先，本书可指导档案教育部门了解和认同档案学的"中国特色",有助于对专业技术人才开展思政教育,提升人才的思政素养,发挥中国特色档案学对学科人才的培育作用。其次,本书可指导档案实务部门推进面向当代构建的工作思路转型,提升档案工作效率,发挥中国特色档案学的服务效能。

三 研究基础

(一) 研究问题

本书研究的核心问题是,如何在辨识档案学"中国特色"的基础上,结合历史与当代构建面向当代的中国特色档案学,实现中国特色档案学转型升级。为了回答这一问题,本书要依次解决三个子问题:

第一,"为什么"的问题。这主要涉及中国特色档案学的提出背景、形成原因,当代构建的必要性、主要目标、逻辑理路和构建思路,以明确中国特色档案学当代构建的研究边界。

第二,"是什么"的问题。这主要涉及中国特色档案学的历史基础、构成要素、价值内蕴,明确中国特色档案学当代构建的依据,重点在于从"历史中的'中国特色'—要素中的'中国特色'—规律中的'中国特色'—经验中的'中国特色'—价值中的'中国特色'—贡献中的'中国特色'"六个方面构建中国特色档案学当代构建的理论框架。

第三,"怎么做"的问题。这主要涉及中国特色档案学当代构建的具体实现,重点从"国情层——面向中国特色国家发展战略的当代构建"、"技术层——面向数字转型的当代构建"和"资源层——面向交叉学科建设的当代构建"三个方面分析中国特色档案学当代构建的实现要点。

(二) 概念界定

中国特色档案学当代构建概念的提出并非空中楼阁,需要梳理学界已有相关概念，分析已有研究成果概念，在发现已有研究的推进空间的基础上建立本书的基本概念。截至 2024 年 2 月 1 日，笔者对与"中国特色档案学的当代构建"相关的概念进行了文献调研，发现学界已有研究集中于中国特色档案学话语、命题、资源等方面，具体如表 1-1 所示。

表 1-1　　　　中国特色档案学的当代构建相关概念梳理

概念	代表人物	相关表述	侧重
具有中国特色的社会主义档案学	吴宝康	新中国成立后创建起来的档案学就是具有中国特色的社会主义档案学①	时间视角 对象视角
中国特色档案学	冯惠玲	中国特色档案学是中国学者在汲取旧中国和苏联档案学理论合理成分的基础上，根据中国实践不断发展完善逐步建构起来的学科体系②	经验视角 范畴视角
档案学	胡鸿杰	档案学是一个"应用理论领域"，档案学的研究状况在相当程度上取决于这门学科的生存环境③	性质视角 环境视角
中国特色档案学话语体系	张斌等	中国特色档案学话语体系是围绕档案学所形成的一系列具有中国特点，能够体现中国道路、制度、文化的一套档案学话语及其表达系统④	历史视角 话语视角
中国特色档案学的基本范畴与核心命题	徐拥军等	中国特色档案学的学科内核与学理内核，包括档案的本质及其形成规律在内的四个基本范畴，以及档案是人类社会活动的原始记录在内的 16 个核心命题⑤	理论视角

---

①　转引自《档案学通讯》杂志社编《档案学经典著作》第 5 卷，辽宁大学出版社 2017 年版，第 12 页。

②　冯惠玲：《从文献管理到基于信息资源的管理——图书情报与档案管理学科的创新发展之路》，《情报资料工作》2013 年第 3 期。

③　周林兴：《中国档案学术生态研究》，人民出版社 2013 年版，第 1 页。

④　张斌、杨文：《论新时代中国特色档案学话语体系的构建》，《档案学通讯》2019 年第 5 期。

⑤　徐拥军、闫静：《中国特色档案学的基本范畴与核心命题》，《中国图书馆学报》2024 年第 3 期。

续表

概念	代表人物	相关表述	侧重
中国特色档案学理论	李财富	文件（档案）运动规律理论、党政档案工作集中统一管理理论、图书情报档案管理一体化理论是具有中国特色的档案学理论①	理论视角
档案学的特殊规律	潘连根	档案学作为一门独立的社会科学，首先必须遵循社会科学发展的一般规律，但同时又有着其自身发展的特殊规律②	理论视角
档案学术生态	周林兴	档案学术生态研究不仅具有学术上的意义、学科上的贡献，而且富有社会责任层面的存在价值③	学术评价视角
档案"有用性"价值	任越	纵观我国古代档案工作演进史，对档案"有用性"的价值认知始终囿于将档案作为一种记录、管理与控制的工具。中华人民共和国成立后，成立了以国家档案局为核心的社会主义档案事业体系，档案机构社会文化事业单位的属性界定为社会档案价值认知的转型奠定了基础④	价值视角
档案事业的传统与现代化	覃兆刿	电子技术和信息观念的冲击，使档案事业的传统与现代化问题得以凸显。评价档案传统在电子文件时代的意义并促成新时期档案学术的归约，是当前档案学基础理论研究中应该引起高度重视的问题⑤	理论视角
民族档案学	陈子丹	民族档案学是具有中国民族特色的一门学科。民族档案研究的对象是社会现象领域中少数民族档案和民族地区档案工作所具有的特殊矛盾⑥	特色视角
中国档案学	闫静	中国档案学发展的后续命题是从独立学科走向成熟学科⑦	历史视角 理论视角 发展视角

---

① 李财富：《关于建构中国自主的档案学知识体系的若干思考》，《档案学通讯》2023年第3期。
② 潘连根：《档案学元理论研究》，浙江大学出版社2019年版，第214页。
③ 周林兴：《中国档案学术生态研究》，人民出版社2013年版，第14页。
④ 任越：《档案双元价值理论及其实证研究》，科学出版社2020年版，第3—4页。
⑤ 覃兆刿：《档案双元价值论谈》，科学出版社2015年版，第294页。
⑥ 陈子丹：《民族档案研究与学科建设》，云南大学出版社2016年版，第251页。
⑦ 闫静：《1949年至1966年的中国档案学——作为一门独立学科的创建》，中国社会科学出版社2021年版，第328页。

续表

概念	代表人物	相关表述	侧重
中国特色档案学理论体系	宗培岭	我国已经初步形成了中国特色档案学理论体系，具有能正确指导中国档案工作实践的积极效用，其主体内容包括档案论、档案学科论、档案工作论、档案事业管理理论、档案应用理论、档案应用技术，既具有档案学理论科学性、抽象性、先导性特征，又具有兼收并蓄、与时俱进、服务实践的品格①	理论视角 特色视角
中国特色档案利用服务	丁华东	中国特色档案利用服务的内在本质、行动纲领、政治承诺是"建设方便人民群众的档案利用体系"②	业务视角
我国档案资源特色	归吉官	我国档案资源特色表现为历史特色、文化特色、区域特色、民族特色、边疆特色，并以其独特性、稀缺性，一般被视为珍品加以保护③	资源视角
中国特色档案学话语体系	杨文	中国特色档案学话语体系的构建经历了从学科独立到话语独立的发展与演变④	话语视角 理论视角 历史视角

通过观察学者对中国特色档案学相关概念的界定，可发现中国特色档案学的当代构建已经具有时间视角、历史视角、理论视角、性质视角、环境视角、特色视角、业务视角、话语视角、资源视角、发展视角、学术评价视角等方面的论据支持，这些论据提供了本书的立论基础，也为本书构建逻辑的设定、历史基础的梳理、当代构建策略的设计提供了一定的方向指引、观点支持和评估依据。但是，专门针对中国特色档案学理论依据、历史基础、当代构建策略进行系统性研究的成果较为有限，这为本书研究提供了一定空间，也奠定了本书核心概念界定的基础。

---

① 宗培岭：《中国特色档案学理论初探》，《图书情报知识》2007年第4期。
② 丁华东、黄琳：《中国特色档案利用服务体系的建设与完善》，《档案学研究》2022年第1期。
③ 归吉官：《西南边疆民族地区国家综合档案馆特色档案资源整合与服务现状、问题及对策》，《档案学研究》2020年第1期。
④ 杨文、张斌：《再论新时代中国特色档案学话语体系的构建》，《图书情报知识》2022年第4期。

本书涉及的核心概念主要有五个：档案、档案学、中国档案学、中国特色档案学、中国特色档案学的当代构建。对相关概念进行梳理分析与界定，有助于确定研究边界，明确研究内容。

1. 档案

本书对档案概念的界定以2021年1月1日起施行的《中华人民共和国档案法》为准。根据2021年1月1日起施行的《中华人民共和国档案法》，档案是"过去和现在的机关、团体、企业事业单位和其他组织以及个人从事经济、政治、文化、社会、生态文明、军事、外事、科技等方面活动直接形成的对国家和社会具有保存价值的各种文字、图表、声像等不同形式的历史记录"。

2. 档案学

"档案学"一词具有鲜明的学科属性，其出现有特定的时代背景和行业背景，并在时代变迁和行业发展的进程中发生了变化。由于档案学界普遍尊重与认可吴宝康对于"档案学"的概念界定，故本书对档案学的界定以吴宝康在《档案学理论与历史》这本档案学经典著作中所采用的"档案学"定义为准。根据吴宝康的观点，档案学是为适应我国社会主义革命和社会主义建设的需要，一个具有国家规模的社会主义档案事业建立和发展起来，并在此基础上创建和发展了具有我国特点的社会主义档案学。档案学是研究和揭示档案的产生、形成、发展和全部档案工作实践诸环节的关系及其历史发展的特定规律的一门科学。可以发现，吴宝康对于"档案学"概念的界定考虑到了档案学建立的社会背景，明确了社会主义背景下档案学的时间起点，由此与民国档案对于"档案学"的界定相区分。

3. 中国档案学

"中国档案学"一词体现了鲜明的国家立场，本书对"中国档案学"概念的界定，在尊重李财富"中国档案学从其具备理论形态算起，至今已有近百年的历史"① 观点的基础上，根据作者对于中国人民大学档案系历史资料的调研，将"中国档案学"界定为：中国档案学是在中国档案工作实践中形成并发展起来的一门科学，其研究对象为产生于中国本土的档案、档案现象及其发展规律，其形成已有近百年的历史，因社会背景、主要来源、价值理念、构成要素等方面的差异，其范畴不仅包括"中国特色档案学"，也包括并不完全具有"中国特色"属性的中国档案学，如吸纳国外先进档案技术理念的"档案计算机管理学"。中国档案学的形成为中国特色档案学的建立提供了一定的经验基础，并为辨识档案学的"中国特色"提供了可供比较的参照系。

4. 中国特色档案学

本书结合相关学者对"中国特色档案学"的概念界定，将"中国特色档案学"界定为"中国特色档案学形成于新中国成立后，是为发展中国特色社会主义档案事业、培养具有社会主义理念的档案人才，在遵循'党政档案工作集中统一管理''保守党的秘密''行政主导''文档一体化'等特色思想的前提下，通过对中国特色档案工作实践的调研考察，在中国特色教育、科研、服务中建立起来的一套学科特色理论体系"。

5. 中国特色档案学的当代构建

本书结合时代发展和档案行业发展的当代需求，将"中国特色档案学的当代构建"界定为它"是面向我国文化强国、治理体系与治理能力现代化、教育强国、人才强国、建构中国自主的知识体系、富强中国、健康中国、美丽中国等国家发展战略，充分借助新兴信息技术，借助数据生态环境，面向服务对象实现学科的数字转型，并借助交叉学科建设的资源优势，实现档案学的当代构建的历史进程"。

---

① 李财富：《中国档案学史论》，《档案学通讯》杂志社编：《档案学经典著作》第5卷，辽宁大学出版社2017年版，第238页。

(三) 国内外研究现状述评

1. 国内文献调研及初步分析

(1) 文献调研结果及初步分析

截至2023年12月1日，在中国知网（中国期刊全文数据库、中国博士学位论文数据库、中国优秀硕士学位论文数据库、中国重要会议论文全文数据库、中国重要报纸全文数据库）、中国人民大学学位论文库、读秀知识库（图书资源库）分别以"中国特色+档案""中国特色+档案学""中国特色档案学+理论""中国特色档案学+历史""中国特色档案学+策略""中国特色档案学+不足""中国特色档案学+话语"作为题名（篇名）进行检索，得到表1-2所示结果。

表1-2　　　　　国内数据库文献检索结果

数据库 检索词	中国知网期刊全文数据库	硕博学位论文数据库	重要会议论文全文数据库	重要报纸全文数据库
中国特色+档案	68	12	4	1
中国特色+档案学	15	0	0	0
中国特色档案学+理论	26	6	0	0
中国特色档案学+历史	7	1	0	0
中国特色档案学+策略	27	3	1	0
中国特色档案学+不足	7	2	0	0
中国特色档案学+话语	12	1	1	1

(2) 主要研究焦点梳理

一是关于中国特色档案学概念定义的研究。关于中国特色档案学概念定义的研究，是本书需要关注的首要问题。从既有成果来看，它主要表现在三个方面。其一，关于中国特色档案学术语的研究。21世纪初期，"归档"①不仅是具有中国特色的档案学术语，而且是对中国档案学理论中重要概念的认识，由王恩汉提出，根据对档案概念形成与统一的国际背景的考察，得出档案概念来源于档案工作者服务的社会体制及文化的结论。其二，关于中国特色档案术语翻译的研究。李晓艳根据目的原则、连贯原则、忠实原则的英译目的论，基于通过语言转换中国优秀档案文化以促进中国档案文化传播的考察，对具有历史文化承载意义的档案术语的英译采用加注方法、对与现行管理体制密切相关的档案术语的英译采用异化策略、对与历史和当前档案工作相关的档案术语的英译采用归化策略。②其三，关于中国特色档案学分支学科概念的研究。在文书学概念研究方面，茆邦寿认为，文书是社会组织、机构、个人应自身管理及社交的直接需要而形成的物化信息。③

二是关于中国特色档案学理论的研究。从既有成果来看，这主要表现在对中国特色档案学的理论性质与内容、中国特色档案学的价值、国外档案学理论本土化等方面的研究。其一，关于中国特色档案学理论性质与内容的研究。胡鸿杰阐释了中国档案学的逻辑起点是档案学形成和发展的原始动因，以"文件的归宿"为主要表现形式；理论模式具有为政府管理服务的专指性；实践基础在于档案管理活动的规模与层次；基本理念与模式不仅具有档案学理论的科学性、抽象性、先导性特征，也是形成于中国档案工作实践、能正确指导中国档案工作实践的理论，是对中国档案工作实践经验的总结，具有兼收并蓄、与时俱进、服务实践的品格。④潘连根认为，逻辑起点是一个范畴、是最简单最抽象的"物"的概念、从与历史起点吻合的角度出发，提出"文件"是档案学

---

① 王恩汉：《"归档"：一个中国特色的档案学术语》，《中国档案》2000年第2期。
② 李晓艳：《目的论视角下的中国特色档案术语英译策略研究》，《北京档案》2018年第1期。
③ 茆邦寿：《文书定义评说》，《档案学通讯》1998年第4期。
④ 胡鸿杰：《理念与模式——中国档案学论》，《档案学通讯》2003年第6期。

的研究起点。① 张斌等梳理了中国特色档案学基础理论体系发展的历史分期，并概括出中国特色档案学基础理论体系的核心理念表现在党的领导、国情见证、文明印记、话语依托四个方面。② 中国特色档案学基础理论体系的当代构建，有利于进一步发展和传承档案学基础理论的中国特色，着力构建面向新时代的档案价值论，发展面向中国本土的档案学支柱理论，构建面向人文复兴的数字人文理论，构建面向2035年远景目标的档案信息理论，构建面向新时代治国理政的档案治理研究。其二，关于中国特色档案学重要价值的研究。藏于石室金匮里的"国家典制档案"与"祖宗之法档案"在中国古代被誉为"国史"。马立伟将公文研究置于国家管理的高度，以《公牍学史》为研究对象，探析作者许同莘的中国古代传统文化素养、儒学渊源、与时俱进的近代化精神及其所衍生的"公牍乃临民治事之具""政事与学术、公牍与文章为一贯""治牍如治史"等具有中国特色的治牍技巧与方法，诠释了中国古代以来"教民之道寓于治民之中""政学合一""政教合一"的特色。③ 其三，关于国外档案学理论本土化的研究。周雪通过考察理论"本土化"的历史渊源，发现"本土化"兴起于第二次世界大战后由第二世界国家和第三世界国家为对抗西方学术"霸权"而掀起的普遍学术运动，其正式提出始于1953年巴西社会学家拉莫斯在拉丁美洲社会科学大会上提出的社会科学研究本土化思想，为中国档案学者结合中国实际批判性地吸收外国档案学理论，建设具有中国特色的档案学理论提供了有益启示。④

三是中国特色档案学主要领域的研究。从既有成果来看，这主要表现在知识体系、教材体系、课程教学、人才培养等方面。其一，在知识

---

① 潘连根：《档案学逻辑起点探究》，《湖南档案》1997年第1期。
② 张斌、尹鑫：《中国特色档案学基础理论体系的历史发展与当代构建》，《中国图书馆学报》2021年第6期。
③ 马立伟：《以文本为基础的〈公牍学史〉研究》，《档案学研究》2017年第5期。
④ 周雪：《外国档案学理论的引鉴及本土化》，《浙江档案》2013年第6期。

体系方面，21世纪初期，我国文书学已经建立起具有学科特点的概念与范畴，并在此基础上形成了独立完整的学科知识体系。① 徐拥军通过考察档案学与文书学的关系，基于文件是档案学研究的起点、文件档案管理一体化要求档案学研究文件现象、文件生命周期理论与电子文件生命周期理论成为我国档案学研究的重点内容和重要成果、文书学从产生起就一直附属于档案学等理由，提出将档案学研究对象与研究范围扩大至文书学（文件学）。② 葛荷英通过对档案鉴定实践及其知识体系的考察，探讨了文件生命期的不同阶段鉴定实践的知识构成，认为档案鉴定学的知识发展需要突破母体档案管理学的框架，在扩充知识内容的基础上选择更大的理论平台。③ 李财富基于中国档案学史理论价值与实践意义的考察，对中国档案学史进行了系统梳理和评价。④ 甘玲等将档案学的知识结构界定为连接培养目标与课程设置的中介，已经形成包括专业基础层、信息管理层、政治文化层于一体的"三位一体"知识体系结构。⑤ 其二，在教材体系方面，赵彦昌针对中国档案史教材建设中出现的研究成果相对贫瘠、教材建设相对滞后、缺少对20世纪档案和史料大发现的研究与提炼、少数民族历史档案研究相对缺失、与中国图书馆史研究分离等问题提出了相关建议，指出未来需要围绕档案种类的丰富发展历程、中国古代以来档案工作者的职业化发展历程、中国古代以来的档案制度发展历程、中国古代以来的档案机构发展历程、中国古代以来的档案法制发展历程等方面完善中国档案史教材建设。⑥ 其三，在课程教学方面，21世纪初期，随着知识经济和经济全球化成为世界发展

---

① 周蓓新：《文书学学科建设问题之探讨》，《档案学通讯》2001年第5期。
② 徐拥军：《对档案学研究对象、文书学和档案学关系的反思》，《档案学通讯》2003年第4期。
③ 葛荷英：《关于档案鉴定知识及诸多难题的研究》，《档案学通讯》2003年第5期。
④ 李财富：《中国档案学史论》，《档案学通讯》2003年第6期。
⑤ 甘玲、朱玉媛：《论档案学"三位一体"的知识结构体系及其相对稳定性》，《图书情报知识》2005年第1期。
⑥ 赵彦昌：《关于〈中国档案史〉教材建设的若干思考》，《档案学通讯》2009年第6期。

大趋势，为顺应此时期国家机构改革、行政管理信息化、依法治国、档案工作改革等方面的需要，杨戎提出文书学教学改革的内容包括教学观念的转变、课程设置和教学内容的改革、教学方法的改革、考核方式的改革等方面。① 沈蕾等根据对北京联合大学的文书学课程改革实践的思考，结合新世纪以来在中央重视大学生创新能力、实践能力、创业精神的培养，强调提高大学生人文素养和科学精神，主要从文书机构、载体形式、现代文件理论等方面对文书学教学体系进行重新构建，并在课程内容设置、教学方法、考试方法等方面进行具体改革。② 其四，在人才培养方面，华林结合科技档案管理学教学实践，围绕理论素质、实践技能、表述能力、科研技能等方面的素质培养问题展开了研究。③

四是关于中国特色档案学"三大体系"的研究。从既有成果来看，这主要表现在中国特色档案学学术体系、中国特色档案学话语体系两个方面。其一，在中国特色档案学学术体系研究方面，尹鑫等提出加快构建中国特色档案学学术体系，是实现中华民族伟大复兴中国梦的重要组成部分，对于促进中国档案学发展具有重要价值和良好的发展契机。④ 加快构建中国特色档案学学术体系，可以在以下方面下功夫：聚焦新时代，深入探索中国特色档案学学术体系的历史发展进程和当代构建模式；着眼新未来，加强中国特色档案学话语建设；构建新规范，认真推进档案法治研究和技术标准研究等。其二，在中国特色档案学话语体系研究方面，杨文等提出新时代中国特色档案学话语体系的构建，需要立足于阐释中国档案事业发展道路与发展模式，构建融通中外开放自信的

---

① 杨戎：《抓住发展机遇 不断改革创新——〈文书学〉教学改革的背景与内容》，《档案学通讯》2001年第5期。
② 沈蕾、孙爱萍：《〈文书学〉课程改革的思考与实践》，《档案学通讯》2009年第3期。
③ 华林：《分割与联系——以〈科技档案管理学〉为例探讨档案学专业综合素质培养的问题》，《档案学通讯》2006年第4期。
④ 尹鑫、张斌：《论加快构建中国特色档案学学术体系》，《图书情报知识》2021年第5期。

档案学话语体系。①

五是关于中国特色档案实践方法的研究。从既有成果来看，主要表现在：对具有中国特色的档案编研方法的研究、对具有中国特色的档案修复材质选用的研究、对具有中国特色的档案装帧工艺的传承方法的研究、对具有中国特色的档案修复风险评估方法的研究、对具有中国特色的档案鉴辨方法的研究、对具有中国特色的历史档案的修复策略的研究等。其一，在具有中国特色的档案编研方法方面，梁继红基于对清初曹本荣《奏议稽询》按事类编排、清中期官纂《皇清奏议》按时间编排、清晚期《国朝奏疏》重回事类编排的研究，揭示了档案编排为当朝皇帝提供统治经验，为现实政治服务的资政价值。② 其二，在具有中国特色的档案修复材质选用的研究方面，张美芳结合我国历史上档案与古籍首选手工纸作为修复对象的特色实践经验，以及修复实践中的修补、加固、溜边、接后背、托裱、衬纸、纸捻和撤潮等公益环节，秉持修复纸质与原纸相同或相近原则，辅之以具有地域特色的纯净水源的选择，认为它可以为当代档案修复工作提供有益借鉴。③ 其三，在具有中国特色的档案装帧工艺的传承方法研究方面，由于中国档案有卷、册、篇、帙等多种形态，并具有与之适应的卷轴、经折、蝴蝶、横批式、线装等多种装帧形式，张美芳通过对唐代张彦远所著《历史名画记：论装背裱轴》的史料考察，发现我国自晋代以前就存在档案装帧活动的史实，佐证了冯乐耘④提出的战国时期以"人物御龙帛画"裹竹条和系棕色丝带为我国最早的档案装帧时期的说法，得出中国历史档案装帧在世界文献装帧史上占有重要地位的结论；发现在中国古代具有特色的档案装帧工艺基础上，形成了关于档案装帧文化与板式的思想和论述，如明末周嘉

---

① 杨文、张斌：《再论新时代中国特色档案学话语体系的构建》，《图书情报知识》2022年第4期。
② 梁继红：《试论清代奏议总集的编排体例》，《档案学通讯》2006年第1期。
③ 张美芳：《历史档案及古籍修复用手工纸的选择》，《档案学通讯》2014年第2期。
④ 冯乐耘主编：《中国档案修裱技术》，中国档案出版社2000年版，第2—36页。

胄的《装潢志》，是中国特色档案装帧思想的历史基础，可以为当代发展具有中国特色的档案装帧理论提供历史借鉴。① 其四，在具有中国特色的档案修复风险评估方法的研究方面，由于开展风险评估是开展科学保护、避免破坏性修复、降低不确定性的有效手段，黄晓霞等以记载佛教典籍，被誉为"佛教熊猫"的古籍修复步骤为样本，分析虫蛀、粘连、变色、酸化、机械损伤、印文色料脱落、褶皱、断线等病害及其风险源、原因、影响等及其应对策略。② 其五，在具有中国特色的档案鉴辨方法研究方面，何庄考察了西汉司马迁的"考信于六艺""择其言尤雅者""不离古文者近是""疑则传疑""疑者阙焉"等档案鉴辨思想，促进了档案鉴辨理论的丰富。③ 其六，在具有中国特色的历史档案的修复策略的研究方面，张美芳从纸质历史档案纸张原料、加工工艺等内因和环境条件等方面分析其破损现状及破损机理，不仅得出了酸化、氧化、害虫等因素损害历史档案的结论，也发现了中国自西汉以来选用麻、树皮、藤、竹、植物韧皮纤维，采用手工方法，使制造出来的纸呈现中性偏碱特质，确保了历史档案的长期保存的特色。其中，明清时期采用黄檗汁浸染的"硬黄纸"，能够有效避蠹，确保了历史档案能够保存500年以上，是中国古代档案防虫工艺的代表。④ 郭莉珠等于2005年至2008年，通过收集文献与资料，开展问卷调研和实地调研，对400万字资料进行研究，提出制定濒危历史档案抢救方案、构建濒危历史档案抢救信息平台、建立抢救档案、制定抢救材料和方法标准或规范、规范濒危历史档案抢救工作流程、建立濒危历史档案抢救评估机制、完善

---

① 张美芳：《基于文化记忆与社会记忆的历史档案装帧工艺的传承》，《档案学通讯》2015年第1期。
② 黄晓霞、张美芳：《古籍贝叶经手工修复的风险评估和应对策略》，《大学图书馆学报》2020年第4期。
③ 何庄：《试论司马迁对档案文献鉴辨的开创之功》，《档案学通讯》2008年第2期。
④ 张美芳：《纸质历史档案文献毁损原因的研究》，《档案学通讯》2007年第1期。

档案保护教育培训及资质认证制度等工程化管理策略。①

六是关于中国特色档案资源的研究。中国古代的特色资源建设平台皇史宬内保存的典藏即使不能坚守万年，也可通过史书修纂将制度、历史、文化传之久远②，被明代皇甫汸在其所作《宬皇史》中赞誉为"宬皇史，函帝籍，金为匮，石为室，签汇缃缃部甲乙。迩文华，充武库，简鸿儒，雠豕误，于万斯年守之锢"③。在中国特色档案资源的考察利用方面，马英杰基于对民国时期成都市政府地政档案的考察，从公文稿面、公文文种、公文处理信息等方面，探寻历史发展规律、历史档案价值、还原业务场景。④ 在中国特色档案资源的开发利用方面，张斌等着眼于以数字资源为基础，立足于中国自商周以来3500多年丰富的历史文书文种标本，运用中国特色文献著录方法设立分类体系与著录项目，吸纳中国传统古籍著录经验，结合资源特点与学术研究需求，形成体现学科特色的术语表与主题词表，建设中国最大的档案事业史研究资料库。⑤ 梁继红以具有学科资源集中于深度加工优势的专题数据库"中国档案事业史知识库"建设为例，阐释依据历史时期、专题、文献类型为类目划分依据，通过运用搜集整理和著录方法全面设成学术成果目录数据库后，通过数字化加工等途径提供中国档案事业史知识的全文阅读的开发利用模式，充分发挥了利用数据库存储的强大功能，在类目设置上为未来学术发展提供空间的价值。⑥ 归吉官通过对广西、云南、西藏地

---

① 郭莉珠、唐跃进、张美芳等：《我国濒危历史档案的抢救与保护研究》，《档案学通讯》1985年第6期。

② 梁继红：《石室金匮与敬天法祖（下）——中国传统档案管理模式系列研究》，《档案学通讯》2017年第3期。

③ 皇甫汸：《皇甫司勋集》，《景印文渊阁四库全书》，台北：商务印书馆1986年版，第1275—554页。

④ 马英杰：《基于文书学视角的历史档案探微——以民国成都市政府地政档案为例》，《档案学通讯》2016年第6期。

⑤ 张斌、梁瑞娟、薛四新：《中国档案事业史知识库的总体构建——中国档案事业史知识库建设研究之一》，《档案学通讯》2015年第1期。

⑥ 梁继红：《学术研究成果库的资源分类与著录——中国档案事业史知识库建设研究之二》，《档案学通讯》2015年第1期。

市级以上国家综合档案馆开展文献研究、网络调查、实地调查、电话访谈，发现研究上缺少对分布分散的地方特色档案资源的整合和开发利用研究的问题，实践上存在对地方特色档案资源的挖掘不充分、整合与服务局限于机构内部、整合与服务的目的不明确、对技术的应用较为保守等问题，需要全面调查研究，切实掌握资源分布与现状；做好顶层设计、推进跨区域跨部门协作；构建平台，实现资源共建共享；强化绩效评估，保障工作有效落实；突出公共文化功能，与区域文化发展深度融合。①

七是关于中国特色档案学欠缺与不足的研究。20世纪90年代末期，茆邦寿通过对文书学著作、教材的研究，发现此时期文书学研究存在名实不符、概念混用的问题，其主要原因在于曲解机关成说、模糊概念外延、忽视我国实际，为了解决这些问题，需要明确界说基本概念、恰当确定研究对象、严格遵从学科体系。同时，由于我国文书学产生以及文书工作发展受20世纪70年代以来公共管理理论发展的影响，对于行政效率的追求成为其发展的主要动因。②沈蕾等通过对20世纪30年代以来中国公文工作效率的实践探索历程进行归纳分析，提出公文工作效率研究中出现了理论研究较为缺乏、主体错位、封闭性突出等问题。③

八是关于中国特色档案学建设策略的研究。20世纪80年代，时任国家档案局副局长的冯子直就发展具有中国特色的档案学体系提出，要在坚持党性原则、坚持四项基本原则的前提下，通过提高学术研究水平，发展具有中国特色的档案学体系。④对于建设中国特色档案学理论、建设和发展具有中国特色的档案事业，王德俊建议学习曾三同志的

---

① 归吉官：《西南边疆民族地区国家综合档案馆特色档案资源整合与服务现状、问题及对策》，《档案学研究》2020年第1期。
② 茆邦寿：《文书学研究之我见》，《档案学通讯》1999年第6期。
③ 沈蕾、王巧玲、朱建邦：《我国公文工作效率研究和实践探索历程述评》，《档案学研究》2012年第6期。
④ 冯子直：《提高学术研究水平发展具有中国特色的档案学体系》，《北京档案》1985年第6期。

档案学思想，其中最根本的是需要立足于中国实际，总结中国经验，以有利于"形成一套中国式的档案学理论"。具体而言，需要解决"中国式档案学理论怎么做"问题的思想。在实践策略上，要学习曾三同志在档案管理方面坚持"全宗原则"的立场。① 20世纪90年代初期，随着社会主义建设事业进入新的历史时期，一些档案工作实践领域的人士有感于中国特色档案事业日新月异的发展，号召缅怀老一辈无产阶级革命家对于建设新中国档案工作和档案事业的有益经验和历史功绩。例如，江苏省档案科学研究所的朱子文建议学习周恩来总理关于"档案和档案工作要为'今天'，也为未来服务""党政档案集中统一管理""建设和发展档案馆事业"等思想。② 在中国特色档案学分支学科教材建设策略方面，1994年，由张关雄先生主编的《编研工作概论》作为苏州大学档案学系列丛书之一，在肯定20世纪80年代后档案文献编纂学在内容上开始注意充分总结改革开放后中国档案文献编纂实践丰富经验的同时，提出"具有中国特色的社会主义档案文献编研学"命题，反映了中国档案文献编纂工作对理论的迫切需求。③

2. 国外文献调研结果及初步分析

(1) 文献调研结果及初步分析

笔者对本书所涉及的外文文献进行了文献调研，截至2023年12月1日，外文文献的获取主要在ProQuest博硕士论文全文数据库、Springer电子期刊数据库、Elsevier Science Direct电子期刊库、Elsevier电子图书库、Web of Science SSCI，以"Chinese Characteristics+Archive""Chinese characteristics+Archives science""Archives science with Chinese characteristics+theory""Archives science with Chinese characteristics+history""Ar-

---

① 王德俊：《建设有中国特色的档案学理论——学习曾三同志档案学思想的点滴体会》，《档案与建设》1992年第2期。

② 朱子文：《继承周恩来档案学思想 建设具有中国特色的社会主义档案事业》，《档案与建设》1993年第5期。

③ 韩宝华：《努力建设具有中国特色的社会主义的档案文献编纂学——兼评张关雄主编的〈编研工作概论〉》，《档案与建设》1997年第4期。

chives science with Chinese characteristics+strategy""Archives science with Chinese characteristics+deficiency""Archives science with Chinese characteristics+discourse"等作为题名进行检索,得到表1-3所示结果。

表1-3　　　　　　　国外数据库文献检索结果　　　　　　　（篇）

检索词＼数据库	Web of Science SSCI	Elsevier 电子图书库	Elsevier Science Direct	ProQuest 博硕	Springer
Chinese characteristics+archive	6	2	2	10	6
Chinese characteristics + Archives science	1	3	3	8	3
Archives science with Chinese characteristics+theory	1	5	5	9	1
Archives science with Chinese characteristics+history	0	0	0	8	0
Archives science with Chinese characteristics+strategy	0	9	9	9	9
Archives science with Chinese characteristics+deficiency	0	1	1	7	4
Archives science with Chinese characteristics+discourse	0	1	1	9	19

(2) 主要研究焦点梳理

根据对国外研究文献的调研,发现国外文献对于与本书主题相关的研究数量较少,且内容多为关注中国档案管理、教育方面的研究,与中国特色档案学直接相关的文献较少,表明中国特色档案学的国际话语能力有待提升。

一是关于中国档案管理的研究。J. E. Nalen通过对中国私有档案的研究,发现中国的国家立法通常允许国家档案主管部门获取私人实体创建或拥有的档案,并据此提出中国在私有档案评估权限判定方面存在的

问题,体现了中国特色档案法治事业在发展进程中具备较高的国际关注度。① D. S. Kang 对韩国与日本、中国等周边国家的档案法和档案管理制度、教育制度等进行了比较,发现中国《档案法》中的"档案""档案的收集""档案的管理""档案使用的生命周期"等对韩国档案法的相关内容具有启发意义,可以为韩国完善档案法、提升政府档案部门的地位、完善档案专业教育等提供启示,体现了中国特色档案术语学、档案法治建设的国际引领力。② Y. H. Tak 通过对中国档案管理中的现实问题的研究,发现中国档案管理现实问题主要表现在档案开放利用程度不够上,可以在建立系统的馆藏发展政策方面进行完善。③ 허욱通过对中国《档案法》《保守国家秘密法》《政府信息公开条例》等法规的研究,发现了基于保密角度的不公开档案与基于信息公开角度的公开档案的矛盾,以及档案封闭期限与信息公开期限不一致、中国宪法及法律层面尚未明确规定公民的知情权等问题,提示中国应提高政府透明度、建设阳光政府;建立《政府信息公开法》等保障公民知情权;通过完善保密法等相关法律,逐步放宽对公民使用政府信息的理由及目的限制。④ 한미경把中国区县档案馆作为海外个案进行调查研究,通过研究中国区县档案馆的地位、职能、组织结构、收藏范围、收藏方法、馆藏档案特点,不仅对中国提出了档案信息化治理方案、档案检索系统治理方案等方面的建议,也为韩国档案事业建设提出了相关示范性建议,体现了中国特色档案治理事业的国际话语能力。⑤ Y. Wang、C. D. Ge 和 X. Q. Zou

---

① J. E. Nalen, "Private Archives in China", *International Journal of Libraries and Information Studies*, 2002, 52 (4): 241-262.

② D. S. Kang, "A Study on Record Management Systems of China and Japan", *Journal of Korean Society of Archives and Records Management*, 2004, 4 (2): 92-117.

③ Y. H. Tak, "Current Issues of Archive Management in China", *Journal of Studies on Korean National Movement*, 2009 (60): 305-342.

④ 허욱, "A Study on Archives Law of the People's Republic of China—Compared to Regulation of the People's Republic of China on the Disclosure of Government", *Chinese Law Review*, 2013 (20): 223-256.

⑤ 한미경, "A Study of Local Government's Archives in Beijing, China", *Journal of the Korean Library and Information Science Society*, 2014, 48 (3): 411-430.

认为对中国南海海界档案的研究，可以为研究中国在南海的海界问题提供历史和科学依据，对研究南海海域的国际海洋划界问题具有重要意义。① 来自英国利物浦大学档案学研究中心的 Z. G. Qin、C. M. Qu 和 A. Hawkins 通过对一首用中国传统风格写成的诗的反思，总结出中国档案传统对档案工作的多方面影响，揭示了在现代社会快速变化的技术背景下，传统经验可以为档案工作发展提供有价值的参考。②

二是关于中国档案教育的研究。M. C. Michelle 通过考察中国教育环境，发现中国档案学课程较强的规范性程度不利于档案学学术的发展。③ H. T. Li 和 L. L. Song 通过一项对中国 20 个省档案工作人员的专业技能和知识需求的调查，发现职前培训、基于档案工作者需求的专业课程设计、根据特定的技术要求进行的定制培训等方法可以有效解决档案工作人员在技能水平与知识需求之间所面临的问题。④

三是关于中国档案管理中运用信息技术的研究。Y. Jiang 和 H. Dong 通过基于本体的中国电子政务数字档案知识管理的研究，归纳出中国电子政务数字档案在知识利用方面面临的挑战。⑤

四是关于中国档案与健康管理的研究。M. M. King⑥ 通过对 1928—1951 年来自协和医院的中国医药学档案的研究，发现了档案在记载与呈现中国医药事业方面的价值。

五是关于档案与生态的研究。S. T. Turvey、J. Crees 和 Z. P. Li 等通

---

① Y. Wang, C. D. Ge, X. Q. Zou, "Evidence of China's Sea Boundary in the South China Sea", *Acta Oceanologica Sinica*, 2017, 36 (4): 1–12.

② Z. G. Qin, C. M. Qu, A. Hawkins, "The Three-Character Classic of Archival Work: A Brief Overview of Chinese Archival History and Practice", *Archival Science*, 2017 (21): 97–116.

③ M. C. Michelle, "The Manuscript as Question: Teaching Primary Sources in the Archives—The China Missions Project", *Archives and Manuscripts*, 2010, 71 (1): 49–62.

④ H. T. Li, L. L. Song, "Empirical Research on Archivists' Skills and Knowledge Needs in Chinese archival Education", *Archival Science*, 2012 (12): 341–372.

⑤ Y. Jiang, H. Dong, "Towards Ontology-Based Chinese E-Government Digital Archives Knowledge Management", Aarhus: 12th European Conference on Research and Advanced Technology for Digital Libraries, 2008, 5173: 13–24.

⑥ M. M. King, "The Social Service Department Archives: Peking Union Medical College 1928–1951", *The American Archivist*, 1996, 59 (3): 340–349.

过对一项中国冰河期之后哺乳动物转变其濒危选择策略的研究，揭示了中国长期保存档案的价值。[1]

六是关于中国档案历史的研究。E. Moseley 在 1986 年 4 月对中国档案界进行访问，通过获取 20 世纪 50 年代上海市政档案馆馆藏档案情况及复旦大学档案学课程建设情况、浙江省档案馆及江苏省档案局馆藏档案情况，了解了中国的档案"全宗"概念，档案的记录和反映功能，以及破损、字迹褪色、潮湿、害虫等方面的病害情况，特别是江苏省档案馆收藏的形成自 243 年以来的气象观测记录档案，体现了中国自古以来特色档案实践中的科技元素和科学思想。[2] K. J. Yong 通过对韩国独立纪念馆收集的 5000 卷中国近代报纸的缩微胶卷的研究，认为韩国与中国的科研档案收集合作已经取得了一定成果，未来可以通过两国合作收集的科研档案推进双方的教学工作。[3] K. J. Hoon 通过对中国明清内阁大库档案的研究，认为内阁档案是识别明清时期政府活动的重要官方文件。同时，在中国近代史的发展过程中，内阁档案等新史料的发现以及编纂出版推进了史学研究。[4] Z. Y. Wang、J. Y. Wu 和 G. Yu 等通过对中国清代河图党色档案的研究，发现在传统的历史研究中，对历史文献的主观解读和人工解读导致了片面理解、选择性分析、单向知识联系等问题，通过机器学习的方法，从文本分析和可视化的角度提升分析历史文献的效率，促进档案史料编研工作的发展。[5]

---

[1]　S. T. Turvey, J. Crees, Z. P. Li, et al., "Long-term Archives Reveal Shifting Extinction Selectivity in China's Postglacial Mammal Fauna", *Biological Sciences*, 284 (1867): 1-10.

[2]　E. Moseley, "Visiting Archives in China", *The American Archivist*, 1987, 50 (1): 137-141.

[3]　K. J. Yong, "The Independence Hall of Korea's Collection Outcomes and Tasks of Korean Independence Movement Historical Materials in China", *Journal of Historycal Review*, 2014: 185-221.

[4]　K. J. Hoon, "Arrangement of Recent-Modern Official Documents of History Department in the Era of the Republic of China-Focused on Ming and Qing Imperial Cabinet Archives", *History & the World*, 2016, 49: 129-159.

[5]　Z. Y. Wang, J. Y. Wu, G. Yu, et al., "Text Analysis and Visualization Research on the Hetu Dangse During the Qing Dynasty of China", *Information Technology and Libraries*, 2021, 40 (3): 1-23.

七是关于中国档案与国际关系的研究。B. S. Bartlett 对中国开放利用明清档案的情况进行了研究，了解了中国明清档案的收藏机构、主题目录系统等相关信息。① O. Coco 通过对《中国和意大利银行档案（1919—1943年）》的研究，分析银行档案视角所反映的中意关系事件，揭示了意大利银行卷入涉及中国和意大利政府的金融和政治事件的途径。②

四　研究述评

通过已获得的文献发现，学界在中国特色档案学基本概念、主要领域、特色方法、特色实践、代表人物等方面已经取得了一定的研究进展，但是存在以下几个方面的不足：一是研究视角较为分散，基于整体视角的研究较为有限；二是尚未有研究对中国档案学的历史基础进行基于证据的思考；三是中国特色档案学理论提炼较为有限；四是中国特色档案方法总结较为有限；五是基于中国特色国家战略、交叉学科建设机遇开展的中国特色档案学构建策略的研究较为有限。上述情况为本书的展开提供了一定的空间。

五　研究范围

（一）内容框架

本书共分为七章。

第一章——绪论。主要介绍研究背景与意义，明确研究问题，对中

---

① B. S. Bartlett, "A World-Class Archival Achievement: The People's Republic of China Archivists' Success in Opening the Ming-Qing Central-government Archives, 1949-1998", *Archival Science*, 2007 (7): 369-390.

② O. Coco, "Sino-Italian Relations Told Through the Archive's Papers of the Banca Italiana per la Cina (1919-1943)", *Journal of Modern Italian Studies*, 2020, 25 (3): 318-346.

国特色档案学所涉及的相关概念进行界定，提出中国特色档案学的研究思路和研究方法、研究创新与研究不足，是为全书的研究设计。

第二章——中国特色档案学当代构建的逻辑理路。在观察中国特色档案学涉及的相关概念、学者的已有成果所关注的研究焦点与不足之处、分析解决研究问题的可行方案的基础上，提出中国特色档案学当代构建的逻辑理路，为后续研究提供坚实的基础。

第三章——中国特色档案学当代构建的历史基础。基于专家访谈与访谈结果，分析中国特色档案学的基本范畴，在此基础上，开展长时期的历史资料调研，学习和获取了研究需要的历史资料，根据对历史资料采取先做史实长编，再做范畴提炼的方法，加深了中国特色档案学历史基础的认知，凝练后续研究的主要目标

第四章——面向中国特色国家发展战略的当代构建。围绕"从需求到任务、从问题到策略、从可为到应为、从方法到成果"四个部分进行构建。将面向中国特色国家发展战略的当代构建，分成"面向中国式现代化建设，加强档案事业研究""面向文化强国战略，加强档案人文数据研究""面向教育强国战略，提升档案学教育服务高质量发展能力""面向人才强国战略，推动杰出人才养成""面向数字中国战略，推动档案学特色领域数字转型""面向中国特色新型智库战略，加强档案智库研究"六个模块加以阐释。

第五章——面向数字转型的当代构建。分析如何在数字中国建设背景下，通过借助信息技术的赋能效用，实现中国特色档案学的创新发展。

第六章——面向新兴交叉学科建设的当代构建。分析如何在多学科背景下，通过借力多学科资源的赋能效用，实现学科建设的创新发展。

第七章——结论与展望。围绕"从历史到现实、从现实到未来"的分析思路，总结中国特色档案学的贡献，从学科视域、学理视域、历史视域、当代视域、比较视域，提出对中国特色档案学的价值认识。面

向中国特色档案学的未来，分成"中国特色档案学的'特色'阐释""中国特色档案学的'中国'话语""中国特色档案学的世界认同"三个层面，提出中国特色档案学的当代策略与后续命题。

（二）研究思路

本书以问题为导向，遵循"发现问题—分析问题—解决问题"的思路展开。研究思路如图1-1所示。

1. 逻辑起点部分

采用文献研究法、网络调查法、专家访谈法对"什么是'中国特色档案学'""中国特色档案学形成的土壤是什么""哪些人推动了中国特色档案学的形成""中国特色档案学的研究范畴是什么""中国特色档案学形成的原因是什么""中国特色档案学的价值内蕴是什么""中国特色档案学的构成要素是什么""中国特色档案学的历史脉络是什么""中国特色档案学的演进规律是什么""中国特色档案学的主要经验是什么""中国特色档案学的知识贡献是什么""中国特色档案学当代构建的必要性是什么""中国特色档案学的当代构建需要从哪些方面展开""中国特色国家发展战略对中国特色档案学的当代构建有哪些需求""中国特色档案学的数字转型需要从哪些方面展开""中国特色档案学如何把握当代交叉学科建设新形势提供的良好发展资源"等现存问题，对现有学术文献进行梳理与分析，查找可能存在的研究空间。

2. 具体实现部分

笔者通过自2020年10月至2023年8月在经过国家档案局确认的"保存有国内最全面、最完整的档案专业资料"的全国档案专业文献资料中心——中国人民大学档案系资料室开展长期历史资料调研，从档案学的先驱学者、教师自主编写的几百余种教学讲义、教材、实验报告、实习报告、专著、回忆录、讲话稿、培训资料、手稿档案、古籍、年鉴、学科专项报告、档案事业发展报告、档案学硕博学位论文、档案学

```
第一章 绪论
  ├── 研究缘起
  ├── 研究基础
  └── 研究范围

第二章 历史基础
  ├── 历史脉络
  ├── 主要经验
  └── 知识贡献

第三章 逻辑理路
  ├── 理论基础
  └── 构成要素

第四章 面向中国特色国家发展战略的当代构建
  ├── 文化强国
  └── 数字中国

第五章 面向数字转型的当代构建
  ├── 基本原则
  ├── 战略框架
  ├── 主要领域
  └── 技术路径

第六章 面向新兴交叉学科建设的当代构建
  ├── 现实挑战
  └── 优化策略

第七章 结论与展望
  ├── 回顾：中国特色档案学的贡献
  └── 构建：当代策略与后续命题
```

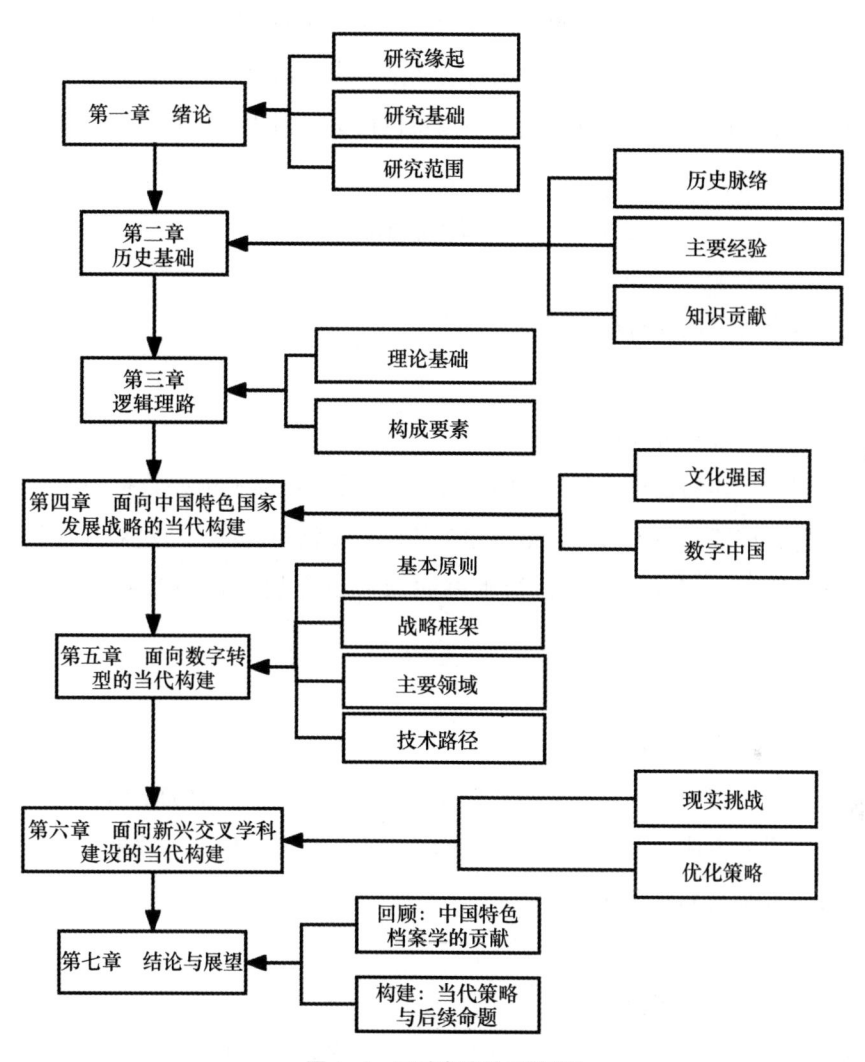

图1-1 研究框架与逻辑图

人才培养方案等材料中，尝试查找与中国特色档案学议题相关的所有内容，分析中国特色档案学形成的原因、构成要素、主要历史阶段、主要历史代表性人物，并根据对中国特色档案学史实材料的分析，初步研判出中国特色档案学的演进规律、主要经验、知识贡献，并通过开展与冯惠玲、张斌、刘越男等业内知名专家学者的访谈，补充历史资料，弥补史实的不足，修正历史资料中部分观点可能存在的局限，询问并确认本书结论的正确性。最后，以中国特色档案学当代构建的必要性为分析框架，分别从国情层和资源层制定中国特色档案学当代构建的实现策略。

六　研究方法

本书所采用的研究方法如下。

（一）文献研究法

以"中国特色档案学"为主题，通过国内外学术资源数据库及互联网等，广泛收集国内外与本书相关的研究文献和资料，通过对其进行系统的整合、梳理与评价，为本书的深入研究提供认识基础和参考借鉴。

（二）实践调查法

主要运用网络调查、问卷调查和实地调研等方法，围绕中国特色档案学建设的主体、客体、理念、目标、需求、任务、内容、效果等进行调查（相关资料见附录B）。

（三）访谈调查法

为了更加全面、准确地认识中国特色档案学的历史与现状，根据笔者对中国人民大学冯惠玲、张斌、张美芳、梁继红、徐拥军、钱毅、王传宇的实地访谈，发现中国特色档案学的主要范畴包括体现中国档案学独创性、发展性、创新性贡献的知识教育和人才培养领域，体现中国特色的代表性学科领域是档案保护技术学、科技档案管理学、档案文献编纂学领域，具有中国特色的核心思想是文档一体化思想，具有中国特色的核心理念是行政主导理念。根据笔者对中国特色档案学培养的档案事业领域内毕业生的实地访谈，发现中国特色档案学塑造了人才的政治意识，培养了人才服务中国特色档案事业建设所需要的管理方法，锻炼了人才参与档案规章制度起草、档案法规政策研读与修订建议提出的专业素养，打造了"中国档案学派"和中国档案事业建设骨干。

（四）历史研究法

综合运用史料编纂法、历史考据法、口述史研究法、历时性与共时性研究法等历史研究方法，对中国特色档案学的历史发展脉络进行分析（相关资料见附录A）。

（五）理论建构法

本书应用理论构建法从中国特色档案学当代构建的概念模型、历史模型、国情模型、资源模型四个方面进行构建。

七　研究创新

本书的研究创新点主要体现在三个方面。

第一，立足中国特色档案学研究的现实情况，提出中国特色档案学的形成原因、价值内蕴和构成要素。首先，本书从中国特色档案学的理论特色出发，发现中国特色档案学形成具有国情层面、环境层面、学科层面、问题层面的原因。从国情层面来看，由于在中国特色社会主义事业建设进程中，为应对世界局势变化，形成国家发展的内生动力，我国逐渐确立了"走自己的路"这一国家整体发展观念。从环境层面来看，由于中外政治体制、文化心理、社会民俗等各方面差异的客观存在，中外档案学学科建设的土壤和发展目标存在差别，国外档案学建设及学术发展没有考虑到中国国情、中国话语和中国习惯，盲目介绍和引进国外档案学理论，不利于我国档案学的长远发展。从学科层面来看，学科特色辨识关系有助于帮助学科应对技术冲击、学科目录调整等发展挑战，也有助于学科加强生源认同、档案实务界认同、信息资源管理一级学科认同、哲学社会科学认同、社会大众认同。从问题层面来看，一是不可"受制于人"，即学科发展须重视"中国特色"以克服技术层面的"卡脖子"问题；二是不可"人云亦云"，即学科发展须重视"中国特色"以提升学科本身的话语能力，平衡"内部认同"与"外部认同"；三是学科发展不可"有潮流而无思想"；四是学科不可"有方法而无目标"。基于对这些问题的考量，中国特色档案学这一议题被学界提出，并逐渐受到关注，引发了一系列富有理论建树的学术探讨。宗培岭、李财富、周耀林、胡鸿杰、谭必勇、陈祖芬、仇壮丽、张斌、徐拥军、吴建华、金波、王协舟、丁华东、赵彦昌、孙大东、闫静等学者为中国特色档案学理论的建立作出了显著贡献，促成了"中国档案学派"的形成，成为推进中国特色档案学发展主体层面的动因。其次，本书基于"档案价值论"的分析视角，主要从价值作用的客体出发，提出中国特色档案学在发展进程中逐渐形成了深耕国情的学科立场、独树一帜的学科思想渐成体系的学科理论、长远独到的前瞻性视野，为探索解答中国问题作出了一定的学科贡献，是档案学诠释习近平新时代中国特色社会主义思想的典型领域，也为档案学赋能中国式现代化建设奠定了一定的学科基础。中国特色档案学的价值主要蕴含在巩固集中统一、坚持为党管档、坚持为国守史、坚持为民服务、传承特色文明、坚持科技驱动、追求以人为本、维护公平正义等方面。最后，本书提出中国特色档案学的构成要素，主要包括解决中国问题的研究对象、具有中国特色的学科结构、体现中国研究风范的学术体系、彰显中国影响力的话语体系、体现学科特色的管理思想、形成"中国档案学派"的师资队伍、体现中国式师承特色的人才培养方式等方面。

第二，根据在中国人民大学档案系对数百种历史材料调研所掌握的史实，结合专家访谈，较为系统地对中国特色档案学的历史基础进行梳理，搭建了中国特色档案学当代构建的历史框架。史实是历史研究的生命。本书结合历史分析法和专家访谈法，首先，考察了中国特色档案学创建之前的古代档案史和近代档案史，择其要者进行梳理分析，明确了中国特色档案学创建的前期基础。其次，本书尝试以陈祖芬的范式理论为分析依据，提出中国特色档案学的三个主要历史阶段，即中国特色档案学自主建立独立学科时期，其主要时间阶段为1949年至1966年；中国特色档案学自主建立学科体系时期，其主要时间阶段为1978年至1996年；中国特色档案学特色领域的创新发展时期，其主要时间阶段为1997年至今。通过对这三个历史阶段史实的梳理，本书提出了中国特色档案学独立教学模式的演进脉络，以及中国特色档案学独立实验教学模式的演进脉络，科技档案管理学、档案文献编纂学、档案保护技术学等主要特色领域的演进脉络。最后，本书通过对以上历史史实的分析，结合张斌、冯惠玲、徐拥军、梁继红、张美芳、钱毅、刘越男、黄霄羽、赵彦昌、闫静对于中国特色档案学理论与方法分析的指导，提炼出中国特色档案学的历史演进规律、主要经验、知识贡献，建立了中国特色档案学当代构建的历史框架。

第三，融合国家发展对中国特色档案学的需求、数字技术发展对中国特色档案学数字转型的需求，关注交叉学科建设为中国特色档案学提供的资源优势，建立中国特色档案学当代构建的理论框架。

其一，中国特色国家发展战略是我国在遵循"走自己的路，建设有中国特色的社会主义"理念下，基于对国家发展的战略考量，在国家建设进程中形成的包括文化强国战略、科教兴国战略、健康中国战略在内的一系列国家发展战略规划。面向中国特色国家发展战略，实现中国特色档案学的当代构建，有助于中国特色档案学扎根中国大地，发挥赋能国家建设的积极作用。面向文化强国战略，中国特色档案学的当代构建可以增强文化自觉和文化自信，充分发挥中国特色档案学学科特色与特长，加强对中华传统文化的研究与宣传，打造具有档案学特色的文化高地，推动社会主义先进文化建设；回应文化传承创新需求，加强档案保护技术学特色文化平台建设；回应文化"走出去"需求，建立覆盖档案学"文化特色"领域的对外合作交流平台，提升中国特色档案学的文化话语影响能力。面向教育强国战略，中国特色档案学的当代构建需要植根学科特色，在历史档案转录与编研、历史档案大数据开发利用、档案保护与修复、虚拟修复、档案数据化等特色领域加强行业型师资队伍建设；遵循以人民为中心的档案学教育本质，面向建成世界档案学教育中心目标，发挥教育强国的基础学科战略支撑作用；加快建设高质量档案学教育体系，全面提升档案学教育服务高质量发展的能力，在深化改革创新中激发档案学教育发展活力，促进档案学学历教育与职业教育协同发展，增强我国档案学教育的国际影响力；培养高素质档案学教师队伍，深化档案学教育评价改革，将思政教育、红色档案文化教育、党史档案教育作为档案学教育评价重点；充分领会教育部关于加强专业型博士培养的政策精神，促进档案学学术型教育与专业型教育协同发展；围绕教育部的研究生教育改革发展意见，促进档案学研究生教育创新发展；借助数字平台，扩大档案学教育的社会影响，建设学科高水平社会人才教育培训平台，加快基于学科特色理论与实践的培训体系、培训教材、培训课程的开发，构建科学培训模式，为档案事业提供理论和实践培训，满足各层次实践人才培养的需要，面向社会开展高水平、高层次的教育培训，发挥学科优势，为建立档案领域全民终身学习的教育体系建设贡献力量。面向数字中国战略，中国特色档案学的当代构建需要推动档案学特色领域数字转型，充分运用档案教育界、学术界、实务界认可的故事化方法、叙事技术、长期保存技术、真实性保护技术、安全技术，实现档案保护、档案文献编纂、科技档案管理等传统特色领域的转型升级。面向健康中国战略，中国特色档案学的当代构建需要加强档案利用与鉴定研究，包括面向精准医疗需求，加强档案在医疗救治服务中的利用；面向精准预防需求，加强档案在疾病预防控制服务中的利用；

面向精准健康教育需求，积极利用档案开展健康素养教育；面向精准融合需求，加强档案在体医融合服务中的利用；面向弱势群体，加强档案鉴定研究，纾解信息贫困所引致的健康焦虑问题；提升弱势群体的在线健康档案信息甄别能力。面向建构中国自主的档案学知识体系目标，加强档案智库建设，发挥中国特色档案学知识的治理效能，推进档案政策智库中心建设；坚持问题导向与学术导向相结合，注重通过加强中国特色档案学学术研究，服务于中国特色档案实践，形成与信息科学、经济学、金融学、工商管理、公共管理、社会学等多学科协同联动的知识共享和智库服务机制，打造新型专业智库，提升咨询服务能力建设，充分发挥档案学知识的服务功能。其二，中国特色档案学的当代构建需要把握交叉学科建设的资源效能，通过借力多学科资源的赋能效用，实现学科建设的创新发展；围绕交叉学科发展新的学科领域和学科方向，形成中国特色档案学知识体系创新发展的新领域，在与世界先进知识体系互学互鉴的同时，提升学科创新能力，助力中国特色哲学社会科学建设。

第二章

中国特色档案学当代构建的历史基础

中国特色档案学当代构建需要依凭一定程度的历史基础，这种历史基础蕴含着中国档案学派共同的记忆认同与文化认同，阐释着中国特色档案学独特的历史叙事模式，体现着中国特色国情发展变迁对于档案学学科建设的影响。厘清中国特色档案学当代构建的历史基础，有助于激活中国特色档案学发展在特定历史阶段中所蕴含的特色历史记忆，进而增强中国特色档案学的历史认同与文化认同，增进中国档案学派的身份认同与情感认同，本章主要回答"中国特色档案学当代构建的历史基础是什么"的问题，结合历史研究法、文献研究法与专家访谈法，建立中国特色档案学当代构建的历史框架。

需要说明的是，本章历史材料及数据的获取得益于笔者博士学习期间在中国人民大学档案系对数百种历史材料的调研，同时结合专家访谈，笔者较为系统地对中国特色档案学的历史基础进行梳理，搭建了中国特色档案学当代构建的历史框架。本章历史分期的理论依据参考了陈祖芬的范式理论，并结合对张斌、冯惠玲、徐拥军、刘越男、钱毅、梁继红、王传宇、冯乐耘等专家访谈，得到了专家对于史实正确性、分析思路正确性、结论正确性的认可。

一　中国特色档案学的历史脉络

根据对我国古代与近代特色档案管理实践经验的发掘、研究与阐释，新中国成立后，为巩固新生政权、指导档案事业建设、培养中国本土的档案干部，中国特色档案学在中国大地上逐步创建起来，其主要历史阶段可以划分为独立学科的自主建立阶段（1949—1966年）、学科体系的初步成形阶段（1978—1996年）、学科创新发展阶段。历史阶段分期的主要依据包括国家政治、经济、文化、社会等事业发展进程、档案管理事业建设进程以及档案学作为独立学科的建设程度、学科特色凝练程度、学科特色话语影响力；对于特色领域"中国特色"的辨识以及认定，依凭笔者于2020年10月至2023年8月对中国人民大学档案系自1952年建系以来形成的历史教学材料的考证与提炼，以及对中国人民大学冯惠玲、张斌、刘越男、徐拥军、钱毅、梁继红、张美芳、冯乐耘、王传宇和山东大学闫静等专家的访谈。

中国特色档案学的历史基础主要表现在以下几个方面：

第一，我国古代以及近代悠久的档案管理历史经验的积累，为中国特色档案学当代构建提供了深厚的历史与文化积淀。从我国古代特色档案管理历史来看，自古以来，档案就发挥着维护我国历史原貌、纠正史籍谬误、佐证史籍真实及供机关日常工作查考、供后人研究历史上各种问题的功效，具有显著的凭证价值。[①] 由于夏代已经产生了档案和档案工作，中国的档案和档案工作具有4000年以上的悠久历史。[②] 中国的档

[①] 邹步英、邓绍兴、荀文等：《〈中国档案分类法〉的理论和使用》，档案出版社1988年版，第21页。

[②] 中国人民大学历史档案系：《档案学基础（初稿）》，中国人民大学内部资料，1960年，第2页。

案学思想也孕育和发展自古代，具有较长的历史。① 其中，具有较长历史和最为显著的是档案文献编纂思想的孕育和发展。② 中国古代许多历史学家、文献学家、教育家在新文献整理和史学研究的实践中，不仅催生了中国特色档案文献编纂的早期思想，也形成了档案学影响目录学、版本学、校勘学、历史编纂学等旁系学科发展的历史，是中国特色档案学话语影响力的早期表现。

第二，民国时期"行政效率运动"的开展，对于我国文书学的发展起到了一的积极作用。民国时期，我国对于文书制定程式、撰拟者单位与权限、意思表示方式③等已有严格的限定。该时期我国公文书学已经形成"专一""互助""主附""理法""先后""经纬""地步""态度"八个方面的撰拟原则，明确了撰拟者需具备"熟悉政令之源流""探索民生之利病"④的基本素养。在中国古代政治生活中已经积累的典、谟、训、诰、誓、命、教、令、防、简、契、判、符、玺、上书、檄、移书、制、诏、奏、议、策书、敕、铁券、桀、章、表、封事、疏、状、奏记、白事、露布、牒、笺、诉状、赦文、启、贺表、列、发敕、敕旨、批、告身、德音、敕牒、堂帖、牓、关、刺、辞、御札、敕牓、故牒、公牒、咨、呈状、劄、申状、牌面、勘合、照会、题本、揭帖、咨呈、牒呈、牒上、参评、谕、札、禀、折的基础上，随着政体革新与文书工作变革，新增公函（平行公文之一）、批等公文类别在吸纳体现我国古代官制特色与治国智慧的公文制度的同时，体现了近代政治逐渐消除封建严密等级制与注重民主开放等进步。

---

① 吴宝康：《前言:〈档案学理论与历史初探〉》，《档案学通讯》杂志社：《档案学经典著作》第5卷，辽宁大学出版社2017年版，第14页。
② 李财富：《中国档案学史论》，《档案学通讯》杂志社：《档案学经典著作》第5卷，辽宁大学出版社2017年版，第245页。
③ 徐望之：《公牍通论》，商务印书馆1931年版，第13—14页。
④ 徐望之：《公牍通论》，商务印书馆1931年版，第105页。

第二章 中国特色档案学当代构建的历史基础

（一）独立教学模式的建立与特色领域研究的开展：1949—1966年

1949年新中国的成立，使中国社会发生了深刻变化，崭新的中国特色社会主义制度随之建立起来，筑实了中国特色档案学初创的政治土壤。新中国成立后，党和国家为了更好地服务经济社会建设、培养档案管理干部、发展中国特色档案事业，开始创建中国特色档案学高等教育。在全国陆续完成生产资料私有制社会主义改造的新时期，档案事业开始逐渐超越旧中国时期仅限于机关档案室和文书研究的限制。在国家系统的文化教育布局的支持下，档案事业逐渐走上一条自主规划、自主建制、自主发展的道路。随着中国特色事业初步形成，在档案学形成愈加显著的发展需求的过程中，1952年，以中国人民大学专修科档案班和档案学教研室的建立为标志，我国档案学自主建立了独立的教学模式，开展了特色领域的研究工作。

1. 独立教学模式的自主建立

在中国特色档案学的独立学科建设时期，我国自主建立了独立的档案学教学模式。依托我国本土培养的档案学教师，采用手工誊写教材、讲义，培养学生作为后备教师，逐渐实现了从依靠苏联档案学专家援助教学，到逐渐独立自主教学的转变。这也为党政档案统一管理理论的自主建立、技术档案管理学的自主建立、实现从文献公布学到文献编纂学的转向、自主建立档案保管技术学提供了教学材料储备以及人才基础。

第一，独立人才培养模式的自主建立。在中国特色档案学的独立学科建设阶段，中国人民大学通过开设中国历史、中国近代革命史、中国国家法与国家机关等课程，招收具有一年以上秘书或档案工作经验的一般干部或科股级负责干部[①]，以培养国家秘书与档案干部为开端，逐渐探索形成了自主的人才培养模式。1953年，中国人民大学档案专修班

---

① 中国人民大学：《中国人民大学档案专修班招生简讯》，《档案工作》1953年第2期。

完成了第一期102名学员的培养工作①，创建了档案学教研室，形成了我国首批自主培养的教员队伍（4人）和研究生队伍（9人）。1954年，中国自主培养的档案学教员开始独立授课，摆脱了对苏联专家辅助上课的依赖。1955年，中国人民大学历史档案系教员、毕业研究生均已具备独立授课能力②，能够主持实验教学、课业辅导、学生考试等常规教学工作，且逐渐从介绍苏联理论经验（如苏联档案史、苏联档案工作理论与实践），发展至能够独立讲授本土历史、文化特色的中国档案史、文书处理学、文书材料保管技术学等课程。

第二，独立实验教学的自主建立。中国特色档案学实验体系的自主建立，最初是从实验室的初步建立、档案立卷实验课的初步建立开始的，贯彻了"理论与实践相结合"的方针③，巩固了学生的实验知识记忆，凸显了理论教学效果。由于立卷是文件材料分类以及系统化组合的前提④，是遵照档案的内容，从制作和装订特定的档案封面（即档案卷皮）开始，将相互间有问题联系的单个文件组合成卷。中国人民大学档案专修班采用先进行立卷思想教育，再根据"芬特"的具体情况制定实验计划，开展全部或大部分是零散文件的立卷实验的教学方式，在具体实践教学中，已经能够结合我国文件材料内容及形式特征，在"力求保证完整的'芬特'""力求保证文件之间的联系"的目标指引下，按照"名称特征""问题—实物特征""收发文机关特征""地区特征""时间特征"等要素确定分类方案，但又不被完全的分类要素所制约，

---

① 中国人民大学：《中国人民大学档案专修班关于第一期教学工作的基本总结》，《档案工作》1953年第3期。
② 张斌：《新中国档案高等教育创立期的探索与发展——基于中国人民大学校史档案的考察》，《档案学通讯》2023年第1期。
③ 中国人民大学：《中国人民大学档案专修班关于第一期教学工作的基本总结》，《档案工作》1953年第3期。
④ 吴宝康：《中国人民大学档案专修班立卷实验工作的初步研究》，《档案工作》1953年第2期。

保证分类兼具规范性与灵活性，表明此时已经实现了自主建立具有中国特色的档案学实验课，为此后形成系统的中国特色档案学实验体系奠定了基础。

第三，独立译校教学的自主建立。在中国人民大学档案专修班的开设过程中，为了准备教学材料，档案学教研室通过翻译苏联先进档案理论与经验，初步建立起中国特色译校教学模式。1953年，中国人民大学已完成译校35万字，出版了《苏联档案史》《苏联文书处理工作中的几个问题》《苏联档案工作理论与实践》《苏联档案事业的历史与组织（下册）》等业务书籍，自主建立了中国特色档案学的译校教学模式，为开展国外档案学教学研究积累了一定的经验。

2. 党政档案统一管理理论的自主建立

党政档案统一管理理论的自主建立，是中国特色档案学自主建设独立学科时期最富特色的理论成果，其建立是源于对中国首创的党政工作集中统一管理原则[1]，以及文档一体化思想的学理化阐释。自1956年《关于加强国家档案工作的决定》将"集中统一"确立为我国档案管理的基本原则后，档案学界对"全国档案工作，都应该由国家档案管理机关统一地、分层负责地进行指导和监督""各级机关的档案材料，应该由机关的档案业务机构——档案室集中管理""非依规定的批准手续，不得任意转移、分散或销毁""需要永久保存的部分，应当按照统一的规定，分别集中到国家的中央档案馆或地方档案馆保管"进行了一系列学理阐释，基于对我国档案工作实际情况的考察，自主建立起党政档案统一管理理论。例如，档案运动规律的发现与阐释，得益于曾三在《1958年至1962年全国档案工作总结和今后任务》报告中将档案的运动周期概括为从档案形成阶段开始，逐渐发展至档案室阶段和档案馆阶段的理论阐释。

---

[1] 李财富：《关于建构中国自主的档案学知识体系的若干思考》，《档案学通讯》2023年第3期。

3. 中国档案史教学之滥觞

中国档案史教学是以中国悠久的档案管理历史为基础，由于接受了苏联专家"中国档案史必须由中国的教员自己去讲"这一建议（见附录A），中国档案史教学之滥觞，离不开吴宝康、程桂芬、韦庆远、傅振伦等学者的投入与支持。1948年，北京大学教授王重民在主持图书馆学专科时，曾提出"兼办培养档案专业人员"，邀请著名档案学家、方志学家傅振伦先生为学生讲授"档案与资料"课程并编写讲义。[①] 新中国成立后，傅振伦先生成为中国人民大学档案系的创始人之一。1953年，他在中国人民大学开设"中国档案史"课程，并撰写了《中国档案史讲义》，组织教研室编撰《历史档案参考资料》《档案馆学概论》。傅振伦先生提出的"档案是'最为崇高'之史料"这一档案观，可以见于《公文档案管理法》中的相关表述，即"档案为原始资料，而非滋生资料；为直接资料，而非间接资料；为第一等之资料，而非第二等以次之资料。在史源学之价值，最为崇高。其可截取之处虽有多寡之殊，然其大部，尽为可信，而伪造者少"[②]。

4. 技术档案管理学的自主建立

由于档案是进行科学研究必须占有的材料，技术档案较之文书档案具有与生产工作联系更紧密的特征[③]，为适应新中国成立后我国科技事业发展的需求，我国自主建立起技术档案管理学，其"中国特色"主要表现在研究对象的独特性，即我国技术档案具有"成套性"特征。

5. 实现从文献公布学到文献编纂学的转向

在独立学科自主建立时期，我国通过对苏联文献公布学经验的学习，依据中国文献编纂的历史与现实国情，创造性地实现了从文献公布

[①] 覃兆刿：《中国档案事业的传统与现代化》，中国档案出版社2003年版，第171页。
[②] 傅振伦：《龙兆佛公文档案管理法》，中国档案出版社1988年版，第73页。
[③] 中国人民大学历史档案系档案学教研室：《技术档案管理学讲义、讲稿》（一），中国人民大学内部资料，1961年，第20页。

学到文献编纂学的转向。

一方面,基于我国古代孔子、司马光、章学诚等学者所形成的一系列富有特色的文献编纂思想。如孔子的"述而不作""多闻阙疑"思想,司马光的"丛目未成,不可遽然作长编""择善而从,兼收并蓄""若彼年月事迹有相违戾不同者,则请选择一证据分明,情理近于史实者修入正文""鉴别、挑选史料应重内容而不囿于形式""以事系日,以日系月,以月系时,以时系年""宁失于繁,毋失于略"等思想,刘向与刘歆父子的"广罗异本,仔细勘对""彼此互参,去其重复""校出脱简,征订伪文""整理篇章,定著目次""屏其异号,确定书目"等思想,章学诚的"比次之书欲其愚"的思想,为自主建立体现中国历史文化特色的文献编纂学积累了一定的思想基础。档案文献编纂思想也是孕育时期中国档案学思想的主要体现,离不开我国历史学家、文献学家、教育家在文献整理编纂和史学研究中积累的目录学、版本学、校勘学、历史编纂学、档案文献编纂的理论与方法,以及他们对档案文献编纂原则与方法的认真探讨和总结。①

另一方面,由于文献编纂与民族语言密切相关,我国语言学家刘半农先生不仅重视档案(包括口述文献)的搜集整理,也重视在文献的次第、标题、删削加工、文字转达、备考注释等方面诠释以"存真"为核心的档案编纂思想,提出了"双重次第序号法""三种标题法""文字加工转达法"等富有特色的档案汇编、标题、加工转达方法,特别是在字词加工转达中极尽审慎,在编纂中反映文件辑录的完整程度,在档案文献汇编中说明原件情状以佐助文献信度,并通过开展一系列教学研究工作,佐证档案是研究民族语言的最真实、最权威的资料。1917年,刘半农先生在北京大学文科部担任文献编纂法的教学工作,在编纂

---

① 李财富:《中国档案学史论》,《档案学通讯》杂志社编:《档案学经典著作》第5卷,辽宁大学出版社2017年版,第245页。

和应用写作方面形成了一系列教学著述,强调档案的史料学意义,如"档案应是历史学家'之所珍'",强调文档工作的客观真实性,广泛影响到当时的文档记录质量。① 在搜集、整理、编纂档案文献的同时,刘半农先生很早就开启了对档案文献内容的研究,如1919年2月在《北京大学月刊》上发表《居庸关刻石辨文》,对我国铭文档案进行研究。1927年,他参加西北科学考察团,整理居延汉简,考证了两万多枚简牍档案上的文字②,为创立中国自主的文献编纂学奠定了一定的知识基础,积累了一定的教学经验。

1952年,中国人民大学在创办档案专修班时,曾邀请苏联专家谢列兹聂夫来我国讲学,苏联文献公布学自此传入我国。在借鉴苏联文献学理论体系与实践教学体系的基础上,中国人民大学历史档案系开设档案文献编纂学课程,结合中国实际,初步建立起档案文献编纂学分支学科。③ 1961年,在我国已经形成的文书学、档案管理学、印章学、版本学、目录学、考据学、史料学基础上,中国人民大学历史档案系编撰形成《文献编纂学讲义(初稿)》,对我国文献编纂工作形成的历史沿革、性质、任务、文献编纂的形式与选题、材料的搜集与选择、编纂加工技艺等进行了研究阐释,并形成了"档案是最可靠的文献史料"这一重要认识。

6. 实现从档案保管技术学到档案保护技术学的发展

随着档案收集理论、整理理论、价值鉴定理论、利用理论等理论的发展,我国机关档案工作在这些理论的指引下逐渐建立起来,如何保管与保护档案的问题逐渐引起档案业界和学界的关注。通过对我国机关档案工作中文件材料保管现存情况的调查研究,1954年,保管技术开始

---

① 覃兆刿:《中国档案事业的传统与现代化》,中国档案出版社2003年版,第158—160页。
② 覃兆刿:《中国档案事业的传统与现代化》,中国档案出版社2003年版,第165页。
③ 曹喜琛主编:《档案文献编纂学》,中国人民大学出版社1990年版,第41页。

被作为单独的科目予以专门化研究。① 至 20 世纪 50 年代后期，我国档案保护技术学已初步形成，并成为档案学专业的必修课。② 根据笔者对历史资料的实地考察，李鸿健促成了我国档案保管技术学到档案保护技术学的发展（见附录 A）。

（二）学科体系的自主建立与特色领域研究的发展：1978—1996 年

学科体系的自主建立体现了档案学的"中国特色"③，也为中国特色档案学的发展提供了更加完善的学科土壤。1978 年后，随着国家对文化与教育事业重视程度的提升，我国档案学教学与科研工作得以恢复。中国特色档案学迎来了进一步发展的良好机遇，其发展主要体现在以下方面：一方面，档案学特色领域理论与方法研究的进一步发展，为 1986 年我国正式确立具有中国特色的相对完整系统、符合时代特点和回应档案实践发展对学科需求的学科体系④奠定了基础；另一方面，由于历史是关于人的活动事迹，学科体系的自主建立也离不开我国档案学术专家吴宝康、冯乐耘、曹喜琛、冯惠玲、胡鸿杰、李财富、金波、邓绍兴等，以及国家档案局原副局长刘国能、国家档案局档案干部教育中心主任王德俊等档案领域实践专家在主持和参与教学材料编写、发展具有我国特点的档案保护实验方法体系、支持我国档案学教育和实践工作等方面投入的心血。

---

① 闫静：《1949 年至 1966 年的中国档案学——作为一门独立学科的创建》，中国社会科学出版社 2021 年版，第 223 页。
② 冯乐耘、李鸿健：《档案保护技术学》，中国人民大学出版社 1991 年版，第 2 页。
③ 通过笔者对张斌教授开展的实地访谈，该观点得到张斌教授的确认。
④ 1986 年，吴宝康在《湖南档案》发表署名文章，公布了我国档案学学科体系的基本框架——主要由理论档案学和应用档案学两大部分组成。其中，档案学基础理论、档案学史、档案事业史、档案法学、档案术语学、档案史属于理论档案学；档案管理学、档案文献学、档案技术应用学属于应用档案学。

需要说明的是，档案学"中国特色"的确认需要一定的证据，根据笔者对中国人民大学教授张美芳、梁继红的实地访谈。一方面，通过张美芳关于"档案保护技术学与档案学的'中国特色'具有强相关性"①的表述，形成了对档案保护技术学"中国特色"的初步认知；通过对梁继红开展的实地访谈，形成了对档案文献编纂学"中国特色"的初步认知。另一方面，笔者根据此时期由冯乐耘和李鸿健主编的《档案保护技术学》中的相关表述，进一步确认了档案保护技术学的"中国特色"；笔者通过考察此时期由曹喜琛主编的《档案文献编纂学》教材中的相关表述，进一步确认了档案文献编纂学的"中国特色"②。但是，根据所接触到的历史材料，笔者发现该时期档案学的教学材料中还未对档案保护技术学与档案文献编纂学中的"中国特色"进行详细描述，这为区别本书研究的第三个历史阶段，提出在新的历史时期这两个特色领域所实现的发展之处留下了一定的空间。

1. 档案管理学部分特色领域研究的开展，为应用档案学的形成提供了知识来源

实践的发展是学科进步的动力。随着我国社会主义事业建设的发展，科技管理、军事管理、企业管理等领域对于档案工作重要性的认识不断提升，这不仅肯定了我国自主建立的一套档案理论和方法的有效性，也对档案学学科的进一步发展提出了需求。根据对我国科技、军事、企业等实务部门档案管理特色经验的实践调研与学理阐释，结合档案学理论建设者的理论总结和理论设计，我国自主开展了档案收集、整理、价值鉴定、利用研究工作，这为普通档案管理学的形成提供了知识来源（具体见表3-1，分析见表后结论）。

---

① 尹鑫、张斌：《论加快构建中国特色档案学学术体系》，《图书情报知识》2021年第5期；冯乐耘、李鸿健主编的《档案保护技术学》（中国人民大学出版社1991年版，1994年重印）教材中有"必须运用现代科学技术来改造传统技术，从而使我国档案保护技术学更具中国特色"的表述，证明档案保护技术学的"中国特色"。

② 曹喜琛主编的《档案文献编纂学》（中国人民大学出版社1990年版）教材中有"具有中国特点的档案文献编纂学的研究"的表述，证明档案文献编纂学的"中国特色"。

表 3-1　　　　　普通档案管理学中的"中国特色"举隅

序号	领域	普通档案管理学中的"中国特色"举隅	核心
A1	收集	将"重视采用秘密方法收集党的文件、重视健全归档制度"纳入教学材料①的"基本原则"部分	保守党的秘密
A2		将"在遵循党政档案工作集中统一管理理论②的前提下,档案的收集应兼顾全宗的不可分散性与相互联系性"纳入教学材料③的"基本原则"部分	管理体制的集中统一决定全宗的不可分散性
A3		将"逐年集中是经过我国档案工作实践证明的最好办法"纳入教学材料④的方法教学部分	源自中国实践
A4		将"我国古代以来形成与发展的按照'件'为单位收集档案的方法"纳入教学材料⑤的方法教学部分	传统特色经验
B1	整理	将"'问题联系'确认为我国档案本质的内在联系,适合我国立卷工作实际情况、便于保持文件与档案的历史联系"纳入教学材料的"档案本质"⑥部分	回应和解答"中国问题"
B2		将"档案整理的目的是促进档案的利用,特别是保证人民利用档案的便利性与安全性"纳入教学材料的"任务"⑦部分	人民立场
		将"档案汇集"这一源自我国零散残缺文件整理实践的特色方法纳入教学材料的"方法"部分⑧	源自中国实践

---

① 中国人民大学历史档案系档案学教研室:《档案的收集与整理(初稿)》,中国人民大学内部资料,1960年,第11页。
② 根据李财富教授的观点,党政档案工作集中统一管理理论为我国首创。
③ 中国人民大学历史档案系档案学教研室:《档案的收集与整理(初稿)》,中国人民大学内部资料,1960年,第16页。
④ 中国人民大学历史档案系档案学教研室:《档案的收集与整理(初稿)》,中国人民大学内部资料,1960年,第21页。
⑤ 中国人民大学历史档案系档案学教研室:《档案的收集与整理(初稿)》,中国人民大学内部资料,1960年,第27页。
⑥ 中国人民大学历史档案系档案学教研室:《档案的收集与整理(初稿)》,中国人民大学内部资料,1960年,第13页。
⑦ 中国人民大学历史档案系档案学教研室:《档案的收集与整理(初稿)》,中国人民大学内部资料,1960年,第5页。
⑧ 中国人民大学历史档案系档案学教研室:《档案的收集与整理(初稿)》,中国人民大学内部资料,1960年,第27页。

续表

序号	领域	普通档案管理学中的"中国特色"举隅	核心
C1	价值鉴定	将"档案价值鉴定需要从广大人民利益出发"纳入教学材料的"基本原则"① 部分	人民立场
D1	利用	将"档案利用活动反映不可忽略的政治倾向和国家利益"纳入研究专著的"基本原则"② 部分	政治倾向
D2		将"按照专题组织起来的展览,直接提供利用服务,是档案利用服务方法的主要特色"纳入研究专著的"方法"③ 部分	方法特色
E1	检索	将"保证档案检索的计划性、科学性、全面性、准确性、专指性、实用性、统一性、兼容性"纳入研究专著的"原则"部分	计划思想
F1	分类	邓绍兴等档案学教师参与编制的《中国档案分类法》为档案分类研究提供了方法论指引	源于中国实践④ 的"中国首创"
F2		根据对我国古代特色分类法的梳理发现:第一,早在商代时期,我国就出现了职官分类法。第二,唐代甲历档案分类是我国最早的人事档案分类方法。第三,魏、晋时期以"甲""乙""丙""丁"为分类标记的方法,是我国最早的档案分类标记符号	通过考据历史材料发现的"中国首创"
F3		将"保持同一来源档案的完整性"确立为实体分类标准,纳入分类研究专著	党政档案集中统一管理理论指导"实体分类"

---

① 中国人民大学历史档案系档案学教研室:《档案的收集与整理(初稿)》,中国人民大学内部资料,1960年,第20页。
② 刘国能、王湘中、孙钢:《档案利用学》,中国档案出版社1996年版,第6页。
③ 刘国能、王湘中、孙钢:《档案利用学》,中国档案出版社1996年版,第10页。
④ 中国档案分类法的主要特点在于,在坚持职能分工为主要分类标准的前提下,在包容我国各项社会实践活动所形成的各类档案的基础上,以主表划分的19个基本大类为基础,包括"A——中国共产党党务""B——国家政务总类""C——政法""D——军事""E——外交""F——政协、民主党派、群众团体""G——文化、教育、卫生、体育""H——科学研究""J——计划、经济管理""K——财政、金融、保险、审计""L——商业、旅游业、服务业""M——农、林、牧、渔业""N——工业""P——交通""Q——邮电通信""R——城乡建设、建筑业""S——环境保护""T——海洋、气象、地震、测绘""U——标准、计量、专利",并且在19个基本大类下视需要分设若干属类,属类包含三级类目、四级类目、五级类目等类型,其中,以四级类目居多。

第二章 中国特色档案学当代构建的历史基础　49

续表

序号	领域	普通档案管理学中的"中国特色"举隅	核心
F4	分类	为了保障我国科技档案管理"成套性"①，将"整体性分类标准"作为实体分类的标准，纳入分类研究专著	体察中国国情
F5		将"我国的档案分类方案应具有稳定性和包容度，分类体系一旦确定，就不宜经常变动"②纳入分类研究专著	体察中国国情
		确立档案分类"六项原则"③	中国首创

通过表 3-1 的范畴归纳可以发现：第一，档案学"中国特色"的辨识需要结合我国特定历史时期的国情；第二，档案学"中国特色"的形成，与我国坚持中国共产党的领导核心地位、坚持保守党的秘密、坚持"以人民为中心"的国家建设理念具有密切联系；第三，我国集中统一的管理体制，是档案学"中国特色"形成的深层原因；第四，档案学"中国特色"的形成，体现了中国特色档案学从"学习为主"到"以我为主"的演进规律；第五，档案学"中国特色"的确认不是空穴来风，也不是理论空想，而是需要在详细考察历史资料的基础上，结合对档案学领域的专家访谈，这是由于档案学领域历史材料也存在一定程度的谬误，历史真实性的发现和确证是一个循序渐进的过程，需要在不断发现新史实、寻求确认性意见的过程中，形成关于档案学"中国特色"演进脉络的正确认识。

---

① 档案整体性分类标准，对于我国进行专门性档案及科技档案的划分和类聚具有积极意义，有助于维护科技项目的独立性，保持科技文件之间的有机联系。
② 档案分类研究中提出的"稳定性和包容度"标准，充分考虑到我国档案管理具有稳固的组织机构这一国情。
③ 档案分类的六项原则是指"正确判定档案的所属全宗是档案归类的最基本原则"；"归类必须辨明最能说明文件时间特点的日期"；"根据档案文件的主要内容有规律地归类"；"归类必须注意遵循档案文件的自然形成规律和保持文件之间的有机联系"；"档案归类应遵循档案实体分类方案的逻辑性"；"档案归类不能只凭文件题名或某一特征来进行"。

2. 科技档案管理学的自主建立，诠释了从"中国实践"到"中国理论"的演进规律

1980年全国科学技术档案工作会议召开后，我国科学技术档案工作取得了较快发展，科学技术档案理论研究也不断取得新的成果。在此时期，科学技术档案管理学被王传宇界定为"一门新发展起来的档案学科"[①]。首先，对于科技档案管理学属于"中国特色"档案学的认知，来源于笔者于2021年5月在中国人民大学对王传宇的实地访谈。通过实地访谈，王传宇帮助笔者建立了科技档案管理学知识"源于对中国科技档案管理工作的长期考察调研"这一认识，并纠正了笔者关于"科技档案管理学学习了苏联经验"的错误认知，王传宇结合其自身对科技档案管理学考察调研所得出的基本事实，给笔者提供了如下考察调研口述史材料（见表3-2）。

表3-2　　王传宇参加的科技档案实践调研时间轴

序号	时间	调查走访地点
1	1978-11	黑龙江省哈尔滨汽轮机厂和勘测设计院、齐齐哈尔市富拉尔基区中国第一重型机械厂、北方工业公司（我国早期兵工企业）
2	1979-08	冶金部设计院设计系统、鞍钢公司、鞍钢设计院
3	1979-11	安徽省档案局
4	1980-01	河北省档案局
5	1980-03	云南省档案局
6	1980-04	河南省档案局
7	1980-05	内蒙古呼和浩特档案局、包头钢铁公司
8	1980-06	吉林省档案局、电力部东北勘测设计院
9	1980-09	新疆维吾尔自治区档案局
10	1980-10	甘肃省档案局
11	1982-09	北京市档案局

---

① 王传宇：《科学技术档案管理学教程》，档案出版社1986年版，第1页。

续表

序号	时间	调查走访地点
12	1982-11	海南行政区档案局
13	1983-07	西藏自治区档案局
14	1984-03	河南省三门峡市、郑州市、开封市、洛阳市、南阳市、平顶山市矿务局档案部门、煤矿档案部门
15	1984-08	四川省攀枝花市档案局、攀枝花钢铁公司
16	1984-10	水利电力部
17	1986-05	广州大学、广州科技大学
18	1987-03	南京大学
19	1987-04	杭州广播电视大学
20	1987-05	武汉广播电视大学
21	1987-06	河北张家口广播电视大学
22	1987-07	青岛广播电视大学
23	1987-08	呼和浩特科技档案管理学统编教材审稿会
24	1987-10	全国第二次沿海开放城市档案工作协作会议
25	1987-12	山东泰安修订科技档案案卷构成国家标准会议
26	1989-10	湖北省黄石市华新水泥厂、葛洲坝、沙市东风印染厂、三峡工程公司
27	1990-12	西安城建档案信息研究会
28	1991-12	冶金档案管理规范鉴定会
29	1992-02	福建福州—全国海岸资源档案管理交流会、厦门华纶公司、厦门档案馆
30	1992-04	江苏南通、南京、苏州、扬州、无锡企事业单位
31	1992-10	广东省档案局
32	1993-07	河北科技档案会议
33	1994-04	甘肃城建档案会议
34	1995-07	山东青岛市大港油田

资料来源：尹鑫、张斌：《论加快构建中国特色档案学学术体系》，《图书情报知识》2021年第5期。

通过观察王传宇所提供的实践调研数据可以发现，我国科技档案管理学的建立，一方面是由于获取了我国特定历史时期在机械制造、钢铁制造、冶金等领域形成的科技档案管理事实材料，另一方面与从事科技档案研究领域的档案学教师重视实地调研提升理论认知的努力密不可分。

其次，笔者在2021年7月至8月间对收藏在中国人民大学档案系的科技档案管理学历史教学材料进行了详细考察，进一步形成了科技档案管理学"中国特色"的认知框架（见表3-3）。

表3-3　　　科技档案管理学中的"中国特色"举隅

序号	领域	科技档案管理学中的"中国特色"举隅	核心
G1	科技档案管理学	将"科学技术档案管理学，要阐明指导我国社会主义国家规模的科学技术档案工作的理论原则的基本内容"① 纳入教材	考证科技档案管理学中的"中国特色"
H1	科技文件材料学②	在教学讲义中明确"根据我国工农业生产与工程建设需要，我国科技文件材料应保证完整、系统、成套的特点"	体察中国国情
H2		科技文件材料学者通过考察我国古代甲骨文、金文、简、缣帛、石刻、纸张等不同制成材料，进一步发现和阐释了我国古代科技发展特色	发现和阐释中国科技史特色
H3		科技文件材料学者通过研究我国科技材料史，考证了我国在农业科技、数算记法、气象观测记录、地图、医药等领域的"中国领先"	通过研究中国档案，考证"中国领先"

---

① 王传宇：《科学技术档案管理学教程》，档案出版社1986年版，第3页。

② 从背景来看，在科技文件材料学的形成时期，我国建成了包括航空技术和工程、生物化学工艺、土木建筑工程在内的30个以上学科门类，这对于加强科技文件材料管理，进而建立相应的学科提出了需求。王传宇认为，科技文件材料是科学技术档案的前身形态（见王传宇主编《科学技术档案管理学教程》，档案出版社1986年版）。

续表

序号	领域	科技档案管理学中的"中国特色"举隅	核心
I1	军事科技档案管理学①	军事科技档案管理学教学讲义②在采用《中国人民解放军档案工作条例》关于"我军档案"③界定的基础上,提出"军事科技档案"的定义——"在军事科学技术研究、国防工程建设、军工生产等活动中形成的归档保存的科技文件材料"	源于中国法律
I2		军事科技档案管理学教学讲义④明确"军事科技档案"的特征是"以型号成套"	综合考量了我国科技档案的特征与军事档案的特征
I3		军事科技档案管理学教学讲义⑤将军事科技档案区别于军事文书档案、军事科技资料、军事情报等概念,将其严格限定为形成于军事活动领域、直接记录军队科技活动过程与成果的历史记录	从档案学领域诠释了我国军事事业的严肃性

(三) 中国特色档案学创新发展:1997年至今

中国特色档案学建设伴随着国家哲学社会科学的发展变化,处于动

---

① 从背景来看,基于对军事科技档案工作基本内容与基本任务、工作性质、工作原则、管理体制、干部队伍的研究与考察,以及对战前、战时、战后科技档案工作的研究,我国初步总结了科技工作程序与科技文件材料形成的新特点,并对科技文件材料编号、更改、收集、整理、鉴定、保管、检索、著录、提供利用、统计等实践情况进行研究阐释,进而形成了军事科技档案管理学。从定义来看,我国将军事科技档案区别于军事文书档案、军事科技资料、军事情报等概念,将其严格限定为形成于军事活动领域、具有特定内容与性质、直接记录军队科技活动过程与成果、经过归档保存程序保存起来的,具有保存价值、具备记录和反映形式的多样性的历史材料。

② 中国人民大学档案系:《军事科技档案管理学(初稿)》,中国人民大学内部资料,1988年,第3页。

③ 根据可以查找到的历史资料,当时的《中国人民解放军档案工作条例》将军事档案界定为"我军各单位在各项工作活动中形成的、归档的文件、电报、会议记录、电话记录、信函、图表、照片、影片、录音带、录像带、乐谱、出版物原稿、画稿等文件材料。我国档案分为文书档案、科技档案、专门档案"。

④ 中国人民大学档案系:《军事科技档案管理学(初稿)》,中国人民大学内部资料,1988年,第3页。

⑤ 中国人民大学档案系:《军事科技档案管理学(初稿)》,中国人民大学内部资料,1988年,第3页。

态调整之中。1997年，国务院学位委员会颁布了《授予博士、硕士学位和培养研究生的学科、专业目录》，档案学由原来在"历史学"一级学科门类下附属于"历史文献学"的二级学科，被调整到"管理学"学科门类下。这一改变极大地拓展了档案学学科的发展空间，为中国特色档案学带来了创新发展的良好机遇。1997年后，伴随着计算机技术和互联网技术在档案领域日益广泛地应用，中国特色档案学的研究对象和边界发生较大的改变，为中国特色档案学融入数字空间提供了条件。在此背景下，通过张斌、徐拥军、周耀林、张美芳、赵淑梅、仇壮丽、曹喜琛、李财富、胡鸿杰、梁继红等学者的理论阐释与理论发现，我国科技档案管理学、档案保护技术学、档案文献编纂学等档案学传统特色领域实现了创新发展。我国自主建立了中国特色电子文件管理学，推动了电子文件管理国家战略的施行；我国档案治理研究和红色档案研究在国家政策的支持下逐渐兴起。

1. 传统特色领域的创新发展

在创新发展时期，科技档案管理学、档案保护技术学、档案文献编纂学等档案学传统特色领域实现了创新发展。第一，科技档案管理学实现了创新发展。通过张斌、徐拥军等学者的理论阐释与理论发现，科技档案管理学实现了从重视研究科技档案管理学的辅助记录效能，到重视研究科技档案管理学的知识管理效能；实现了从重视研究科技档案的技术价值，到重视研究科研数据的科学价值；从"将科技档案视为科技事业的历史记录"到"将科技档案视为国家的技术资产"的创新发展。第二，档案保护技术学实现了创新发展。我国档案保护技术学在创新发展时期，通过周耀林、张美芳、赵淑梅、仇壮丽等学者的理论阐释与理论发现，实现了从档案文献保护到可移动档案文化遗产保护的创新发展，以及从传统档案保护到档案文献遗产数字保护的创新发展。首先，我国档案保护技术学实现了从档案文献保护到可移动档案文化遗产保护，再到形成档案保护"活化"的创新发展。在理论层面拓展了档保护技术学的研究范畴与资源视野，在实践层面推进了我国珍贵档案文献遗产保护工作，并进一步发现与阐释了蕴含在珍贵档案文献遗产中的中国特色民族文化，为研究阐释我国"民族平等""民族团结""促进各民族共同繁荣"政策作出了档案学贡献。其次，我国档案保护技术学实现了从传统档案保护到档案文献遗产数字保护，体现了我国档案保护技术学在创新发展进程中所逐渐形成的"精准保护""融保护"的思想，阐释了我国档案保护技术学充分借助新兴信息技术，实现创新驱动的学科进步，有助于在考虑我国具有广袤地域与丰富民族的国情背景，以及新的边疆治理形势下促进我国珍贵档案文献资源的长期保存，履行档案学赋能国家治理的学科使命。最后，档案文献编纂学实现了创新发展。我国档案文献编纂学在学习苏联文献公布学的有益经验，实现从文献公布学到文献编纂学的转向，再到发展为档案文献编纂学后，通过曹喜琛、李财富、胡鸿杰、梁继红等学者的理论阐释与理论发现。至20世纪90年代，我国档案文献编纂学明确了广义的档案文献编纂学结构与狭义的档案文献编纂学结构，建立了包括档案文献编纂学概论、档案文献编纂史、档案文献方法学在内的理论档案文献编纂学，以及包括文书档案文献编纂学、科技档案文献编纂学、专门档案文献编纂学在内的应用档案文献编纂学，包括档案文献编纂选题学、档案文献编纂选材学、档案文献编纂加工学、档案文献编纂辅文学、档案文献编纂效益学在内的体系结构。[①]

2. 电子文件管理理论自主建立，促成了电子文件管理国家战略的施行

我国为应对20世纪中期以后逐渐形成的电子文件管理问题，在学科转型与创新发展时期，在电子文件管理前端控制思想与全程管理思想形成的基础上，自主建立了电子文件管理理论。由冯惠玲团队向国家档

---

① 李财富：《再论档案文献编纂学体系结构》，《档案学通讯》1994年第1期。

案局和中共中央办公厅提交的《关于全面制定和实施我国电子文件管理国家战略的若干思考》报告得到了肯定性批示。

第一，电子文件管理国家战略的施行，提升了国家对电子文件管理的控制力，揭示了电子文件管理国家战略的基本规律，构建了基于我国本土情况的国家战略参照体系[①]，促进了从"区域"到"国家"的电子文件管理整合研究。

第二，电子文件管理理论的自主建立，促进了电子文件管理国家战略学理化程度的提升。进入新时代，随着我国电子文件管理理论的不断发展、内容的不断丰富、分支领域的不断增多，中国特色电子文件管理学逐渐摆脱了对国外电子文件管理理论的简单借鉴，日益凸显出中国电子文件管理的独特之处，形成包括术语体系、基本原理、基本理论、法规标准、元数据理论、流程控制理论、长久保存理论、信息安全管理理论、管理评估理论在内的内容全面、结构完整、系统合理、持续发展的理论体系[②]，促进了电子文件管理国家战略学理化程度的提升。

第三，电子文件管理技术特征的确定，提升了电子文件管理理论的规范程度。基于对文档一体化理论、前端控制思想、集成服务理论等理论与思想的整合，中国特色电子文件管理学确定由控制力保障技术、证据力保障技术、服务力保障技术构成电子文件管理系统的三大类技术[③]，促进了中国特色电子文件管理学研究的规范化进程。

3. 档案治理研究的兴起

档案治理研究的兴起具有一定的政策背景。2021年，中共中央办公厅、国务院办公厅印发《"十四五"全国档案事业发展规划》，提出"适应国家治理体系和治理能力现代化要求""全面推进档案治理体系建设""着力推动档案工作走向治理"等政策方向，随后档案治理研究

[①] 冯惠玲、刘越男等：《电子文件管理国家战略》，中国人民大学出版社2011年版，第64—65页。

[②] 杨安莲：《试论电子文件管理理论体系》，《档案学通讯》2013年第3期。

[③] 朝乐门：《电子文件管理系统的技术特征》，《现代图书情报技术》2013年第4期。

逐渐兴起。由于档案治理研究具有一定的交叉学科属性，主要体现为档案学与法学的学科交叉，体现了中国特色档案学从立足单一视域到逐渐重视学科交叉的演进规律。

4. 红色档案研究的兴起

红色档案是党的事业建设中留存的原始记录，是查考和研究党的历史的可靠凭据。红色档案诠释了中国共产党人投身于中国特色社会主义事业建设的"中国精神"，有助于"弘扬以伟大建党精神为源头的中国共产党人精神谱系"，是红色档案研究的来源。红色档案研究具有一定的基础，其研究源流主要来自档案事业管理史。① 一方面，红色档案研究对于读懂百年党史、探索社会主义建设经验具有十分重要的价值；② 另一方面，红色档案研究也可以为"用好红色资源"提供价值指引，推进文化自信自强。2021年7月6日，习近平总书记对新时代档案工作作出重要批示，指出要"把蕴含党的初心使命的红色档案保管好、利用好"③。随后，红色档案研究逐渐兴起，成为2022年"本土化"研究的新议题④，入选"2022年度中国图情档学界十大学术热点"⑤。由于红色档案研究具有一定的交叉学科属性，主要体现为档案学与中共党史党建学的学科交叉，这为促进新兴交叉学科的形成提供了一定的研究基础。

二　中国特色档案学的基本范畴

基本范畴是对中国特色档案学基本研究问题的高度抽象，集中揭示

---

① 邹家炜、董俭、周雪恒编著：《中国档案事业简史》，中国人民大学出版社1985年版，第209页。
② 徐拥军：《挖掘档案价值 读懂百年党史》，《中国档案》2021年第3期。
③ 转引自陆国强《新时代档案事业高质量发展的根本遵循》，中华人民共和国国家档案局，http://www.saac.gov.cn。
④ 连志英、徐拥军、陈怡：《2022年中国档案学研究现状、特点及发展趋势——基于对〈档案学研究〉〈档案学通讯〉的发文统计》，《档案学通讯》2024年第1期。
⑤ 佚名：《2022年度中国图情档学界十大学术热点》，《情报资料工作》2023年第1期。

了中国特色档案学的主要领域，其核心命题是由基本范畴衍生出来的判断语句。基本范畴与核心命题共同绘制了中国特色档案学的研究对象、研究领域、研究内容，体现了新中国档案学的历史思维、理论思维与业务思维。凝练中国特色档案学的基本范畴，有助于明晰档案学发展的中国道路与本土特色。

（一）基本范畴之一：中国悠久档案史及理论应用

历史是学科的生命之源，中国档案管理的悠久历史为形成具有其自身特点的中国档案学奠定了深厚基础。厘清档案学形成的管理史基础，是探讨档案学学科史的前提。档案与史学关系密切，相得益彰。历史档案是少经篡改、歪曲和文饰的原始材料。① 档案是古文书学、古文字学、印章学形成与发展的重要依托，也影响着人们的史料价值观和历史观，引起了近世学术风气和治学方法的重大转变，使史学的原料之风得以牢固树立。② 我国素有利用档案编史修志的优良传统，史家治档繁荣了我国古代的学术文化。③ 在中国档案学的孕育时期，近代档案从"三百年来学士大夫不得一窥"到档案的价值"为世人所共知"④。1994年，我国著名档案教育家韦庆远强调了利用档案开展学术研究的价值，即"用书不如用档，用档不忘用书，尽信档不如无档，尽信书不如无书，书档配合又相攻"⑤。1996年，以重视档案著称的史学家戴逸先生对档案的史料价值作了系统总结，即档案较之其他史料具有直接性、丰富性、系统性。

中国悠久档案史的理论应用促成了档案学史论的形成与发展，由此

---

① 李财富：《史学研究与档案》，《史学理论研究》1996年第4期。
② 覃兆刿：《中国档案事业的传统与现代化》，中国档案出版社2003年版，第118—120页。
③ 李财富：《孕育时期中国档案学思想的特点及成因》，《北京档案》2002年第2期。
④ 顾颉刚：《禹贡学会的清季档案//文献特刊》，故宫博物院文献馆，1935年，第72页。
⑤ 韦庆远：《利用明清档案进行历史研究的体会》，中华书局1994年版，第301页。

第二章　中国特色档案学当代构建的历史基础

推进了中国悠久档案史的学理化提升。档案学史论对中国特色档案学的研究范畴与理论深度具有基础性作用，是历史唯物主义在档案学领域的积极运用，对于辨明档案的概念与本质、档案的作用、档案和档案工作的起源、档案工作的矛盾和规律、档案室工作与档案馆工作的关系等主要概念及其相互关系、回应和解决档案的科学管理与社会利用的基本矛盾、回应和解决档案收藏与利用工作的主要矛盾具有积极意义。档案学史论涵盖了对口述档案、档案文献编纂、档案保护、科技档案管理等专门研究方法的归纳。例如，在口述档案研究方法归纳方面，梁启超先生对于史料分类做过专门研究，称其为"传述之口碑"，并解释为"采访得其口述，此即口碑性质之史料也"。由于口述档案可以弥补官府档案之不足，纠正一般档案之讹误，利用口述档案研究历史成为一种独特的史学方法，为建立和完善口述档案这一不可或缺的史料补充[1]提供了研究支撑。

核心命题一：中国自古以来传承的档案知识具有不可替代性，是"讲好中国故事"的话语依托。

受益于中国古代以来档案书写历史的传统文化滋养，档案知识成为阐释"中国故事"的重要依托，集中体现在中国自古以来以档案为载体传承的管理知识、文化知识、科技知识等方面。档案的保存是从书写历史开始的，中国古代使用石片或蜡片以刻写保存文书，使得对于历史考证有益的资料得以留存[2]，这也为档案凭证价值的延续奠定了基础。

例如，档案双元价值论阐释了文档真实性维护价值与文档责任控制价值。一方面，档案双元价值论阐释了文档真实性维护价值。文书用印制是具有中国特色的文书真实性内控制度。我国自古代以来所使用的"印信"一词，反映了印与文书真实性之间的联系，如汉代的"押缝制

---

[1] 李财富、张顺涛：《口述档案与历史研究》，《档案》1998年第2期。
[2] 中国人民大学档案系：《档案学参考资料（文书整理法理论与实践）》，中国人民大学内部资料，1956年，第2页。

度"、唐代的"盖制可骑缝印"、元代的"半印堪合制"等用印制度，起到了文档真实性控制作用。唐律、元典章、清制中规定的"文卷交结制"实现了文档职守和交接过程的控制。西周时开始兴起的"档案副本制"起到了留存备份，便于档案内容对照和促进长期保存的效用。同时，我国自古以来就以制定法律方式给文档诈伪者设计风险的传统，这印证了中华民族重视诚信的文化心理特色，促进了具有中国特色的文档真实性控制传统的形成。司马迁曾说："著明诚信，违去诈伪，是礼之常行。"我国古代的"结绳记事"就起到了"可免诈伪""备遗忘，而绝纷争"的功效。汉律、曹魏诈律、晋刑法均明确规定了诈伪的法律责任，表明我国古人以刑法为后盾，建立了一整套旨在控制文档真实性的社会规则，为当代语境下的信用档案建设、信用社会建设提供了一定的借鉴与启示。另一方面，档案双元价值论阐释了文档责任控制价值。为保障文书形成与运转的规范性，我国古代的律法确定了严格的文档责任制度，以确保文书形成的严肃性和运动过程中内容的"高保真"，如《唐律疏议》规定了"误写文书""擅改文书""违背专职专递""偷视文书""枉道稽程""传送失误"的法律责任。

核心命题二：中国自古以来传承的档案管理方法，强调与特定主体的对应性，即"每种中国档案管理方法有其传承人"，这种对应强调了自然人的主体作用，尚不具备机器可替代性。

中国档案管理方法与其传承主体的对应性，是档案学诠释学科特色、回应"机器替代论"的话语依托。例如，傣族历史上用老傣文保存下来的封建律法档案，体现了傣族封建领主制社会运用法律规范管理国家的方法，也反映了约产生于明代的傣族成文法"藏于官府"[①]的史实。再如，我国自先秦时期即有诸子不迷信故国档案文献记录、勇于疑古的传统，成为档案鉴辨学形成之滥觞。汉初，史家在治史前必须先辨

---

① 陈子丹：《傣族封建律法档案初探》，《兰台世界》2007年第3期。

明伪书,从而促成了档案鉴辨学的进一步发展,并使史官司马迁作为第一位档案文献鉴辨大家入世。清初考据学的发展促使档案文献鉴辨学迎来第一次发展高潮,至清乾嘉年间,档案文献鉴辨实践方法已经取得了丰硕成果,但仍缺乏理论归纳。① 在已经形成的中国特色档案价值鉴定学的基础上,2009 年,刘耿生、何庄、张美芳根据对传统教学经验、理论凝练及实践经验的总结,基于对中国历代先贤鉴辨档案文献成果的总结,通过考察档案的外形、内容、形成时间、文字等,结合现代科技手段,对档案鉴辨学进行了重新梳理,发展了关于中国传统意义上的档案真伪鉴定的特色理论与方法,使档案鉴辨学在明晰中国特色技艺精髓的同时,保证了其可据性与可读性。

核心命题三:中国自古以来传承的档案知识有其实用价值,这些实用价值体现在国家、社会、行业、民俗等各领域,与国家整体历史发展变迁、人民群众生产生活轨迹变迁密切相关。

我国模仿苏联文献公布学建立了中国的文献公布学,文献公布学的建立,促使我国不同历史时期的社会制度和国家政治、经济、文化的实际情况得以不断被发现,阐释了我国清代统治者通过加深和加强文件公布利用工作以宣传统治政策的历史。1956 年,受益于党和政府对公布文件工作的重视,基于对我国自公元前 770 年的春秋时期已经具有的使用缮写的方法来公布文件的历史考察,顺应文化建设高潮,推动了该学科的科学发展,特别是我国史学以及出版事业的发展。例如,故宫文献馆公布的 17 世纪至 20 世纪初的档案文件对于促进我国近代史研究更深入的全面开展具有重要意义。1956 年,我国文献公布学形成了初步的课程结构,主要包括我国公布文件工作的历史、公布文件之前文件公布者的工作、文件正文的选择、文件正文的转达、文件的标题、文件的考证材料、文件的注释、出版物内文件的系统化工作、文件出版物的出版说明和序言、文件出版物的科学参考工具、文件出版物的编排格式等。

---

① 刘耿生、何庄、张美芳:《档案鉴辨学》,中国人民大学出版社 2009 年版,第 2—3 页。

同时，我国自主探索建立起文献公布学的实验课，形成了一系列实验课题。实验课的具体内容包括"了解马克思列宁主义经典作家关于公布文件的指示""把科学参考工具书用于公布文件工作""文件正文的选择""正文的转达""编写标题""查考材料""编写注释""公布文件的系统化""出版说明及历史序言""编制索引""编排形式"等①，通过严格控制参与实验的学生人数及使用循序渐进的形式，使学生掌握具有中国特色的文献公布实践方法，同时在"正文的转达"实验课上，通过让学生抄写、装订文件，培养学生养成细致、小心的档案工作习惯。随着文献公布学教学与科研的发展，我国文献工作取得了丰硕成果。其一，我国远古时期的甲骨文公布采用具有中国特色的墨拓和影印方法以保持原状，便于进行科学研究工作。其二，我国在漫长的历史时期里从不用标点符号到逐渐形成由简单到复杂的具有中国特色的标点符号的时代史得以刻录。其三，清代乾隆时期出版的《四库全书》因保存了3622册文化遗产而促进了中国图书分类法的进一步完备。其四，经研究发现，我国历史上太平天国时期的文件工作具有一定的独特性，主要表现在其文件的公开性、文件公布随军进行、面向人民群众的语言通俗性上。其五，我国军事文件的日期标注由于保障文件精确性的需要，标注有较之普通文件更精确的日期，例如作战报告的编制在实践中形成了标题注明精确日期的惯例。

我国学者通过对民国时期档案文献的研究，总结出该时期的如下特点：第一，我国学者发现了最早加用标点符号的文件，即1930年《划一教育机关公文格式办法》所规定的包括顿号、逗号、支号（今分号）、综号（今冒号）、句号、问号、祈使号（今感叹号）、提引号、复提引号、省略号、破折号、专名号、书名号、括弧在内的14种标点符号。第二，我国学者通过对民国时期布告、宣言、计划、讲演稿、会议

---

① 中国人民大学历史档案系：《文献公布学实验课方法指导及实验课题》，中国人民大学内部资料，1956年，第1—13页。

记录、方案、说明书等采用应用性文种的档案文献的研究，发现了我国档案文献中白话文逐渐增加的初始迹象，反映了民国时期我国语言文字兼取典丽古雅与浅近平易的特色。第三，我国学者发现了该时期关于统一战线、国共合作、抗日战争史、近现代中外关系、民国文书与档案制度等方面的凭证材料与重要史料。

核心命题四：中国自古以来传承的档案知识具有多学科属性，不仅受益于多学科知识的丰富和滋养，也推进了多学科知识的演进发展。

档案学知识的多学科属性体现在学科史演进过程中，档案学与语言学、文字学、印章学、版本学、目录学、考据学、史料学等多学科知识所形成的交叉融合关系。

例如，章句学体现了档案学与语言学、文字学的知识交叉融合关系。1956年，中国人民大学历史档案系教研室在考察我国古标点符号、篇章、抬头、注语、引语、删节、增补、涂抹、代名号、阙文号、重文号、破音号、叶韵号、新式标点符号的基础上，编撰成1956年版《章句学》教学材料。通过对我国旧籍的考察，中国人民大学档案系发现了句号、读号、顿号、段号、联号、起号、兼号、私名号属于具有中国特色的古标点符号[1]，这为我国的语言文字研究提供了真实史料，有助于语言学者进一步考证我国语言文字的历史脉络，发现具有我国特点的语言文字标识。

再如，版本学体现了档案学与图书馆学的知识交叉融合关系。基于我国版本学者对历代书籍制度、镌刻体例研究的考证，通过整合国学研究的相关成果，中国人民大学档案系教研室考察了我国西周以前的刻石、镂金、甲骨版本，周代竹简、木版，战国至隋唐以前的帛素、纸、石经版本，隋唐雕版、家塾本、坊刻本、活字版、巾厢本、朱墨本版本，以及古书装订技法，编撰成1956年版《版本学》教学材料，中国

---

[1] 中国人民大学历史档案系教研室：《章句学》，中国人民大学内部资料，1956年，第2—6页。

特色版本学由此建立。版本学阐释了我国西周以前的刻石版本的特色，即通过刻文字于峭壁峻崖之上，传承了中国自上古帝王以来沿袭的用以记述功德、昭告神祇的封禅刻石制度的历史；阐释了我国战国至隋唐以前兴起的帛素版本所带动的中国砚墨发展史；阐释了始自我国新莽时期的石经版本发展史，即初期通过古人摹写易、书、诗、左传于石，后发展为摹写公羊、论语、曹诗、仪礼、孔安国书、毛诗、三礼、三传、尔雅、孟子、孝经、蜀石经、大学，通过以经书石，分为五字经、七字经、九字经、十一字经、十二字经、十三字经、十四字经、十五字经、十八字经、十九字经、二十一字经等，见证了我国历代科蚪文、篆书、隶书、楷书的形成与发展，也见证了我国刻书最多时期——清代的江宁、苏州、杭州、武昌、淮南、南昌、长沙、福州、广州、济南、成都等地官书局的设立与官书事业的发展历程。这对于发现版本学的演进脉络与特色成果，促进图书馆学史研究，推进出版事业发展具有积极意义。

又如，档案文献编纂学体现了档案学与印章学、版本学、目录学、考据学、史料学等学科的知识交叉融合。我国元代创造了文、献、注三合一的编纂方法，开启了历史考证学之先河。① 1961年，中国人民大学历史档案系编撰成的《文献编纂学讲义（初稿）》对我国文献编纂工作形成的历史沿革、性质、任务，文献编纂的形式与选题，材料的搜集与选择、编纂加工技艺等内容进行了研究阐释，并形成了"档案是最可靠的文献史料"② 这一重要认识。

又如，档案保护技术学体现了档案学与生物学、化学、建筑学等学科知识的交叉融合。1961年，中国特色档案保护学的传统形态——中国特色档案保管技术学③初步成形，其主要标志是中国人民大学档案专

---

① 陈子丹：《论元代档案文献编纂的特点》，《云南档案》2006年第5期。
② 中国人民大学历史档案系档案学教研室：《文献编纂学讲义、讲稿》（一），中国人民大学内部资料，1961年，第1页。
③ 档案保管技术学后更名为档案保护技术学。

业教师编写出版的《档案保管技术学》。[1] 自此,"预防为主,防治结合"的档案保护原则得以确立,包括档案文件制成材料及其特性、档案文件损坏的理化因素及防护方法、损坏档案文件的生物及防治方法、档案文件的修复技术、档案文件的照相复制、档案馆的建筑和设备、技术图书的保管、影片照片档案的保管、录音档案的保管九个具体领域在内的档案保护学科知识体系的最初框架得以形成,也由此构建了我国档案保护技术学科知识体系的雏形。

(二) 基本范畴之二:中国独特档案文化及理论应用

文化关乎国本,是档案学记录与表达中国特色的根本依托。古往今来,中华民族之所以在世界上有地位、有影响,不是因为穷兵黩武、对外扩张,而是靠中华文化的强大感召力和吸引力。[2]

档案文化知识提升了中华文化的感召力和吸引力,成为历史悠久、内容丰富的中华文明之话语表达的重要载体。档案保护技术学中的特色档案技艺知识、制成材料知识、字迹材料知识是档案文化知识的典型代表。

核心命题五:中国独特的文化心理与中国独特的档案文化相互映射,通过中国独特的档案管理技艺与方法予以表达。

其一,通过档案保护技术学的理论总结,中国古代传承的档案纸张修染加工技艺、纸书长卷黏接技艺得以作为重要教学内容,实现了"师徒相传"。其二,通过档案保护技术学的实验课程讲授,中国古代传承的档案纸书长卷黏接技艺成为重要教学实习内容之一,实现了特色技艺的实体传承,学生通过真实情境的黏接技艺实验训练,不仅掌握了实体

---

[1] 赵淑梅:《数字时代档案保护技术变革与理论创新研究》,武汉大学出版社2021年版,第97页。

[2] 中共中央文献研究室:《十八大以来重要文献选编》(中),中央文献出版社2016年版,第119—120页。

黏接技艺的操作流程，也深入理解了中华民族在勤劳生产中所积累的独特智慧。其三，通过档案保护技术学的实验课程讲授、学生实验训练、科研项目调研训练等，我国周朝至汉代时期使用"杀青"技艺以防档案蠹虫的特色技艺得以实现"师徒相传"。其四，根据档案保护技术学对于档案字迹材料颜料选用、矿物材料选用、动物材料选用方面"中国特色"的提炼，可以发现，中国特色档案字迹材料颜料选用体现了中华美学传统与审美特色；呈现了中国本土丰富的物产与自然资源，展现了中华民族自古以来重视"天人合一"的中国特色生存与发展智慧；动物材料的选用展现了中华民族善于利用独特的生态圈资源的生存与发展智慧。

核心命题六：中国丰富的民族类型与丰富的档案文化相互映射，通过促成多民族档案文化研究，融入中国独特的民族治理智慧中。

中华民族植根于中国本土，具有共同历史、共同记忆、共同经济生活，并形成了共同文化心理特征的稳定共同体。中国自古以来就是统一的多民族国家，具有稳固的向心文化，例如满族家谱档案发挥着改革女真旧俗、缩小民族文化差别、促使满族融入中原农耕文明[1]的文化融合作用。

我国统一的多民族国家的特点造就了丰富的民族档案，真实记载了少数民族的发展历史、社会经济、文化生活、宗教信仰、风俗习惯等各方面情况，是促进民族团结、保持社会稳定的重要凭证和依据。[2] 档案是重要的民族文化凭证和文化媒介[3]，发挥着维护民族团结、增强民族凝聚力的重要功能。我国的民族档案可分为档藏于官衙、档藏于文化宗教互动场所、档刻于金石留存、档藏于私家、档藏于洞穴、档存于民间

---

[1] 于海峰、何晓芳：《满族家谱：改革女真旧俗融入中华的历史叙事》，《黑龙江民族丛刊》2012年第3期。
[2] 逄淑美：《浅议少数民族档案数字化》，《思想战线》2013年第S2期。
[3] 邓达宏：《论档案在民族文化传承中的地位与作用》，《档案学通讯》2002年第1期。

等类型①，具有语言文字档案、图像档案、实物档案等多元形式，共同形塑着中华民族的多元文化。档案学传承着中华民族代代相传并保持着民族本质的文化基因，主要表现为传承中华民族向心文化、多元文化、特色文化。中国民族档案研究源于民族史研究，为适应当代边疆民族地区档案、档案工作和档案事业发展而建立起来，是中国当代档案学领域的一门新兴分支学科，包含民族档案学理论与方法、民族古文字档案、金石档案、谱牒档案、口述档案、非遗档案、民族档案资源建设、民族档案史料编纂公布、民族档案信息开发利用、民族档案文献遗产抢救保护、民族档案数字化与信息化建设等研究领域，是为回应民族地区档案工作和民族档案学学科的发展、加强民族档案学的特色化建设而建立的。②

少数民族濒危语言建档开发研究，呈现了我国具有8000年以上使用"民族文字"记载历史的传统。少数民族濒危语言建档开发研究，以抢救保护为指导思想、以主动建档为实施濒危语言抢救保护的主要方式，做到"语档留存"与"语档留全"，是具有中国特色的民族语言档案保护传承方式，对于建立反映各民族语言现象、民族语言文化传统的富有中国特色的濒危语档资源体系具有积极意义。例如，云南施甸县发现的八思巴蒙古文字是我国历史上首次统一民族文字的大胆尝试，是我国古代文字的一大发明创造③，体现了中国特色语言档案的独创性。云南回鹘式蒙古文石刻档案，为研究元代云南地方史、宗教史提供了重要的参考资料。傣族贝叶经档案为中国所独有，其产生轨迹可以从傣族民间传说"去向佛祖讨文字"中找寻，反映了傣文自创制之日起就以贝叶作为主要书写材料的历史。

少数民族特色档案载体以及档案工艺研究体现了少数民族独特的美

---

① 杨毅、赵局健：《西南民族档案管理的历史研究》，《云南社会科学》2017年第4期。
② 陈子丹：《中国民族档案学专题研究》，社会科学文献出版社2021年版，第177页。
③ 陈子丹：《民族档案研究与学科建设》，云南大学出版社2016年版，第6页。

学思想与治理智慧。如兴起于唐代初期的经幢石刻档案体现了少数民族宗教档案的特色。又如谱牒档案体现了我国民族文化特色。从学术源流来看，明代学者方孝孺在《族谱序》中说："谱者，百世之纲纪，万代之宗派源流。"郑玄说："谱之于家，若网在纲，纲张则万目具，谱定则万枝在。"① 清代档案学家章学诚说："家乘谱牒，一家之史也。"从装帧形式来看，白族谱牒档案有蝴蝶装、经折装、线装；从版本来看，白族谱牒档案有手抄本、石印本、木刻本。从传承方式来看，白族谱牒档案的传承有口承式、石碑式、墨书式传承方式。谱牒档案管理体现了具有中国特点的少数民族家族治理方法。大理白族将"不入谱"和"削谱"作为处罚族人的手段，以达到巩固家族统治的目的。又如，白族手工扎染工艺档案有1000多年历史，具有其他印染方法不能达到的效果。再如少数民族印章档案研究，较为典型的有藏文、傣文、彝文印章档案，傣文官印不仅象征着历代封建王朝颁发给傣族土司的汉文印信，也象征着傣族土司机构内部使用的官印，具有很强的凭证作用。又再如，少数民族特有的档案研究如白族梵文火葬墓碑、墓幢等，这些是白族特有的古代石刻档案。纳西族壁画档案系明代原作，不仅融汇了汉、藏、白、纳西等民族的艺术风格，也融合了佛教、道教、红喇嘛教题材，反映了纳西族的宗教信仰。② 例如利用少数民族档案编史修志研究，诠释了哈尼族利用档案编史修志取得了包括地名志、民族志、军事志、教育志、交通志、轻工业志、文化艺术志、人大志、政协志、年鉴、文史资料选辑在内的丰硕成果。

核心命题七：中国广袤的地域单元与广阔的档案文化相互映射，通过促成地方特色档案文化研究，展现出中国丰富的地域文化风貌。

地方档案揭示了某一个地方的形成与发展过程，是一个地方政治、

---

① （明）方孝孺：《逊志斋集·族谱序》卷13，台北：商务印书馆1986年版，第391页。

② 陈子丹：《纳西族档案史料研究》，《中央民族大学学报》2000年第3期。

第二章　中国特色档案学当代构建的历史基础　69

经济、文化、生态、社会等方面最真实、最可靠的历史记录，具有重要的资政价值、历史材料价值、学术科研价值①，不仅对国家法律制度在整个基层社会的具体执行和运作有微观记载，而且对基层人民群众在政治、经济、文化、教育等各方面情况有详细规范的记录，可以弥补正史记载的粗疏遗漏之处。②我国各地都分布、珍藏着具有地方区域特色的珍贵档案文献遗产，这些遗产原先都私藏于民间，有一定的分散性。新中国成立后，我国地方档案文献遗产逐步得到有效集中保管与开发利用，不断显现出其超越区域文化层面的潜在社会历史文化价值。例如，徽州历史档案包含誊契簿、租谷簿、宗祠簿、黄册底簿、鱼鳞图册、兰谱、旌表批文等，记录了徽州大到州县、小到图甲的地方基层社会与民众生活状态③，揭示了徽州区域历史文化的丰富内涵，有力地推动了徽学的产生与发展，促进徽学成为世界显学。四川巴县衙门档案保存了上自乾隆十七年（1752 年），下迄 1941 年共约 11.6 万卷档案，这些档案是中国地方政权历史档案中保存较完整的一部分档案，美国北卡罗来纳州立大学历史系欧中坦称赞说："清代四川巴县衙门档案内容太丰富了，这不仅是中国的宝贵遗产，也是世界的宝贵财富。"④

　　上海道契档案系统完整地记载了上海开埠前后上海城郊由乡村形态向近代城市发展的历程，是上海城市土地的主要契证，对研究近代上海房地产业、企业史、金融史、法制史、社会史具有价值。⑤又如，我国西南边陲的云贵高原自汉代开始出现的印章，体现了一定的地域特色。⑥我国西南金石碑刻多为地方文人名士撰写，记载着我国西南白族历史事件、历史人物、民族关系、宗教、民俗、官制、纪年等，对于研

---

　　① 陈海玉：《中国地方档案专题研究》，社会科学文献出版社 2021 年版，第 1 页。
　　② 龙圣：《地方档案与社会史研究——基于冕宁档案整理、研究的几点体会》，《西华师范大学学报》（哲学社会科学版）2017 年第 3 期。
　　③ 丁华东：《档案与社会记忆研究》，人民出版社 2016 年版，第 161—162 页。
　　④ 张仲仁、李荣忠：《历史的瑰珍——清代四川巴县档案》，《历史档案》1986 年第 2 期。
　　⑤ 施伟华、耿崇桑：《上海道契档案及其保护与开发》，《中国档案》2013 年第 11 期。
　　⑥ 陈子丹：《中国民族档案学专题研究》，社会科学文献出版社 2021 年版，第 95 页。

究云南省历代政治、经济、科技、文化、艺术具有重要价值。再如，地方档案编纂作为地方档案开发利用的一种形式，能够基于特定主题，把握地方档案与社会发展的结合点，将选取的主题内各部分具有价值的地方档案资源以专题成果的形式加以呈现，将分散无序的地方档案资源进行整合，如汇编和出版地方档案资料集，编写参考资料和检索工具。这些形式多样、内容丰富的档案编纂成果是对地方面貌的展示。① 又再如，地方特色文献学体现了我国广袤地域的文化特色。淡心档案是最早为学界发现、整理和利用的具有一定规模的地方衙门档案。②

核心命题八：中国包容进取的世界眼光与中国宽广的档案文化相互映射，通过学习与阐释国外档案文化，拓宽中国档案学理论视野。

科学不仅是某一行业的科学，而且是整个社会乃至整个人类的科学。③ 中国是世界上文明发达最早的国家。④ 档案学具有延续世界文明、赋能世界文化记忆建设、推进全球文化治理、促进人类命运共同体建设的世界文化意义，档案学的世界文化意义构成其世界文化认同的重要基础，也是构成国家文化软实力和中华文化影响力的坚实根基。

深化中国档案学的世界认同，是通过档案学向世界诠释中国方案、中国经验、中国贡献的重要途径。回顾学科史，档案保护技术学可以被视为中国特色档案学增进世界认同的主要领域。档案保管技术、档案修复技术、纸张去酸技术、新型档案材料技术等主要学术议题受到国际档案大会的关注。面向未来，档案学世界认同程度的提升，可以从推广中国珍贵档案文献遗产保护理论与方法出发，彰显世界文化遗产保护的"中国话语"，并以此为契机，尝试让世界认识、接纳、认同更多的中国档案学元素。

---

① 陈海玉：《中国地方档案专题研究》，社会科学文献出版社 2021 年版，第 166 页。
② 吴佩林：《地方档案与文献研究》第 3 辑，国家图书馆出版社 2017 年版，第 6 页。
③ 李财富：《中国档案学史论》，《档案学通讯》杂志社：《档案学经典著作》第 5 卷，辽宁大学出版社 2017 年版，第 288 页。
④ 《毛泽东选集》第 2 卷，人民出版社 1991 年版，第 623 页。

（三）基本范畴之三：中国档案事业及理论应用

自中华人民共和国以来，中国独立自主地建立起世界上规模最大的档案事业体系。中华人民共和国成立后，"档案事业"这一概念在我国逐渐发展起来，并与广义档案工作概念等同。在赋能新中国事业建设进程中，档案行政事业、档案科技事业、档案信息化事业、档案法治事业、档案文化事业等具有中国特色的、完整的、科学的档案事业体系逐渐发展起来。

核心命题九：党政档案集中统一管理是中国档案事业最显著的特色，是档案学理论研究的核心。

党政档案统一管理理论的自主建立，是中国特色档案学在自主建设独立学科时期最富特色的理论成果，其建立源于对中国首创的党政工作集中统一管理原则[①]以及文档一体化思想的学理化阐释。自 1956 年《关于加强国家档案工作的决定》将"集中统一"确立为我国档案管理的基本原则后，档案学界对"全国档案工作，都应该由国家档案管理机关统一地、分层负责地进行指导和监督""各级机关的档案材料，应该由机关的档案业务机构——档案室集中管理""非依规定的批准手续，不得任意转移、分散或销毁""需要永久保存的部分，应当按照统一的规定，分别集中到国家的中央档案馆或地方档案馆保管"进行了一系列学理阐释，在对我国档案工作实际情况加以考察的基础上，自主建立起党政档案统一管理理论。例如，档案运动规律的发现与阐释得益于曾三在《1958 年至 1962 年全国档案工作总结和今后任务》报告中将档案的运动周期概括为从档案形成阶段开始，逐渐发展至档案室阶段和档案馆阶段的理论分析。

---

① 李财富：《关于建构中国自主的档案学知识体系的若干思考》，《档案学通讯》2023 年第 3 期。

核心命题十：档案业务研究与档案理论有着密切联系，不仅为档案理论建构提供了知识来源，也逐渐成为档案理论评判与检验的标准。

档案馆学的创建对我国具有悠久历史的档案馆学知识体系、事业沿革、网络体系、领导体制、组织管理、技术管理、业务管理、计量化管理、标准化管理等范畴进行了研究考证。1985年11月，基于1957年国家档案局提出的构成"立档单位"的三个条件，即机关能独立地行使职权，并能主要以其自己的名义对外行文；是一个会计单位；设有专门人事机构或专门人事干部，并有一定的人事任免权。在我国已经具备"立档单位"概念与中国特色档案馆工作实践基础上，基于客观社会实践的需要，把现代科学技术和管理方法，特别是信息论、系统论、控制论渗入档案馆工作中。随着我国参与国际档案学术交流活动频次的增加，为增强我国档管工作的国际竞争力，湘潭大学李培清编撰的《档案馆学》讲义，系统概述了中国特色档案馆学的基本理论与基本实践，使得中国特色档案馆学得以成为一门独立学科，建立起其研究对象与知识体系，明确档案馆学的知识体系是关于档案馆工作的科学概括和理论抽象的知识体系，是档案馆工作理论与实践相结合的产物。①

档案馆学的"中国特色"体现在五个方面：第一，辅助档案目录学的创建与发展。档案馆学通过研究集中统一永久地保管党和国家全部档案，保障档案的完整与安全，维护党和国家的历史真实面貌，为中国特色科学研究和社会服务提供档案的利用、存贮与传递开发档案信息资源，研究编辑出版档案史料与参加历史研究和编史修志工作，研究积极准备建立档案目录中心等，为中国特色档案目录学的创建、形成和发展奠定了基础。第二，档案馆学致力于解决1985年全国已经建立的21所高等院校开办的电子检索、缩微复制、化学保护试验等档案学理论与技术研究中的主要矛盾与次要矛盾，为其处理好主要矛盾的主要方面服务。第三，拓展了档案馆收集对象范畴，根据国情变化和地方特色扩大

---

① 李培清：《档案馆学》，中国人民大学内部资料，1985年，第6页。

第二章　中国特色档案学当代构建的历史基础

档案的接收范围。1985年，我国各级档案馆由原来只限于接收一级机构的档案扩大到接收二级机构的档案，同时收集其他方面的档案，具体包括有代表性的三级机构的档案、有典型意义的城镇个体重点户与专业户档案、私人公司档案、我国散存国外的各种历史档案和有关资料、各地方重点工程建设档案、各地方重要科技成果档案、各地方传统名牌档案、各地区自然资源档案、各地区人口档案、各地区著名家族档案和有典型意义的"两户"档案，特别是重视收集各地区具有中国特色的金石、缣帛、竹木、贝叶、胶片、磁盘档案。第四，档案馆学明确中国特色的馆藏档案的丰富途径是在集中统一的管理体制支持下，根据"凡接收进馆的档案应保持全宗的完整性，按照'案卷组合合理''卷内文件排列系统''案卷排列得当''编目清晰''书写工整''装订精细''符合精细化要求'"的原则，以全宗为单位，由立档单位按文件材料立卷的原则与方法保证案卷质量，通过自上而下、有行政力量保证的接收、征集、补充收集途径来丰富馆藏档案，同时，重视保持全宗及全宗内档案的历史联系，进行分门别类，使整理出来的档案能反映立档单位历史活动的真实面貌，便于保管和利用。第五，中国特色档案馆的分类方法形成。档案馆学明确了我国档案馆中档案的分类是按照全宗内档案来源、时间、内容和形式将档案分为若干类别。具有中国特色的卓有成效的档案分类能够为组卷、排列、编目提供基础，是我国档案馆搞好科学管理的基础。中国特色的档案分类要求是，分类要遵循档案材料形成的规律，保持来源上的联系；分类应注意思想性、科学性、逻辑性。如今，我国科技档案管理已形成按工程项目、产品型号、科研专题、专业、地域、时间等分类的方法。

　　档案事业管理学提炼和总结了我国社会主义档案事业的基本原则、基本任务、基本方针。我国档案事业管理性质的独特性在于"具有行政管理工作的性质"，档案事业管理学对档案事业管理工作的体制、机构、任务、立法、规章制度、管理方法、社会合作情况、发展趋势等作出了探索，提升了档案事业管理工作的科学水平，进一步保障了我国档案的完整性与安全性。其一，档案事业管理学明确我国国家规模的档案工作起始于1954年，其主要标志是党、政、军中央档案业务管理机构的建立。其二，档案事业管理学明确中国特色档案事业管理的目的是在集中统一管理档案的原则下，实现档案管理的科学化、现代化，以满足社会主义政治、经济、文化、科学等活动的不断发展对档案利用的迫切需要。其三，档案事业管理学明确了档案事业管理的规律，如档案是党和国家的财富、档案工作适应社会主义事业、档案工作有计划发展、按照中国档案的形成过程、按照全宗或专业管理、机关档案要向档案馆集中、档案管理需要严格遵循保密降密解密规律等。

核心命题十一：中国特定历史时期的特殊档案载体，影响着档案理论建设，其影响通过中国档案学特定历史时期分支领域的理论形态予以表达。

录音、录像档案管理研究发挥了档案学在留存历史记忆与再现历史记忆方面的效能。1982年，技术档案学领域新增加了照片、录音档案管理研究分支。其一，照片、录音档案管理研究将"照片、录音档案是我国用专门器械和专门载体材料、记录形象和声音的特殊形式的现代化文件转化而来的专门性档案"纳入教学材料的"概念"部分，阐释了"载体材料来源于中国"这一中国特色。其二，照片、录音档案管理研究将"照片、录音档案是我国现代工业生产和科学技术发展的产物，是中国特色的摄影、录音技术的发明和各种感光材料的生产结果"纳入教学材料的"来源"部分，阐释了"技术来源于中国"这一中国特色。其三，照片、录音档案管理研究阐释了"底片档案"与"照片档案"的特殊分类方法，促使底片档案与照片档案的分类既能做到专门的分门别类又能保持有机联系，阐释了特定领域的中国分类方法。

电子文件管理学的形成与发展促进了电子文件管理国家战略的施行，提升了国家对电子文件管理的控制力，并促进了从"区域"到

"国家"的电子文件管理整合研究。2009年，中国电子文件管理实践中存在的问题引起学界关注，为保证达成电子文件的真实可靠性与长期可读性这两个核心目标，针对管理失控危害国家信息资源控制能力、流失严重危及国家历史和民族记忆延续、证据效力无法保障损害各项工作合法性、安全问题堪忧威胁党和国家的安全与利益、开发利用水平低下削弱政府服务能力等方面的问题，电子文件管理学适时总结认知因素、体制因素、管理因素、制度因素、支撑因素等方面的原因，提出更新思想观念、建立纳入机制、强化集中统一管理原则、加强合作协调机制、健全共建共享机制、构建监督审计制度、加快法规标准建设、加强技术研究与人才培养等方面的对策。[1] 冯惠玲、刘越男等在此前十多年里对电子文件管理方法、管理原则、管理理论研究的基础上，根据国家政策环境发展的新局面，及时吸纳新兴技术发展的有益成果，从面向文件形成机构和档案管理机构的研究，发展到宏观政策和战略研究，对电子文件管理国家战略进行了专门研究。我国电子文件管理研究由此进入"以顶层设计带动总体规划，以国家战略带动全面发展"的电子文件管理新阶段，促进了我国电子文件管理全局性法规、政策、发展规划、示范项目的形成，提升了我国电子文件管理的国家资源控制力，促使我国电子文件管理从根本上实现了与国际接轨，提升了国际影响力，解决了我国电子文件的证据价值保障和永久保存等关键难题[2]，提出了中国特色电子文件管理理论。根据学术研究成果，由冯惠玲团队向国家档案局和中共中央办公厅提交的《关于全面制定和实施我国电子文件管理国家战略的若干思考》报告得到了肯定性批示。

核心命题十二：根据中国国情需求建立起来的各行业档案管理工作，影响着档案理论建设，其影响通过中国档案学特定行业理论形态予以表达。

---

[1] 冯惠玲、赵国俊等：《中国电子文件管理：问题与对策》，中国人民大学出版社2009年版，第1页。
[2] 冯惠玲、刘越男等：《电子文件管理国家战略》，中国人民大学出版社2011年版，第1—2页。

企业档案管理学解释了企业档案工作中出现的新现象，王德俊等学者在对企业档案工作的理论、原则和方法进行有益探索的基础上，建立兼具档案学的理论性与实践性、兼具档案管理的"专门性"与"综合性"[1]的中国特色企业档案管理学，其主要标志是王德俊《企业档案管理》的出版。企业档案管理学的"中国特色"主要表现在三个方面：第一，企业档案管理学不仅具有中国特色档案学的"专门性"与"综合性"特点，也具有企业管理学与企业档案管理学相互交叉与渗透的特点。第二，企业档案管理学明确了企业档案管理的职能应包括辅助企业工作综合平衡的计划职能、确保企业档案管理各环节工作互相衔接与配合的组织职能、促使企业档案管理部门及其负责人有效运用组织职责的指挥职能、有利于对企业档案管理计划执行情况进行监督与检查的控制职能、有利于保持企业档案管理整体平衡的协调职能。第三，企业档案管理学明确在遵循全面性原则、历史性原则、发展性原则的前提下，由国家及其档案行政管理部门制定统一的鉴定企业档案价值的标准。此外，企业档案价值鉴定标准还包括企业档案价值鉴定的组织程序性。

（四）基本范畴之四：中国档案科技及理论应用

科学技术档案是人类科技活动的原始性符号记录，其本体是人类的科技活动[2]，是科技工作的记录、依据和成果。这些档案既是重要的信息资源和知识资产，也是国家和社会的宝贵财富，完整地记录了新中国成立以来我国在经济发展、科技创新、国防建设、城市建设、社会进步等方面的辉煌成就和艰难历程。我国"科技档案"概念的提出始于1959年在大连召开的技术档案工作现场会议，此前，我国对科技档案处于感性认识阶段，并未形成科技档案的科学概念，而是笼统地称之为

---

[1] 王德俊：《企业档案管理》，南开大学出版社1989年版，第1页。
[2] 丁海斌、陈凡：《中国科技档案史》，《档案学通讯》杂志社编：《档案学经典著作》第5卷，辽宁大学出版社2017年版，第637页。

"技术资料"①。1987 年，国家科委、国家档案局联合发布的《科学技术研究档案管理暂行规定》明确了科技档案工作属于科研管理的重要组成部分这一科技档案管理体制。在此背景下，王传宇、张斌提出了我国"条块结合"的科技档案管理体制以及科技档案管理的专业管理原则、前端控制原则、全程管理原则、知识管理原则。② 2020 年，《科学技术研究档案管理规定》对于科技档案工作的体制机制进行了较大改革，主要体现在深化统一领导和分级管理、强化科技档案工作规章制度建设、明确科技档案管理责任主体、优化科技档案管理监督机制等方面。在我国建设创新型国家的当下，有的存量科技档案以潜在科研内容价值为我国建设创新型国家提供数据支持。从起源的进化过程上而言，科技档案要早于文书档案。③《庄子》关于"民结绳而用之"④"契木为文""刻木记事"等的记载，体现了我国古代的契刻记数法。从历史时期来看，夏、商、西周、春秋、战国时期是我国科技档案的滥觞期。

从问题视角来看，霍振礼认为我国科技档案工作淡化的重要原因是盲目学习西方，脱离国情；在科技档案的鉴定与解密工作中存在的问题是科技档案鉴定、解密、降密难度大、有风险，且其实质工作并未展开。因而科技档案的鉴定、解密、降密是档案共存的瓶颈。同时，我国科技档案工作所存在的机遇是"科技人员是乐于接受科技档案工作的，和我们配合得很好，可见我们的路子是对的"。基于上述分析，本书提出关于科技档案管理学的核心命题如下。

核心命题十三：科技档案理论研究较好地衔接了档案学的"科学性"与"现代性"，集中诠释了中国档案学对于科技进步的学科贡献。

核心命题十四：机要性、专业性、科学性是中国档案科技的核心特征，对这三大特征的学理阐释和学术表达，催生了中国特色技术档案管

---

① 张斌：《科技档案工作体系研究》，光明日报出版社 2021 年版，第 17 页。
② 王传宇、张斌：《科技档案管理学（第三版）》，中国人民大学出版社 2009 年版。
③ 丁海斌：《科技档案起源论》，《档案》1990 年第 6 期。
④ （清）王先谦：《诸子集成·庄子集解》卷 3，中华书局 1954 年版，第 61 页。

理学，并促成其随着中国科技发展演变为科技档案管理学。

核心命题十五：中国特定历史时期的技术发展情况，影响了技术档案的类型与形态，进而影响到技术档案的价值鉴定标准与价值分析方法。

我国工程图档案在宋代发展到了很高的水平，包括建筑图、机械图、各种器物图等，说明宋人已深刻认识到工程图的作用，并积极绘制并将其作为档案保存起来。[①] 我国自20世纪50年代起开展科技档案管理工作，至今已经形成较具规模和成效的国家科技档案事业。[②] 科技档案知识同科技发展史密切相关，呈现出具有特色的档案学知识领域，发挥着为中国科技创新与科技自立自强提供档案支撑、智库参考、发展参谋的作用。自20世纪90年代起，随着中国特色改革开放向纵深发展，我国企业逐渐实现转轨发展，科技档案成为我国科技成果的重要组成部分，发挥着知识形态生产力的作用。[③] 科技档案管理学是对科技档案进行研究阐释后形成的专门知识，主要来源于我国科技档案管理学教师、学者对科技工作实践的研究与阐释[④]，反映了国家规模的科技专门事业的建立历程，呈现出与我国科技、生产活动相适应的运动规律，我国科技档案管理的特有原则——专业性管理原则、属地管理原则、前端控制原则、全程管理原则、知识管理原则，为科技档案的生成、收集、鉴定、归档、保管、开发利用提供了科学指引。

核心命题十六：中国科技档案理论包容了中国科技发展所需的所有档案管理形态，回应了科技档案实践对于科技档案理论建设的需求。

我国在长期科技档案管理实践中形成了一些独具特色的科技档案理论。例如，白族在科技生产活动中积累了丰富的天文、地理、生物、化

---

① 丁海斌、陈凡：《中国科技档案史》，《档案学通讯》杂志社编：《档案学经典著作》第5卷，辽宁大学出版社2017年版，第780—781页。
② 张斌：《科技档案工作体系研究》，光明日报出版社2021年版，第1页。
③ 计啸：《科技档案商品化之我见》，《湖北档案》1992年第1期。
④ 尹鑫、张斌：《论加快构建中国特色档案学术体系》，《图书情报知识》2021年第5期。

学、数学、建筑、冶金、纺织、医药、水利、环境保护、人口、植物栽培等方面的科技档案文献管理经验，翔实地记录了白族科技发展轨迹。再如，在天文历法研究方面，明代杨士云撰写了《天文历志》、清代周思濂撰写了《太和更漏中星表》、何中立撰写了《星象考》[①]；又如，在医药研究方面，有清代赵成絜的《述祖训言》《续千金方》；再如，在数学研究方面，清代李滮撰写了《筹算法》《五玮考度》。这些都全面、具体、深入地为科技发展史研究提供了档案资料，具有一定的科技史、经济史意义。

三　中国特色档案学的演进规律

中国特色档案学的创建与发展，是由于我国秉持了独特的行政主导管理理念、积淀了深厚的档案管理历史经验、具备开放包容的世界视野。与此同时，中国广袤的地域，为中国特色档案学的发展提供了丰富的应用场景。中国特色档案学的发展，重视理解中国独特的文化心理和社会习惯、顺应中国特色历史文化发展的基本形势、适应经济社会发展对档案事业提出的关键需求、满足人民群众开放利用档案的需要、融入数字社会与法治社会发展。中国特色档案学的发展，体现了"学习为主"到"以我为主"、从"源于中国实践"到"反哺中国实践"、从聚焦传统管理到融入数字空间、从立足单一视域到重视交叉融合的演进规律，呈现出本土性、政治性、科学性、融合性等主要特征，积累了重视立足中国国情与深耕中国实践、重视彰显中国特色、重视党政档案工作集中统一管理理论指引下的教学科研建设、重视教学实习的开展等主要经验。中国特色档案学的建设者为促进我国治理知识建设、管理知识建设、文化知识建设等作出了一定的贡献，也揭示了具有中国特色的档案现象、本质及其规律，促进了档案管理

---

① 杨镇圭:《白族文化史》，云南民族出版社2002年版，第177—178页。

工作的规范化建设，促成了学科发展内生动力的形成，提升了档案学的学科影响力、行业影响力、世界影响力。

(一) 从"学习为主"到"以我为主"

中国特色档案学发展演进的规律之一是从"学习为主"到"以我为主"。中国特色档案学的建设完成了先学习国外档案学建设的有益经验，再完成"以我为主"的转变。在自主建立独立学科阶段，我国就实现了从学习苏联档案学教学经验到独立建课的转变，奠定了中国特色档案学作出发展性贡献的基础。在坚持克服保守思想、坚持为我所用的基本原则下，我国通过学习苏联先进的档案学理论，接受苏联援助，扩大了档案学的世界视野，深化中苏友好合作关系。1953 年，陆晋蓥《档案管理法》的出版，是苏联经验中国化的最初尝试（见附录 A）。从知识建设来看，中国特色档案学的独立学科建设过程，也是通过先接受苏联援助、再逐渐独立自主授课的过程。

(二) 从"源于中国实践"到"反哺中国实践"

中国特色档案学发展演进的规律之二是从"源于中国实践"到"反哺中国实践"。首先，我国通过总结各地档案工作建设经验，建构了中国特色档案学的理论框架。

其次，通过深耕中国档案工作实践，满足人民群众开放利用档案的需求，在遵循"边做边学""稳步前进""积极发展""精简节约"的原则下，中国特色档案学也发挥了对于档案事业建设的反哺效能。

中国特色档案学的建立离不开中国特色档案学的建设者对地方档案工作实践经验的总结，这表明中国特色档案学的建设"源于中国实践"。新中国成立后，我国各地在档案实践中积累了有益经验，形成了以"保护党和国家的机密和保存党与国家的史料"为首要遵循的工作模式，为开展中国特色档案学理论建设提供了有益经验。例如，《华北局机关档案整理、归档、调阅试行办法（草案）（1953）》表明，此时党的华北机关档案工作已经遵循"统一办法、分别立卷、定期归档、集中管理"①的原则。在新中国成立后的三年期间，我国在接管、集中旧中国遗留的档案资料、收集革命历史档案、组建各级档案工作机构的过程中，制定了一系列文书处理和档案管理的规章制度，在省级以上机关初步开展机关文书工作和档案工作。这些工作所积累的管理经验与规章制度建设经验，奠定了中国特色档案学的初步基础，为构筑中国特色档案事业提供了帮助，促进了中国特色档案学在凝聚政治共识方面积极效用的发挥，促进了档案学建构党的事业、国家事业、民族事业等方面政治认同效用的发挥。1955年，冯乐耘通过调研东北图书馆档案库档案文件的保管，研究光照对于档案保管的影响。通过调研，光照会导致以棉纸、竹纸、毛头纸、毛边纸为主要载体材料的档案纸张变色、发脆以及酸碱能够破坏档案字迹等结论陆续生成，促进了中国特色档案保护理论雏形的形成。对于各地档案工作建设经验的学理进行总结，彰显出中国特色档案学的行业纽带功能。

最后，中国特色档案学理论建设反哺了中国档案工作实践。这是因为中国特色档案学密切配合党和国家的档案管理工作，不仅表现为促进了档案管理工作的主体规范、客体规范、程序规范的建设，也使具有中国特色的"文档一体化思想""党政档案集中统一管理思想""保守秘密思想"深度融入档案事业运转的各阶段，促进了我国档案工作的高效率运转与高质量建设。例如，档案干部在开展档案的收集、整理、编研等管理工作的过程中，意识到只有了解以及掌握规范性的档案学理知识，才能便于了解档案的来源、联系、去向，进而更好地服务档案运转管理工作。由此，档案学知识在档案管理规范化工作实践中得到运用和

---

① 华北局办公厅：《华北局机关档案整理、归档、调阅试行办法（草案）》，《档案工作》1953年第4期。

检验，档案学知识内容也不断充实，反哺了档案学理论建设。在企业档案管理研究、电子文件管理理论的指引下，为实现档案信息共享与高效利用目标，中国联合网络通信股份有限公司构建了适用于大型央企的数字档案馆标准规范体系。[①] 又如，我国档案利用研究的发展，对于我国完善特定领域档案利用服务，建立"方便人民群众的档案利用体系"具有积极效用。

（三）从聚焦传统管理到融入数字空间

中国特色档案学发展演进的规律之三是从聚焦传统管理到融入数字空间。1997年后，伴随着计算机技术和互联网技术在档案领域日益广泛地应用，传统档案工作"收、管、藏、用"的主体功能及实现形式受到信息化浪潮的巨大冲击，档案学学科的环境、研究对象和边界、知识结构、人才培养定位、就业市场需求发生较大改变，其解释力和应对力略显不足。受此影响，我国档案学专业高等教育在教学环节增加了数据库管理系统、档案计算机管理、汇编语言等课程，极大地促进了信息化环境下档案工作与图书、情报工作的一体化发展，这为档案学的信息化转型奠定了基础。在开发档案信息资源为学科建设服务的思想指引下，伴随着计算机技术在档案管理领域和档案学研究中的应用，档案目录计算机管理、档案原文存储与检索、档案编研计算机辅助管理、档案保护计算机管理等研究主题逐渐受到关注，电子文件管理由此进入档案学视野，档案学分支学科的信息化和数字化转向也由此显现出来。

（四）从立足单一视域到重视交叉融合

中国特色档案学发展演进的规律之四是体现了从立足单一视域到重

---

① 杨茜雅、魏薇、王羽琦等：《企业数字档案馆三元规范体系构建与实践应用研究》，《档案学研究》2017年第6期。

视交叉融合。进入21世纪，信息技术的迅速发展及其在档案领域的扩大应用，激活了档案信息以及蕴藏在档案资源中的知识，光盘档案、磁介质档案、电子文件、电子档案、数字档案、档案数据等新载体形式的档案大量形成。在此背景下，档案工作逐渐迈向了从聚焦信息资源建设向档案管理全流程信息化的新阶段。这一时期，在国家档案事业发展规划的指导下，我国逐步推进了存量档案数字化、电子文件归档、电子档案管理等工作，档案学建设伴随着档案工作的发展趋势，走向了信息化建设和数字化转型的新阶段，档案学与其他学科的交叉与融合日益明显。

四 中国特色档案学的主要经验

（一）重视立足中国国情与深耕中国实践

中国国情和档案工作实践是中国特色档案学产生和存在的重要基础。中国特色档案学从建立起就是为实践服务的。立足实践、依靠实践、总结实践、服务实践，不仅是中国特色档案学建设的基本方式与方法，而且是其得以发展和壮大的基本经验。第一，中国特色档案学建设以服务档案工作实践需要为前提。第二，中国特色档案学建设充分反映和吸收档案实践经验。档案学学科建设、中国特色档案学理论研究、中国特色档案学学科建设与档案工作实践具有不可分割性。[1] 因此，以实践为取向促进中国特色档案学内部与外部、主干学科与分支学科的沟通与协调，及时吸收、总结和提炼档案工作丰富的实践样态，成为中国特色档案学建设的必然路径。譬如，档案管理学及时吸收国家关于档案管理体制改革、机制优化的内容并提出新的管理理念，科技档案管理学充分吸收企业档案管理的有关内容，电子文件管理因为数字环境下档案管

---

[1] 张斌、尹鑫、杨文：《中国档案学学科体系建设回顾与展望》，《中国图书馆学报》2024年第2期。

理对象的变化而得以创建和发展,档案法学基础基于依法治国的实施和依法治档的实践而得以建立和发展。第三,中国特色档案学以时代发展和档案实践趋势为观照,加快了数字转型步伐,为此建设了电子文件管理学,也形成了主要以理论档案学、应用档案学、档案管理技术为核心的档案学学科体系与分支学科,并与公共管理学、历史学、新闻传播学、信息科学、社会学、哲学等学科交叉融合,形成了一些具有创新性的交叉学科。

(二) 重视彰显中国特色

中国特色是中国特色档案学传承与延续的根本依托。在中国特色档案学的建设进程中,以守正创新为学科发展基本道路,重视彰显中国的历史、文化、科技特色等元素,对于历史文书学、档案保护技术学、科技档案管理学等分支学科的内部体系建设起到了积极作用。

第一,重视彰显中国历史特色。中国特色档案学的创建与发展,在很大程度上得益于对中国古代政治制度的吸收与借鉴。新中国成立后,我国档案文献编纂学、档案事业史等分支学科在很大程度上吸收和借鉴了中国古代政治制度中的有益成分,是在总结、归纳和提炼中国古代政治制度及其运行的基础上建立和发展起来的。第二,重视彰显中国文化特色。中国特色档案学具有文化内蕴厚重的特征,这种厚重文化不仅来源于档案本身所具有的文化属性和价值,而且来源于中国特色档案学在建设和发展过程中对中国优秀文化的吸收与借鉴。第三,重视彰显中国科技特色。观照、吸收和回应科技发展,是中国特色档案学建设的基本经验之一。从中国特色档案学的创建与发展历程来看,科技档案管理学是一门具有中国特色的分支学科,该学科是伴随着国家经济建设和科技文化事业发展的客观需要而逐步建立起来的。随着中国科学技术的发展进步,科技档案学学科的发展更多地以科技事业发展需要为考量,不断探索科技档案管理体系、科技档案服务体系、科技档案安全体系,促进科技档案由粗放式管理向精细化管理发展，并实现了集约化、规范化、知识化管理，不仅在很大程度上提升了科技活动的效率和效益，而且成为国家科技发展方针政策制定的重要依据，为国家的生产建设提供了科学凭证。

（三）重视党政档案工作集中统一管理理论指引下的教学科研建设

党政档案工作集中统一管理理论是中国的首创，是中国档案界对国际档案事业贡献的中国方案，也是中国自主档案学知识的重要理论。[①] 中国特色档案学自初创时起，就重视党政档案工作集中统一管理理论指引下的教学科研建设，将其融入教材编写、讲义制作、实习实训中，不仅回应了档案事业需要借助党政档案工作集中统一管理理论实现高效管理的现实需求，也诠释了档案学中最重要的"中国特色"，提升了人才培养效果。

（四）重视教学实习的开展

中国特色档案学教学实习的开展，对于诠释中国式师承特色起到了积极效用。由于我国自古以来就具有师徒相传的传统美德，并且有着深厚的中华文化土壤滋养，中国式师承，较之国外档案学教学的分散式、流动式中存在的极端，能够保持一定程度上的连续性与稳定性，其形成也依托于我国特有的文化心理和社会习惯，易于被中国学生所接受和认同。例如，在中国特色档案学自主建立独立学科时期，教学实习的开展对理论建设起到了积极作用，是此时期档案学理论发展取得成效的重要经验之一。1958年6月至7月，中国人民大学历史档案系学生通过在南京史料整理处实习，完成档案的分类、立卷、鉴定、编目、装订等一系

---

① 李财富：《关于建构中国自主的档案学知识体系的若干思考》，《档案学通讯》2023年第3期。

列整理工作。1958年10月至1959年12月,中国人民大学历史档案系派师生275人前往北京、河北的工厂、学校、机关、商店、档案馆等88个单位开展劳动锻炼,不仅帮助各劳动实习单位建立健全了文书档案工作,也促使师生通过在劳动实习中发现新问题,丰富了档案学研究内容,提升了档案学教学工作质量,还促使师生通过实习撰写了300余篇论文和调查报告,为编写新的档案学教材增添了丰富的研究素材。[①] 这些教学实习工作的开展,对于培养学生理论联系实际的素养,丰富理论建设的实践素材起到了积极效用。

(五) 遵循"边做边学""稳步前进""积极发展"的探索原则

中国特色档案学的创建与发展,是在我国档案学建设各要素渐具雏形的基础上,总结历史经验与不断探索的历程。由于没有完全契合我国国情的先例可模仿,档案学的建设需要自主进行。在"稳步又是积极地做好工作""坚持发展的原则"[②] 等思想的指引下,我国档案学建设形成了"边做边学""稳步前进""积极发展"的探索原则,实现了对苏联档案概念的中国化阐释,实现了从苏联文献公布学到我国文献编纂学的转向,实现了从档案保管技术学向档案保护技术学的发展,由此自主建立了我国的档案管理学、科技档案管理学、电子文件管理理论。在不断进行理论探索的进程中,中国特色档案学建设不断审视、反思学习国外档案学是否会造成与我国国情"水土不服"的问题。基于对这些问题的思考,在特色理论形成雏形的基础上,不断拓展与拓深和中国档案实务领域的对话,倾听档案事业发展对于学科的需求,继续发展与创新中国档案学的研究领域,通过学科特色的诠释增进学科的话语影响力与显示度,使其日益发展成为中国特色哲学社会科学建设整体进程中的一

---

① 刘正业:《中国人民大学历史档案系师生下放锻炼的收获》,《档案工作》1959年第2期。

② 曾三:《关于目前档案工作方针的几个问题》,《档案工作》1957年第1期。

门"显学",提升了国家对于档案事业和档案学科发展的关切程度。

五 中国特色档案学的思想体系

中国档案管理思想是中国本土的档案学人立足中国国情、档情、世情,在遵循中国档案管理一般规律的基础上,根据悠久档案管理实践中积累的收集、鉴定、保管、编研、利用经验,结合档案学人的学术思考,运用一定的具有中国档案管理话语特色的学术语言,在有证据可循的历史记录中表达出来的一套思想理念体系。中国档案管理思想是档案学基础理论的根基,构成了档案学基础理论的主要思想来源,对中国档案管理实践的发展具有启示价值。

从历史进程来看,我国自古以来就有"存档为史"的传统。中国档案管理思想自先秦时期开始孕育,迄今已有两千余年。早在宋代,我国金石学家赵明诚就在考察金石档案无可比拟的原始记录性质[1]的基础上,形成了以金石档案为依托的档案史料思想。近代以来,档案工作实践的发展成为中国档案管理思想形成的内在动力。民国时期南京临时政府开展的公文制度改革,使具有资产阶级民主色彩的令、咨、呈、示、状取代了数千年封建王朝沿用的制、诏令、诰、敕、题、奏、表、章等公文,标志着近代公文档案管理的进步。以文书档案改革为主要内容的"行政效率运动"成为近代中国档案学产生的直接原因。[2] 在行政效率运动中反映出来的提升文书档案管理效率的需求,催生了我国近代档案学。学界一般认为,我国近代"档案学"词源形成于20世纪30年代。根据学界最新的史料考据研究,1935年,沈兼士在《清内阁库贮旧档

---

[1] 李财富、张蓓:《论赵明诚〈金石录〉及其档案史料思想》,《档案学研究》2014年第2期。

[2] 李财富:《中国档案学史论》,《档案学通讯》杂志社编:《档案学经典著作》第5卷,辽宁大学出版社2017年版,第280页。

辑刊序》中提出的"档案学"概念，为我国档案学学科概念之滥觞。①1938年，我国第一部研究阐释文书档案连锁法理论的巨著——何鲁成的《档案管理与整理》问世，开启了近代档案思想形成之序幕。民国档案事业的开拓者王可风根据对民国档案整理与鉴定实践的考察，创造性地探索出"档史紧密结合"②"片纸只字不得损毁""初整细整""两步走""利用原基础和按全宗与来源整理""整理与鉴定互补充""当前与长远共谋划"等思想，成为中国第二历史档案馆整理工作的理论来源。③ 新中国档案管理思想的形成与发展，是以档案馆事业的逐渐兴起为依托的。新中国档案工作的总设计师曾三根据其对档案实践经验的总结，主张"档案是党和国家机密的总汇。利用服从保密，这个原则不能动摇"④，为建立档案管理的保密思想提供了指引。中国档案管理思想的演进发展，具有一定的显性价值与隐性价值。从显性价值来看，中国档案管理思想从逐步形成到自成一体的过程，指引了中国档案管理实践的发展，也对世界档案管理作出了中国贡献。从隐性价值来看，中国档案管理思想是中国档案史发展演进的深层动力。

中国档案管理思想的来源与演化研究，是中国档案史研究的重要议题，其研究意义不仅在于记录历代档案学人的思想贡献，也在于辨识中国档案管理思想的世界性意义，即中国档案管理思想对于推进世界档案管理整体进程的独特价值。学界已有研究多关注学者个人思想的研究，缺乏针对中国档案管理思想的整体综合思辨研究。因此，本部分旨在通过"抽象—内核—价值"的思辨路线，揭示中国档案管理思想的本原。

（一）抽象

我国自古以来就积累了丰富的档案管理经验，档案管理在国家治理

---

① 梁继红：《中国近代"档案学"词源新考》，《档案学通讯》2010年第5期。
② 张江义：《试析王可风的民国档案编辑思想》，《档案》2014年第8期。
③ 张江义、吴红玲：《试析王可风的民国档案整理思想》，《档案》2014年第2期。
④ 李云波、于翔：《继承和发扬曾三同志的档案学思想》，《兰台世界》2006年第19期。

中发挥着重要作用，这从古人"为治之法，图籍为本""先收图籍者贤相之规模，缘绝簿书者奸吏之常态"之类表述中可以窥见一斑，为档案管理思想的形成与发展提供了丰厚的实践土壤与话语基础。我国古代档案管理的主体——史官，因为掌握着重要档案典籍、实录，不仅在历史发展进程中起到了重要作用，也为中国档案管理思想的多维度科学抽象奠定了基础。

1. 实践抽象：档案管理思想来源于档案管理实践

中国档案管理实践具有悠久的历史，这为档案管理思想的实践抽象奠定了基础。自殷商时起，我国就开始建造保存甲骨档案的窖窨。至周朝时，我国已建造了完备的档案保管机构——天府。周代以后兴起的重要档案形式——策书，为我国形成"以事系日，以日系月，以月系时，以时系年"的历史记录传统，提供了良好的载体形式，这项历史记录传统领先世界其他文明古国2500余年。我国道家学派创始人老子就曾在天府中担任管理档案的守藏史[1]，儒家学派创始人孔子利用档案文献删定诗、书、礼、易、乐、春秋六种经书，说明古代档案管理已经与中国独特的道家、儒家文化的形成有着密切联系。两汉时，我国建造了兰台与东观。南北朝时，我国建造了籍库。隋唐时，我国建造了甲库。宋元时，我国建造了架阁库。明清时，我国建造了皇史宬与黄册库。我国档案管理思想的逐步成熟，不仅伴随着档案管理经验的丰富，也伴随着档案文化的孕育成形、档案历史的发展演进。重藏轻用思想是对中国古代档案管理思想的高度概括和提炼，这一思想区别于中国古代图书馆"藏以致用"思想[2]，体现了中国古代档案管理的特征。在中国古代相当长的时期内，为了维系档案的御用性、垄断性、封闭性，严密控制皇室档

---

[1] 胡燕：《我国古代档案库与中国文化》，《档案学通讯》1998年第2期。
[2] 柯平：《中国图书馆学思想体系：抽象、内核与价值》，《中国图书馆学报》2021年第6期。

案和重要部门档案①，保证档案的保存，防止其散失，我国古代以"重藏轻用"为主的档案管理思想由此形成。在"重藏轻用思想指引下的档案管理，不仅发挥着辅助国家政事治理、记录与传承"中华文明、保藏中国先贤独特的文化智慧等功效，也与中国文化的内敛性相适应，体现了档案管理在保藏历史真实面貌方面的独特功效。但是，"重藏轻用"思想也存在着一定的弊端，其弊端主要表现为档案过度集中于中央、档案未能充分向民众开放，重要档案成为皇权贵族的专有之物，这不仅造成古代社会的文化心理隔离，也不利于档案的保护与开发，其直接后果是在王朝更迭中大量历史档案遗失、被盗、被毁弃，对中华文明的连续性造成不利影响。当然，"轻用"并非代表"不用"，中国古代也出现了一些先贤利用档案传播文化的代表性案例。例如孔子编纂"六经"就是我国古代对档案文献的首次大规模整理和利用。孔子在编纂"六经"过程中形成的档案编纂"述而不作"原则，为后世档案编研提供了思想启示，开创了以档案记录历史的优良传统。②再如，我国西周时期创立的"档案文书副本制度"，为吏民查询档案提供了良好的便利条件。中国古代档案管理在"重藏轻用"思想的范畴内，形成了一系列档案收集、鉴辨、分类、整理、编研的思想。在档案收集思想方面，宋元时期我国已有相应的档案收集律法，规定"诸户口增减实数，具每岁账四本，一本留县架阁；三本连粘保明，限二月十五日前到州，州验实毕，具账连粘，管下县账三本，一本留本州架阁，二本限三月终到转运司；本司验实毕，具都账二本，连粘州县账一本留本司架阁，一本限六月终到尚书户部"③。在档案鉴辨思想方面，西周创立的档案文书副

---

① 刘迎红：《浅谈我国近代档案法规的时代特征——兼与古代档案法规比较》，《档案学通讯》2004年第1期。

② 杨树森：《孔子编纂"六经"对中国古代档案事业的贡献》，《档案学研究》2001年第2期。

③ 邓君：《略论中国古代档案法规发展分期》，《档案学通讯》2005年第1期。

第二章 中国特色档案学当代构建的历史基础

本制度有效地避免了档案文件内容的伪造篡改①,融入了中国朴素的档案鉴辨思想,为后世档案鉴辨方法的成形提供了借鉴。特别值得说明的是,汉代以后,为了维护档案内容的真实性,在户籍档案管理实践中探索出一些适应中国古代君权统治的档案鉴辨方法,如汉代加强对"隐匿户籍"行为的管理、魏晋南北朝设置令史专管户籍档案、宋代在全国范围内开展大规模的"检籍"活动、齐朝设立专门的检籍机构负责户籍档案的检查核对,通过这些档案鉴辨活动的开展,中国档案鉴辨思想得以在实践中不断成熟与完善,对于档案的"去伪存真"发挥着独特的功效。在档案分类思想方面,宋代《庆元条法事类》中"造账文书别库架阁"之规定,诠释了宋代独具特色的档案分类思想,对于指导宋代的簿籍档案和案牍档案分类具有独特效用。在这种分类思想的基础上,宋代形成了"别架阁库"制度,至今仍适用于中国档案的分类管理。②

重视效率思想是对中国近代档案管理思想的高度概括和提炼,不仅体现了从古代"档案工具价值观"到近代"档案信息价值观"③的转型,也体现了从古代档案管理以"档房"为主要场所到近代档案管理以"档案馆"为主要场所的转型。中国近代档案管理"重视效率"思想是以公文档案管理为依托,受到20世纪30年代政府发起的"行政效率运动"与"文书档案改革运动"的直接影响,与文书档案连锁法的运用密不可分。受中国近代档案管理重视效率思想的影响,在实践领域,清末民初云南创办的《官报》与《公报》突破了古代以邮驿传递公文的低效窠臼,代之以近代更为高效、便捷、公开的报刊媒介传递方式,是近代档案管理重视效率思想在实践领域的演绎,逐步改变了古代档案管理"重藏轻用"的弊端,标志着古代的档案封闭管理转变为近

---

① 张锡田:《古代档案文书副本制度》,《中山大学学报》(社会科学版)2001年第4期。
② 王金玉:《中国古代档案两大部类说》,《档案学研究》2001年第3期。
③ 覃兆刿:《从一元价值观到双元价值观——近代档案价值观的形成及其影响》,《档案学研究》2003年第2期。

代的开放利用①，便于民众对档案的利用，是近代档案管理的进步。集中统一管理思想是对中国现代档案管理思想的高度概括和提炼。我国现代档案管理中"集中统一管理思想"的形成，是对我国古代兴起的文档一体化思想、近代兴起的档案"集中制"管理思想的延续和发展。文档一体化是以系统思维为基础，包括文件、档案生成、管理、利用一体化在内的从现行文件到馆藏档案整个运动过程的全面控制和科学管理。②文档一体化既是文件与档案管理的有机协调，也强调文档一体化作为整体独立于业务工作，形成文件与档案自身的管理体系。③文档一体化管理需要兼顾文件与档案，从文件和档案管理全局出发，通过对文件形成、流转、归档形成档案，直至档案销毁的全过程进行全面管理。④清代，我国军机处将文档一体化管理作为重要的文书档案工作制度，建立了文书与档案机构人员一体化制度、文书工作与档案工作衔接制度、重要档簿实行副本制度和定期修缮制度，对于提高军机处文书工作效率、方便档案的利用⑤起到了积极效用。

近代档案"集中制"思想也是近代档案科学管理的基础。我国近代档案学者在研究档案行政问题时，发现民国档案管理重技术而轻行政问题的发现，提出"集中制"的档案组织管理形式，并主张在一个机关范围内实行集中式档案管理体制，成为集中统一管理思想形成之滥觞。程长源在《县政府档案管理法》中明确提出了档案集中管理制，称其为"档案管理上一个最重要的绝对的原则"，影响着近代资产阶级文书档案改革之中心课题之"文书档案连锁法"的发现与阐释。甘乃

---

① 陈子丹、李娅佳、柯凯艳：《从云南〈官报〉和〈公报〉看近代档案的公布》，《档案学通讯》2016年第2期。

② 黄霄羽：《文件、档案一体化管理的科学含义》，《档案学通讯》2002年第3期。

③ 杨茜茜：《数字时代的文档一体化管理：理念、手段与目标》，《档案学通讯》2014年第2期。

④ 马良、王秋芳：《论文档一体化管理》，《情报杂志》2002年第12期。

⑤ 裴燕生：《从清代军机处"随手簿"看清代文书档案一体化管理》，《档案学通讯》2005年第4期。

光在《文书档案连锁办法之试验——内政部初期试验之报告》中，根据对民国内政部收发文无总号数、行政不集中、新旧档案整理不能划一等问题，论证了文书档案连锁法的重要性，并详细阐释了实行文书档案连锁的办法，即"三个统一"——统一分类、统一编号、统一登记。基于对文书档案连锁办法的运用，我国近代档案管理理论得到推进，并使中国档案学最初阶段的科学体系得以形成，证明了集中统一管理思想的早期形态对中国档案学发展的推动作用。但是，近代集中制思想局限于对机关档案室档案管理工作的描述，缺乏整体视角。

新中国成立之初，受到苏联档案管理经验中"自始至终根据列宁关于档案集中的原则来组织档案工作，以确保档案的完整"思想的影响，根据对20世纪50年代初期我国"档案机构不健全""材料不集中""缺乏全国统一的档案管理办法"[①]等问题的审视与回应，我国积极把握第一个五年计划时期"档案工作从分散到集中""从不科学到科学""从单纯管理到组织文件的利用"等关键时间节点，建立了国家档案局及各级档案行政管理组织机构，培养档案干部，集中管理历史档案，并在逐步探索档案管理办法的过程中形成了以"党政档案集中统一管理"为主要内容的档案管理原则体系，建立起"逐步地、有计划地收集和科学整理文件材料""组织文件材料来为国民经济、国防建设、文化教育、科学研究和机关工作服务""满足劳动人民的合理要求""有条理、不遗失、便于查找、初步立卷""在管好的基础上组织文件材料的利用"等基本工作方法。

新中国成立初期，在档案教育领域，文书学被当作档案学的一门分支学科，将文书处理与文书立卷当作档案学的研究对象，为文档一体化思想的延续与发展提供了教育环境，夯实了学科土壤。在档案实务领域，为集中管理国民党政府机关的档案及近代历史档案，南京史料整理

---

① 曾三：《让档案工作更好地为国家建设服务——中共中央委员会办公厅副主任曾三同志在中国共产党第八次全国代表大会上的发言》，《档案工作》1956年第11期。

处成立。在近代以来档案集中制思想的影响下，档案收集工作取得一定进展。至1953年，南京史料整理处集中档案130万卷，奠定了中国第二历史档案馆创建的基础。20世纪50年代，我国档案实务界主张"运用苏联先进经验和基本原则创造一套中国式的符合于先进科学要求的办法"，由此形成了将国外档案管理经验中国化的思想雏形。在此背景下，我国档案实务界提出做好档案的科学立卷与系统化管理及科学编目工作，以"为今后集中档案创造条件""结合机关工作收集各个革命时期散失的宝贵历史文件""挽救革命时期的文件""为了确保档案的完整，必须坚决杜绝文件、电报的任意销毁和失落的现象"等思想。时任中共中央办公厅副主任的曾三专门提出，"国家应当把档案馆建设纳入第二个五年计划""各机关都要把机关档案室的工作建立健全起来""各省区和各特定部门（如国防、公安、外交、文学艺术等）都要筹建档案馆使已经集中和将要集中的档案都能经过整理，提供利用""各级党委要抽调足够数量和一定质量的干部，团结所有老的档案人员，培养档案事业的专门人才和科学工作者"，这些建议涉及组织机构建设、专门档案管理、人事管理等方面的思想。1959年1月7日，党中央发布《关于统一管理党政档案工作的通知》，使档案工作集中统一管理原则得到巩固。与此同时，我国各省、市、自治区、档案管理局（处）和县档案管理机构的建立健全，为巩固集中统一管理原则建立了组织基础。①

20世纪80年代，随着以计算机管理方法为主的办公自动化的发展，我国文书和档案部门开始探索运用现代技术手段，改变手工处理文件效率低的问题②，计算机管理方法逐渐融入政府文档一体化管理流程。③ 1986年，文档一体化思想被运用于江西省政府办公厅的微机文档一体化管理，包括收发文管理系统、档案管理系统在内的文档化管理系

---

① 曾三：《进一步提高档案工作水平，积极开展档案资料的利用工作，为社会主义事业服务——曾局长在全国档案资料工作先进经验交流会上的报告》，《档案工作》1959年第6期。
② 刘建民、何成英：《微机文档一体化管理》，《四川档案》1993年第4期。
③ 孙崇荣：《小机关适宜用计算机进行文档一体化管理》，《湖南档案》1992年第1期。

统得以建立。其中，档案管理系统已经形成人机对话式、自动式分类、鉴定、组卷方案。① 20 世纪 90 年代，文档一体化成为档案管理的应用重点。② 1996 年，经过上海市档案局鉴定，企业文档一体化网络系统建立，由收文处理、发文处理、补充处理、文件组卷、档案管理、系统上网、系统维护七个子系统组成。

21 世纪初期，信息化环境下企业文档一体化的理论依据逐渐成熟③，政府信息公开环境下政府文档一体化理论构想也逐渐形成，文档一体化理论发展成为在文件和档案管理中运用文件生命周期理论把文件的形成、运转、处理与档案的收集、整理、鉴定、检索、编目、利用有机联系在一起，按照统一的规范和标准，实施全面控制和有效管理，以达到提高工作效率和工作质量④的目的。2015 年以后，随着"互联网+"时代的到来，集中统一管理思想中的整体观也被应用于互联网平台的文件归档管理中，丰富了集中统一思想的技术内涵。

2. 客体抽象：档案管理思想对具象档案管理现象的提炼

档案管理反映了我国社会生活的广阔图景。关于档案管理思想的客体，自古代以来大致有两种认知路径：一种从档案的历史记录性出发，认为档案管理思想的客体是客观的历史记录管理；另一种从档案管理的主要流程出发，认为档案管理思想的客体主要聚焦于传统意义上的"八大业务流程"。这两种认知路径有一个共同特点，即将档案管理的客体归结为来源于中国本土的历史文献，且这种历史文献是一种原始记录或原始知识，具有客观真实性、原始凭证性、不可复制性等特征。

一方面，档案管理思想是对档案历史记录性的客体抽象。中国古代历朝正史就基本上取材于档案文献，档案文献亦能弥补正史、方志之不

---

① 金德、黄小平：《微机文档一体化管理》，《档案工作》1989 年第 1 期。
② 朱大荣：《文档一体化管理的计算机应用》，《四川档案》1996 年第 3 期。
③ 何振：《信息化环境下企业文档一体化探讨》，《档案学通讯》2005 年第 1 期。
④ 马玉杰、王强、齐洁：《以政府信息公开为契机，推进文档一体化理论研究》，《档案学通讯》2008 年第 3 期。

足，例如白文档案史料就是深入研究南诏大理国史的重要材料。[1] 中国古代官府传知朝政的文书抄本——邸报，是我国官方文书之雏形，记录了我国皇帝谕旨发布、臣僚奏议传送的独特历史场景。从档案管理的具体业务环节来看，我国春秋时期在保管皇家档案的过程中，形成了最初的档案分类思想[2]，档案分类思想的初步形成，标志着我国古代档案管理从感性管理向理性管理的跃迁。我国封建社会时期的"笔削档案作史"传统，是我国档案鉴定思想形成之来源。古代档案管理形成了"版图""盟约""谱牒""诰""誓""政典""记注""策书""笔削""舆图档案"等中国特有的档案形式。其中，盟誓档案、符契档案的形成受到古代分封制度的影响，谱牒档案的形成受到古代家族制度的影响。特别值得说明的是，古代档案载体形式呈现出明显的等级区分，其管理和利用也高度集中。这些现象是在我国古代系统的宗法制度和严密的专制制度影响下的产物。[3]

另一方面，档案管理思想是对档案管理主要流程的客体抽象。从现有主流管理思想来看，档案管理主要流程的客体抽象可以分为档案管理的靠前服务思想与档案管理业务流程思想。

其一，档案管理的靠前服务思想肇始于新中国档案事业创建初期。我国档案事业的主要建设者将"及时地服务于国家建设的需要""为社会主义建设服务""为建成社会主义经济基础服务"定为新中国档案管理宗旨。20世纪50年代，我国档案领域围绕档案的靠前服务，开展了以"档案工作怎样为国家过渡时期总路线服务"为主题的讨论。在明确"总路线是照耀各项工作的灯塔"这一方向的基础上，通过审视档案在记录国民经济的恢复和各项社会改革运动情况，以及我国人民在工业、农业、交通运输、文学艺术工作建设中形成的创造性劳动成果，档

---

[1] 杨艺：《白族古代文字档案史料研究》，《云南社会科学》1999年第5期。
[2] 王岚：《从"策书"、"笔削"看先秦两汉的档案思想——我国古代档案称谓探源》，《档案学研究》2000年第1期。
[3] 李伟山：《古代中国档案事业发展的政治探源》，《贵州社会科学》2006年第2期。

案实务界认可了档案工作在国家过渡时期所发挥的重要作用。① 1953年，杭州市人民政府办公室在档案管理工作中积累了"慎重掌握所有机关、企业、学校、团体的档案，严格保守国家机密"②的经验，体现了档案管理重视在前端管理环节保守秘密的思想。1956年，时任中共中央办公厅副主任的曾三在中国共产党第八次全国代表大会上提出"让档案工作更好地为国家建设服务"的思想。1958年4月的全国档案工作会议不仅提出了档案服务工作的方向，也确定了业务服从政治和服务于社会主义各项工作的原则，即"档案工作应当充分发挥档案资料在社会主义建设中的积极作用，来为本单位的各项工作和生产服务，为经济战线、政治战线上的社会主义革命服务，为技术革命和文化革命服务，为科学研究服务"。例如，地质档案对研究石油的生成、积聚、转移规律以及认识地质构造具有重要意义。我国在长期地质档案管理工作实践中，针对地质档案涉及面广、技术层次高、内容项目多、成套性强的特点，形成了及时掌握地质科研项目类型及进展情况、积极开发地质档案馆藏信息资源、编制地质档案检索工具、及时开展地质档案查询跟踪服务、充分利用现代化档案信息数据库开展管理等档案管理方法，通过地质档案开发利用促进科研跟踪服务。③再如，工厂档案管理对于明确厂务公开的范围与内容、解决我国特定历史时期企业改革与三年脱困目标④具有积极意义。

20世纪60年代初，档案服务思想在促进我国农业生产方面发挥了积极作用。我国不仅通过在以粮、钢为中心的增产节约运动中积极开展档案利用服务，提供档案资料为党领导的中心运动服务⑤，也通过加强

---

① 余智敏、吴明汉、钱德芳等：《档案工作怎样为我国过渡时期的总路线总任务服务？》，《档案工作》1953年第9期。
② 陈光瑷：《档案工作怎样为我国过渡时期的总任务服务？》，《档案工作》1953年第5期。
③ 王建选：《开展地质档案为科研跟踪服务》，《档案学通讯》1998年第1期。
④ 李珉明：《围绕厂务公开做好档案服务》，《中国档案》1999年第12期。
⑤ 浙江省档案管理处：《积极开展档案资料的利用工作为以粮、钢为中心的增产节约运动服务》，《档案工作》1960年第11期。

农业档案内容研究，服务一线生产发展，促进了我国特定历史时期大办农业、大办粮食运动的开展。① 21世纪后，随着信息社会的到来，档案服务思想在促进档案管理信息价值的实现方面发挥了显著效用。

其二，档案管理业务流程思想是对近代以来档案实务管理经验的客体抽象，包括档案的收集思想、分类思想、编研思想、保护思想、利用思想等。其中，档案收集思想不仅是档案管理的起点，也是丰富馆藏的重要思想来源，是保证档案质量的标志。② 在档案的收集中显示我国历史文化特色，诠释中国典型地域文化与行业文化，是档案收集思想的一大贡献。

近年来，我国特别重视对世界文化遗产档案的收集，尤其是对遗产地史料、遗产地的重要文件、个人保留文件材料的收集③，这在一定程度上促成了一批重要档案文献遗产进入世界记忆名录，为中国记忆的世界表达贡献了档案力量。与此同时，在"讲好中国故事，传播好中国声音"理念的指引下，我国特别重视在专门档案管理领域诠释行业特色。例如，20世纪90年代，山东省潍坊市市县两级部门就十分注重收集包括寒亭区风筝、昌邑丝绸、侨乡档案、高密"三绝"等在内的地方特色档案。④ 再如，城建档案的收集重视突出城建档案专业特色，选择与本地区建设历史文化或重大建设历史事件、重要建设历史人物、重要建设工艺与技术相关的档案。⑤ 又如，北京冬奥档案所征集的张家口民间冰雪运动剪纸、服饰档案、邮票档案等具有鲜明的地域特色，在征集中注重对档案进行三维（3D）扫描及数字建模，通过虚拟展厅进行征集

---

① 河南省滑县档案科：《认真研究档案内容，更好地为第一线服务》，《档案工作》1960年第11期。
② 曹湛芳：《档案收集工作的问题、意义与制度探索》，《学术论坛》2012年第12期。
③ 韩英、朱伶杰：《对世界遗产档案收集的几点思考》，《档案学通讯》2008年第4期。
④ 王仁邦：《收集档案不全，怎么办？》，《中国档案》1998年第2期。
⑤ 蒋蓉：《城建档案征集工作探讨》，《档案学研究》2018年第3期。

档案的展示。① 同时，我国也重视通过加强档案的收集，抢救珍贵口述档案，特别是运用标准方法采集具有佐证历史价值的口述历史档案、口传史料、民俗口述档案、行业口述档案，特别重视收集凸显濒危特色档案资源的收集，力求做到"史料留存"与"史料留全"②，以充实国家特色档案资源库。在"档案管理走向法治"的倡议下，各级国家档案馆加强了对私人档案的收集，并在收集私人档案的过程中重视对寄存档案、捐赠档案、购买档案的著作权保护。③

中国档案分类思想主要源自近代档案管理实务经验，在新中国成立后实现了发展。早在民国时期，由于行政效率运动急需科学高效的档案分类方案，陈国琛先生就从一般分类条件和分类归纳条件两个角度④，阐释适宜中国档案行政管理国情的适当且正确的档案分类标准。被誉为"20世纪中国档案学重要学人之一"的龙兆佛在拟定《省政府档案分类法》的过程中，总结出档案分类的有效方法，提出档案分类的三个标准和分类表编制的五项原则，并指出档案分类与图书分类的区别⑤，在推进我国档案分类理论发展的进程中，辨识出中国档案分类理论的特色。1938年，何鲁成在《档案管理与整理》中提出"分类为档案管理诸程序之中心"⑥。我国近代桥梁学家茅以升也将分类整理档案意识运用于科研工作，在分类整理档案意识的指引下，他逐渐掌握了一套科学系统地整理档案的方法，为后人留下了大量珍贵的工程档案。⑦ 1986年，我国科技档案管理学领域著名教师王传宇提出科技档案分类需要明晰同科

---

① 李俊哲、徐拥军、张丹：《社会记忆视角下北京冬奥档案征集工作研究》，《档案学研究》2024年第1期。
② 吕豪杰、王英玮：《口述档案收集抢救规范化流程研究》，《档案学研究》2015年第4期。
③ 刘国荣：《私人档案收集中的著作权保护》，《中国档案》1999年第6期。
④ 张斌、虞香群：《陈国琛先生档案分类思想研究》，《档案学研究》2020年第3期。
⑤ 李少建：《龙兆佛档案分类理念探析》，《档案学通讯》2018年第6期。
⑥ 何鲁成：《档案管理与整理》，商务印书馆1938年版，第152页。
⑦ 张盼、丁华东：《浅析近代科技精英的档案思想》，《档案学研究》2014年第6期。

技档案相联系的科技与生产活动的实际情况,提出分门别类编制科技档案分类方案的思想。在此基础上,结合不断丰富完善的档案教育经验与实务经验,中国人民大学邓绍兴提出职能分类理论①,对指导档案分类标准的制定具有重要意义。档案分类标准的制定对于奠定后续鉴定、保管、利用、统计、编研的基础具有积极意义。

3. 学术文化抽象:档案管理思想证实档案学学术文化的特色

档案是开展档案学学术研究的重要材料。档案管理思想借助档案学学术文化得以不断展现出思想特色,进而证实档案学学术文化的特色,为相关学科的发展注入档案学话语力量。

一方面,档案管理思想与档案学学术文化具有深厚的关联性。自古以来,我国学者治学就秉持"求事之本末于史,而观之曲直于经"的传统,由此,我国历史上丰富的档案管理思想为证实档案学学术文化特色提供了良好的支撑。中国古代档案管理在其发展进程中,根据特定历史时期的独特国情,使用过"文书""案牍""文案""文卷""案卷""档案"这六种主要档案类名词。② 根据史籍记载,黄帝时期,我国已有文字。文字所写成之"书",是先秦档案的主要称谓之一③,这说明我国档案管理思想已有4000余年历史。由于"古之圣王,欲传其道于后世,是故书之竹帛,镂之金石,传遗后世子孙",可见,我国在先秦时期已形成了档案管理思想。宋代的档案收藏管理已达到"不遗片纸"的程度。

春秋时期,孔子主张在掌握大量档案的基础上得出学术结论,并在编纂档案时坚持学术标准,形成了独具特色的孔子档案编纂思想。④ 北

---

① 李兆明:《走出企业档案分类工作的困惑》,《档案学通讯》2001年第4期。
② 丁海斌、葛洪源:《从〈二十五史〉看中国古代档案名词的演变》,《档案学通讯》2003年第2期。
③ 王岚:《从"策书"、"笔削"看先秦两汉的档案思想——我国古代档案称谓探源》,《档案学研究》2000年第1期。
④ 刘耿生:《孔子编纂档案的历史贡献》,《档案学通讯》2001年第6期。

宋时期,宋真宗曾说:"祖宗的档案要'片幅寸纸'不敢遗失"[1],由此可见,我国宋代档案管理已经特别重视收藏。宋代皇帝对于档案收藏的重视也在一定程度上指引了档案收藏学术文化的发展。受到中国近代档案管理重视效率思想的影响,在学术领域,民国档案学人梁上燕、傅振伦纷纷著书立说,阐释公文档案管理重视效率思想,主张"主要由行政性公务文书转化而成的档案是'近代档案管理的主体'"。《县政府公文处理与档案管理》(1942)、《公文档案管理法》(1946)等一批档案旧著逐渐影响了档案学界与实务界,为现代档案管理效率研究提供了经验借鉴。民国著名档案教育家毛坤提出了"尊重档案群"思想,在此基础上建议建立专业档案馆和建立国家、省、县三级管理机构的设想[2],指导了《档案行政学》《档案经营法》等本土教材的撰拟,推动了《中国国家档案馆规程草案》的形成,促进了近代最先进的档案检索方法——编制分类目录与主题目录的关键词索引方法的发展。这些都为近代档案管理务实性、应用性、科学性特征的凸显提供了思想基础,是近代档案管理重视效率思想的丰富与发展。

另一方面,档案管理思想为图书馆学等相关学科的发展注入档案学话语力量。例如,我国档案保护思想肇始于古代,广大劳动人民在长期的档案保护实践中,形成了具有中国特色的档案保护思想。20世纪30年代,梁思成形成了以"整旧如旧"为核心的档案保护思想,可视为中国档案保护思想在近代的新发展。随着中国档案保护思想的不断发展,杀青防蠹、染纸避蠹、草药避蠹、药剂防霉、装帧保护、修裱技术、馆库建筑保护思想等一系列具有中国特色的档案保护思想不断形成,不仅对档案保护实践具有积极作用,也为图书保护提供了可供参考

---

[1] 王金玉、尚云芳:《古代档案官员新证》,《档案学通讯》1999年第6期。
[2] 何振、杨文:《浅论毛坤先生对我国近现代档案事业的贡献》,《档案学通讯》2015年第6期。

的本土方法。① 再如，档案管理思想为徽学的发展注入了档案学话语力量。徽州历史档案是徽学形成与发展的基础条件，徽州历史档案中的壁画、彩塑等也成为敦煌学的研究对象。②

(二) 内核

从上述分析可知，中国档案管理的思想体系源于对实践、对客体的抽象以及对档案学学术文化和相关学科的抽象。重藏轻用思想、重视效率思想、集中统一管理思想、靠前服务思想、业务流程思想构成中国档案管理的基本思想。随着新兴技术不断渗入档案管理领域，这些基本思想还处于不断变化演进的过程中，呈现出由局部到整体、由分散到集中、由静态到动态的发展趋势。从中国古代到现代档案管理思想的发展历程中不难看出，档案管理思想始终以尊重档案的原始记录性为内核。以档案的原始记录性为内核的中国档案管理思想，不仅是古代档案管理的核心思想，也是近代与现代档案管理的核心思想。随着档案资源形态从古至今不断发生变化，以档案的原始记录性为本既能传承古代档案管理中的实践特色、近代与现代档案管理中的学术特色，也能为当下及未来档案管理区别于完全意义上的数据管理，不丢失档案管理之本位，提供一定的支撑与启示。

其一，从中国古代档案管理思想的发展史来看，借助"以档案的原始记录性为本"这一思想内核，中国古代档案管理实践中形成了述而不作、博约得当、实事求是等基础性原则，并在这些基础性原则的指引下形成了历史主义思想这一经典形态。其中，述而不作原则是档案文献编纂学领域的主要原则。孔子在编纂历史文献时，主张坚持"述而不作"原则，秉持"信而好古"精神，在编订"六经"时均依据故国文献，

---

① 连成叶：《中国古代档案典籍保护技术探讨》，《福建师范大学学报》（哲学社会科学版）1999年第2期。

② 罗培：《徽州历史档案与敦煌古文化共性探析》，《档案学研究》2003年第2期。

没有根据他自己的喜好加以改动,能忠实原文,使得历史材料尽可能保持原来的风貌,即"照录事实,才不至于丧失档案的原始凭证性"①。博约得当原则是档案文献编纂学领域的主要原则。档案文献编纂学基于博约得当原则,通过对档案文献的分析与归纳②,可以有效排除历史记载中的偶然性因素,起到佐证历史真实性的作用。实事求是原则是贯穿中国古代档案收集、管理、保护全过程的思想原则。中国档案管理中的历史主义思想重视档案所诠释的历史真实。以历史主义思想为依托,学术界关注到历史档案的分级保护体系构建问题,丰富了以来源原则管理历史档案的全宗保护思想。③司马迁通过收集旧籍佚文,不断拓展档案文献的选材来源,在考辨甄别的基础上纂修成史学巨著《史记》④,是秉持历史主义思想进行档案文献编纂的典型代表。历史主义不仅是原档查阅、档案汇编的思想基础,也是问题导向和数字人文学术思潮发展形势下古代档案整理、开发、利用的思想基础。⑤

其二,从中国近代档案管理思想的发展史来看,借助"以档案的原始记录性为本"这一思想内核,在中国近代民族工业发展提升档案管理效率的背景下,在档案管理实践中形成了档案文献校勘编纂思想、准确性思想等经典思想。我国近代著名建筑学家梁思成在从事建筑文物保护工作过程中,形成了档案文献校勘编纂思想。早在19世纪末20世纪初,随着近代科学传入和我国近现代工业的产生,"中国铁路之父"詹天佑编制科技档案一丝不苟与认真负责的史实,成为科技档案管理"准确性"思想的代表性案例。

---

① 郑晓明:《孔子档案学思想管窥》,《安徽商贸职业技术学院学报》(社会科学版)2006年第4期。
② 马仁杰、李珍:《论档案文献编纂学与历史文献学的关系》,《安徽大学学报》(哲学社会科学版)2007年第3期。
③ 马翀:《历史档案分级保护体系构建初探》,《档案学研究》2007年第3期。
④ 薛金玲:《司马迁档案文献编纂思想述论》,《兰台世界》2013年第35期。
⑤ 杨茜茜:《数字人文视野下的历史档案资源整理与开发路径探析——兼论档案管理中的历史主义与逻辑主义思想》,《档案学通讯》2019年第2期。

其三，从中国现代档案管理思想的发展史来看，借助"以档案的原始记录性为本"这一思想内核，中国现代档案管理实践中形成了活态传承思想、服务思想、档案信息生态系统思想等新兴思想。随着档案数字化建设的推进，活态传承思想被融入档案的保护与开发利用领域，对于解决我国特色档案的损毁问题、应对我国特色民族文化流失危机具有积极意义。例如，云南少数民族历史档案的数字化建设，可以实现档案文献遗产的活态保护与发展，更好地保护与传承民族记忆。[①] 近年来，现代档案管理服务思想在服务包括疫情管控在内的重大公共危机治理方面发挥了显著效用。我国在新冠疫情防控中形成了大量蕴含着疫情管控经验、知识与教训的档案材料和档案数据，并据之形成了系统认知、分析、总结、研究疫情管控知识与经验教训的"中国模式"。疫情档案的保存和利用，为留存疫情防护凭证起到积极效用。新冠疫情发生以来，我国发动公众从多个板块、多个专题、多条线索共同建设和长期保存疫情档案[②]，为留存公众健康危机管理凭证、丰富疫情治理的参考经验起到积极效用。围绕疫情档案管理，我国借助"以档案的原始记录性为本"这一思想内核，也积累了一些具有特色的管理经验。例如，我国探索建立了具有中国特色的以"公众参与"和"数字赋能式"疫情防控专题档案数据库模式，应和了《"十四五"全国档案事业发展规划》提出的"要普遍开展专题档案目录建设，推动重点地区、重点单位建设专题数据库，建设国家级专题档案记忆库"。再如，我国疾病预防控制部门建立了独具特色的疫情文件材料与数据资料建档模式，收集与保管相关疫情档案，这些档案涉及疫情协调机制、防控方案与措施、卫生检验检疫、医院诊治、科研攻关、社会捐赠、物资保障、公众动员等方面的记录。又如，我国探索建立了传染病监测预警系统、智慧流行病调查系

---

① 李雯：《略论云南少数民族历史档案数字化建设活态研究》，《档案学研究》2018 年第 6 期。

② 杨智勇、邓文霞：《参与式视域下疫情档案信息服务模式建构研究》，《档案学研究》2021 年第 6 期。

统、应急管理系统、综合可视化分析系统等疫情档案收集与分析平台①，积累了丰富的中国式疫情档案管理经验。这些疫情防控档案管理经验的取得，都离不开"以档案的原始记录性为本"这一思想的运用。

（三）价值

中国档案管理思想体系是从古至今的历代档案学人为建立中国特色档案管理模式所作出的探索和贡献，也是中国档案管理对世界档案管理所作出的独特贡献。2021年7月6日，习近平总书记对档案工作作出重要批示："档案工作存史资政育人，是一项利国利民、惠及千秋万代的崇高事业。"② 中国档案管理思想对档案管理实践具有一定的作用力，特别是关涉档案管理存史、资政、育人价值的发挥。下文主要探讨中国档案管理思想的存史、资政、育人价值。

1. 存史价值

梁启超曾肯定档案的治史价值，即"不治史学，不知文献之可贵"③。近代档案教育家毛坤认为："档案乃国家重要史实，起到记录历史、为研究者提供史料的作用。"中国档案管理的"存史"价值，自"中国古代官方档案由史官保管"④ 之历史证据中可见一斑。由于档案的保存是从书写历史开始的，档案具有固有的历史品格与历史基因，与历史天然相连，休戚相关。在我国几千年的历史进程中，档案作为文化载体的角色始终未变⑤，一直发挥着官修史志原始材料的作用。档案也因此被誉为"历史文明之母"。受历史主义和实证主义的影响，传统史

---

① 董源光：《大数据背景下疾控档案的收集、管理与利用——以潍坊市为例》，《档案》2023年第7期。
② 转引自陆国强《新时代档案事业高质量发展的根本遵循》，中华人民共和国国家档案局，http://www.saac.gov.cn。
③ 梁启超：《中国历史研究法》，东方出版社1996年版，第45、48页。
④ 杨树森：《试论孔子在中国档案史上的地位》，《江汉论坛》2001年第5期。
⑤ 何庄：《中国历史档案的传统文化特征及其成因》，《山西档案》2006年第4期。

学将档案文献奉为圭臬，将历史档案视为客观史料以及重要历史事实的证据。现代历史学从阅读与利用档案开始[1]，其理性光芒一直伴随着档案学的发展历程，档案学与历史学共同服务于人类社会对过去的记载。[2]

中国档案管理思想体系的存史价值以档案文献为本，以档案文献的文化存史价值为根基，满足人民群众利用档案存史的基本文化需求。文化在《现代汉语词典》中特指"精神财富"。档案记录、反映了中华民族丰富的精神财富，是文化范畴的重要组成部分。随着中国档案管理中收集、鉴定、编研、纂修的不断推进，自古以来，原存于深宫秘院的皇室秘档相继转化为可供中华民族共同利用的历史文化遗产并构成文化记忆的主要来源，成为中华民族文化身份认同的有力工具。其一，中国档案管理思想体系赋能家族文化存史价值的发挥。家谱档案在我国已有两千年以上的发展史，在魏晋南北朝时期达到鼎盛，以谱牒、宗法、姓氏门阀为研究对象，反映了我国自古以来重视氏族世系、族务管理、家规家训、祭祀祖先、续修家谱、崇尚名姓、记录氏族的传统文化以及父权、夫权、族权、家法、族规等文化现象，中国古代人口迁徙文化、文化传播史以及与家谱档案研究相关的宗法、纂例、选举等文化元素[3]，为研究我国历史人口迁徙相关的文化发展问题提供了第一手资料。[4] 20世纪初，梁启超对家谱的价值作出过精辟阐述，即"我国乡乡家家皆有谱，实可谓世界瑰宝。将来有国立大图书馆，能尽集天下之家谱，俾学者分科研究，实不朽之盛业"。其二，中国档案管理思想体系赋能民族文化存史价值的发挥。档案是重要的民族文化凭证和文化媒介[5]，发挥

---

[1] 梁继红：《走向文本的历史档案数字整理：历史追溯与时代转型》（上），《档案学通讯》2021年第5期。

[2] 闫静：《史学思潮与档案景观的变迁》，《档案学研究》2022年第3期。

[3] 耿敬：《谱学，鼎盛于魏晋南北朝的家族档案学》，《上海档案工作》1994年第5期。

[4] 刘倩倩、夏翠娟、单舒扬：《跨越千年的迁徙图——家谱迁徙数据的深度挖掘与可视化开发》，《信息资源管理学报》，https：//link.cnki.net/urlid/42.1812.G2.20231128.1054.002。

[5] 邓达宏：《论档案在民族文化传承中的地位与作用》，《档案学通讯》2002年第1期。

着维护民族团结、增强民族凝聚力的重要功能。我国民族档案具有语言文字档案、图像档案、实物档案等多元形式，共同形塑着中华民族的多元文化，档案学传承着中华民族代代相传并保持着民族本质的文化基因，主要表现为传承中华民族的向心文化、多元文化、特色文化。

2. 资政价值

自我国有文字记录以来，档案就是历朝统治者记录国事、资政治国的不可缺少的工具①，是国家经验与记忆的记录、政府决策的重要参考凭据，是我国政治文化遗产的组成部分。档案记录着中国优秀传统政治文化中"为政在人"的民本思想、"缘法而治""经国序民，正其制度"的法治理念、"敬德保民"的德治理念等国家治理文化，记录着中国历史上若干文化区域独立发展又彼此交汇的进程，为中华民族文明基础的形成提供了原始凭证。为维护统治需要，我国殷商时期出现了最早的具有特色的档案检索方法，即采用特定的标志和方法对国家公务活动中形成的文件档案进行检索，并据以形成特定的档案检索成果——典册，应和了《尚书·多士篇》中所说的"惟殷先人有册有典"。西周时期，随着文书正副本制度的确立，王朝档案"登于天府（王朝的中央档案库）"，重要档案"藏于金柜"，促使档案进一步辅助政事治理，见证历代治理史实。春秋时期，孔子编订《尚书》与《六经》，对《尧典》《虞典》《夏典》《商典》《周典》《秦誓》等古代档案文件加以汇集，并构成孔子向弟子讲授诗、书、易、礼、春秋的主要教学材料②，起到了"宣王道之正义"的积极效用。

第一，中国档案管理思想体系的资政价值，滋养了中国独特的"以德治国"理念。中华民族素有"重德贵和"传统。在长期的历史演进

---

① 孙伟良：《服务型政府建设中的档案工作新角色新使命》，《档案学研究》2011年第3期。

② 中国人民大学历史档案系档案学教研室：《文献编纂学讲义、讲稿》（一），中国人民大学内部资料，1961年，第5—6页。

中，中国古代社会形成了稳固的伦理型德治传统①，并在此基础上形塑出相对稳定的中国特色德治模式。相较于"依法治国"的外显特征，德治模式体现了中国特色"内隐"式治国智慧。"以德治国""德法共治""为政以德"理念蕴含了丰富的中国特色治国理政智慧。儒家传统所提倡的"德"，代表着成熟完备的秩序体系，支撑着中华文明数千年赓续绵延。②"厚德载物""立德树人""学史崇德""道德建设""德才兼备"等关涉"德"的话语表述在党的二十大报告中多次出现，该报告专门强调"坚持依法治国和以德治国相结合"，体现了党对德治的重视。档案学中的"以德治档"③"亲民档案观""从国家模式到社会模式"等在学术领域的发展，体现了档案学对德治文化使命的传承，对于体现社会主义精神文明建设的档案话语、提升公民档案意识、保障公民利用档案的权益起到了积极效用。档案由此不再只是"登于天府""藏于金匮"，而是成为服务普通民众文化需求、丰富人民精神世界的文化精神产物。

第二，中国档案管理思想体系的资政价值，滋养了中国的"依法治国"理念。档案管理思想具有表征"法治文化"、确证"法治形态"的功效。档案法治的出发点是保护档案这一文化遗产。党的十一届三中全会后，围绕档案法治的权利与义务，我国档案法治体系逐渐建立与完善。档案法治文化是我国法治文化的重要组成部分，中国特色档案法治论阐释了我国档案法治的含义、原则、价值、历史、前景④等，较好地诠释了档案法治文化。

---

① 叶方兴：《当代中国法治与德治结合的语境分析》，《中南大学学报》（社会科学版）2022年第2期。

② 李瑶、王志华：《德法共治：儒家"德"的现代意义》，《上海行政学院学报》2023年第6期。

③ 傅国义：《"以德治档"是推进档案事业发展的重要保证》，《贵州档案》2001年第3期。

④ 宫晓东：《"维系之道"的道之维系——档案法治论》，《档案学通讯》2003年第4期。

3. 育人价值

中国自古以来就有先贤运用档案文献讲经授学、培育弟子的传统。进入现代社会,特别是正式的档案教育机构建立后,我国档案管理得以不断显示其"以文化人""以档育人"的价值,不仅通过学校教育培育了一大批档案学者、档案工匠,也通过建立民众参与建档机制、举办档案展览、开展档案众包活动等发挥了档案的社会教育价值。档案管理的育人价值在建设教育强国中也日益发挥着显著效用,围绕加快建设高质量档案学教育体系、全面提升档案学教育服务高质量发展的能力、在深化改革创新中激发档案学教育发展活力、增强我国档案学教育的国际影响力等发展目标,我国档案教育为中国特色档案事业建设培养了大量有为人才,为国家人才强国战略的实施作出了积极贡献。

六 中国特色档案学的知识贡献

中国特色档案学的知识贡献主要体现在促成"中国自主的档案学知识"的形成方面,区别于中国档案学的知识贡献。中国特色档案学的知识贡献主要体现在管理知识、文化知识、科技知识贡献等领域,这些知识贡献的形成,表明了档案学学科意识的觉醒,对于提升档案学"中国特色"的解释力具有积极效用。

(一) 管理知识贡献

档案管理知识主要来源于学科对档案管理实践的研究阐释,体现着学科对中国档案管理实践问题的回应和解答。档案管理知识主要包括档案理论知识与方法知识。其一,在理论知识层面,文件(档案)运动规律理论、党政档案工作集中统一管理理论是具有中国特色、符合中国国情与档情①的管理知识。其二，在方法知识层面，档案分类方法研究与档案标题方法研究是中国学者根据对中国国情的考察，自主建立的适合中国各行业档案管理实践的特色方法。档案实践工作中形成和发展的组织机构分类法、时间分类法、内容（问题）分类法、职能分类法、项目分类法、课题分类法、产品型号分类法、工艺流程分类法、文种分类法、形状分类法、制成材料分类法等具有特色的档案实体分类和排架方法②，得以在核电、水利、石油、海事等专门档案管理领域实现接续传承。档案标题法是将文件内容用一个或若干个名词或短语，标明一个文件或一个案卷的内容，使调卷人能够从标题中检索到欲查考之文件或案卷。例如，对"印花税局函县政府各烟犯烟瘾戒烟证，及取保保结需帖用印花"卷，标出"印花税法令""烟犯保结"两个标题词，缮写两张卡片，再按字顺组织标题目录。③ 档案标题方法研究，不仅丰富了档案特色方法的范畴，也引领和影响了图书馆学界与情报学界主题法的发展。

（二）治理知识贡献

档案记录了大量中国特色治理经验，包括记录党的保密治理经验、民族治理经验等，中国特色档案学通过对这些治理经验进行学理阐释，生成了自主的档案学治理知识。其一，"保守党的秘密"是中国特色档案学自建立以来一直遵循的基本原则，档案学密切配合着党的保密事业，由此促进了红色档案研究的发展。"密写文件""文件要留存数套，分别存放"等经验的形成，丰富了中国自主的档案治理知识的研究领域，为红色档案事业的发展提供了经验启示。其二，我国民族档案研究对于记录我国丰富的多民族治理经验、赋能多民族治理具有积极效用，

---

① 李财富：《关于建构中国自主的档案学知识体系的若干思考》，《档案学通讯》2023年第3期。
② 邓绍兴：《档案分类》，首都师范大学出版社1998年版，第157页。
③ 邓绍兴：《档案检索》，档案出版社1985年版，第17页。

为民族文化建设、多民族治理、边疆治理提供了基础性支撑,有力地配合了具有中国特色的民族平等、民族团结、各民族共同繁荣、治国必治边政策的实施。

(三) 文化知识贡献

文化关乎国本,是档案学记录与表达中国特色的根本依托。古往今来,中华民族之所以在世界上有地位、有影响力,不是靠穷兵黩武,也不是靠对外扩张,而是靠中华文化强大的感召力和吸引力。[①] 档案文化知识提升了中华文化的感召力和吸引力,成为历史悠久、内容丰富的中华文明之话语表达的重要载体。档案保护技术学中的特色档案技艺知识、制成材料知识、字迹材料知识是档案文化知识的典型代表。

其一,通过档案保护技术学的理论总结,中国古代传承的档案纸张修染加工技艺、纸书长卷黏接技艺得以作为重要教学内容实现"师徒相传"。其二,通过档案保护技术学的实验课程讲授,中国古代传承的档案纸书长卷黏接技艺得以作为重要教学实习内容,实现特色技艺的实体传承,学生通过真实情境的黏接技艺实验训练,不仅掌握了实体黏接技艺的操作流程,也深入理解了中华民族在勤劳生产中所积累的独特智慧。其三,通过档案保护技术学的实验课程讲授、学生实验训练、科研项目调研训练等,我国周朝至汉代时期使用"杀青"技艺以防档案蠹虫的特色技艺得以实现"师徒相传"。其四,根据档案保护技术学对于档案字迹材料颜料选用、矿物材料选用、动物材料选用方面"中国特色"的提炼,可以发现,首先,中国特色档案字迹材料颜料选用体现了中华美学传统与审美特色。其次,档案字迹材料中的矿物材料选用不仅呈现了中国本土丰富的物产与自然资源,也展现了中华民族自古以来重视"天人合一"的中国特色生存与发展智慧。最后,档案字迹材料中

[①] 中共中央文献研究室:《十八大以来重要文献选编》(中),中央文献出版社 2016 年版,第 119—120 页。

的动物材料选用，展现了中华民族善于利用独特的生态圈资源的生存与发展智慧。

(四) 科技知识贡献

科技档案知识是同科技发展史密切相关、呈现出中国科技事业发展中特色领域的档案学知识领域，发挥着为中国科技创新与科技自立自强提供档案支撑、智库参考、发展参谋的作用。自20世纪90年代起，随着中国特色改革开放向纵深发展，我国企业逐渐实现转轨发展，科技档案成为我国科技成果的重要组成部分，发挥着知识形态生产力的作用。[①] 科技档案管理学是对科技档案进行研究阐释后形成的专门知识，主要来源于我国科技档案管理学教师、学者对科技工作实践的研究与阐释[②]，反映了国家规模的科技专门事业的建立历程，呈现出与我国科技、生产活动相适应的运动规律，我国科技档案管理特有原则——专业性管理原则、属地管理原则、前端控制原则、全程管理原则、知识管理原则为我国现代企业制度建设、科技档案管理实践，以及20世纪90年代后随着信息基础环境的变化而增加的电子科技文件、电子科技档案的生成、收集、鉴定、归档、保管、开发利用提供了科学指引，呈现了中国特色档案学的科技知识贡献。

---

① 计啸：《科技档案商品化之我见》，《湖北档案》1992年第1期。
② 尹鑫、张斌：《论加快构建中国特色档案学学术体系》，《图书情报知识》2021年第5期。

第三章

中国特色档案学当代构建的逻辑理路

中国特色档案学的当代构建,是在遵循一定的逻辑理路基础上进行的。首先,中国特色档案学的当代构建需要对"中国特色档案学"及其相关概念进行界定与阐释,明确当代构建的概念基础。其次,中国特色档案学的当代构建需要在界定概念的基础上,明确中国特色档案学形成的主要原因,提炼蕴含在中国特色档案学中的主要价值形态,识别中国特色档案学的构成要素,进而明确当代构建的必要性,从国情层、资源层、技术层、保障层四个层面促成中国特色档案学的当代构建。

一 中国特色档案学形成的主要原因

中国特色档案学的形成具有国情层面、环境层面、学科层面、问题层面等原因。其国情层面的原因是在中国特色社会主义事业建设进程中,为应对世界局势变化,形成国家发展的内生动力,我国逐渐确立了"走自己的路"这一国家整体发展观念。其环境层面的原因是中外政治体制、文化心理、社会民俗等各方面差异的客观存在,使得中外档案学学科建设的土壤和发展目标存在差别,国外档案学建设及学术发展没有考虑中国国情、中国话语和中国习惯,盲目介绍和引进国外档案学理论,不利于我国档案学的长远发展。其学科层面的原因是学科特色辨识关系有助于帮助学科应对技术冲击、学科目录调整等发展的挑战,也有助于学科加强生源认同、档案实务界认同、信息资源管理一级学科认同、哲学社会科学认同、社会大众认同。问题层面的原因是我国档案学的发展，一是不可"受制于人"，即学科发展需要重视"中国特色"，克服技术层面的"卡脖子"问题；二是不可"人云亦云"，即学科发展需重视以"中国特色"提升学科本身的话语能力，平衡"内部认同"与"外部认同"；三是学科发展不可"有潮流而无思想"；四是学科不可"有方法而无目标"。基于对这些问题的发现与考量，中国特色档案学这一议题被学界提出来，并逐渐受到关注，引发了一系列富有理论建树的学术探讨。宗培岭、李财富、周耀林、胡鸿杰、谭必勇、陈祖芬、仇壮丽、张斌、徐拥军、吴建华、金波、王协舟、丁华东、赵彦昌、孙大东、闫静等学者为中国特色档案学理论的建立作出了显著贡献，促成了"中国档案学派"的形成，成为推进中国特色档案学发展主体层面的动因。

二 中国特色档案学的价值蕴含

中国特色档案学在发展进程中逐渐形成了深耕国情的学科立场、独树一帜的学科思想、渐成体系的学科理论、长远独到的前瞻性视野，为探索解答中国问题作出了一定的学科贡献，是档案学诠释习近平新时代中国特色社会主义思想的典型领域，也为档案学赋能中国式现代化建设奠定了一定的学科基础。中国特色档案学的价值主要蕴含在巩固集中统一、坚持为党管档、坚持为国守史、坚持为民服务、传承特色文明、坚持科技驱动、追求以人为本、维护公平正义等方面。例如，中国特色档案学建设蕴含了"追求以人为本"的价值。中国特色档案学在建构进程中追求以人为本价值的首要方面，是通过开展与档案事业实践密切融合的学科教育，建构具有中国特色的档案学专业人才培养模式，促进我国档案学学术人才、教育人才、管理人才、技术人才的培养。

第三章　中国特色档案学当代构建的逻辑理路

中国特色档案学追求以人为本的价值理念早在1952年中国人民大学开办档案专修科以培养国家专门档案干部时起便有迹可循。1982年，在中共中央办公厅、国务院办公厅档案人才培养"革命化、年轻化、知识化、专业化"的理念指引，以及在全国开设档案系（班）建议的指引下，档案学人才培养的科学化、专业化水平不断提升，有力地推进了具有中国特色的"人才强档"工程建设。在党的二十大报告首次单列出"实施科教兴国战略，强化现代化建设人才支撑"的任务指引下，档案学术专家、档案工匠型专家、档案业务专家、档案储备专家队伍建设迎来了良好的政策机遇，彰显了中国特色档案学追求以人为本价值理念的人才队伍建设成果。中国特色档案学在建构进程中追求以人为本价值的第二个重要领域，是根据档案学教育的"中国特色"，在建构中国特色"双师双能型"师资队伍的进程中形成人才培养的赋能机制，形成了重视档案学专业教师的教学能力、专业技术能力、专业知识素养三个方面的综合能力，坚持专职与兼职相结合、培训与引进相结合的师资队伍建设原则[①]，促使我国档案学师资队伍建设在实现规模、质量、结构优化的同时，不断贴近中国特色档案事业对应用型、攻关型、复合型、创新型、工匠型人才的需求。

再如，中国特色档案学建设蕴含了"维护公平正义"的价值。中国特色档案学在建构进程中维护公平正义价值的首要方面，是通过以《中华人民共和国档案法》为代表的档案法规政策研究，建立公平正义的规范保障。中国特色档案学在建构进程中维护公平正义价值的第二个方面，是通过建立体现我国治国理政特色的档案治理研究，建立公平正义的理论根基。中国特色档案学在建构进程中维护公平正义价值的第三个方面，是实现档案法治研究与民法学、刑法学、行政法学等法学大类

[①] 卞咸杰：《试析档案学专业"双师双能型"师资队伍的建设》，《档案学通讯》2018年第1期。

学科领域的交叉融合，由此也形成了中国特色档案学融入交叉学科建设新形势的发展动能。

三 中国特色档案学的理论基础

中国特色档案学当代构建需要科学理论的指引，提炼中国特色档案学当代构建的理论内容，能够为中国特色档案学当代构建提供理论支撑。本章使用领导人讲话档案、政策档案，并选取档案社会学理论、档案学史论、档案学构建理论、档案价值论作为中国特色档案学当代构建的理论依据，进而奠定全书的理论基础。

（一）中国特色社会主义理论

中国特色社会主义理论是中国特色档案学当代构建国情层面的理论基础。中国特色社会主义理论，是指为坚持和发展中国特色社会主义，实现社会主义现代化和中华民族伟大复兴，在总结中国特色社会主义事业建设经验的基础上，所形成的包括探索适合中国国情的社会主义建设道路理论、党的建设理论、教育科学文化建设理论等在内的一系列体现中国国家建设特色的理论。其核心理念是"走自己的路，建设有中国特色的社会主义"，其基本精神是"自力更生"，其基本依托是中国特色社会主义事业，其主要依靠是全体人民。中国特色社会主义理论，对于中国特色档案学坚定历史自信、把握时代大势、走好中国道路，以中国式现代化推进中华民族伟大复兴具有十分重要的意义。[①] 这些理论成果为中国特色档案学的形成与发展提供了良好的国情层面的理论基础。

中国特色社会主义理论具有一定的近代史根源。在我国近代史上有一批学者曾就加强国家自身建设作出一系列经典论述。早在1899年，

---

① 《复兴文库》编委会：《探索适合中国国情的社会主义建设道路》第1册，中华书局2022年版，第1页。

第三章　中国特色档案学当代构建的逻辑理路

梁启超在《论中国人种之将来》中，有感于"欧人中国分割之议，倡之既有年，迄于今而其声愈高。其视中国人，不啻如土耳其、如印度，且将如阿非利加矣。自英、俄协商以来，事机日迫，驯至如意大利、奥地利、比利时、丁抹、葡萄牙，皆思染指。中国之运命，殆在于旦夕"的紧迫现实，提出"凡一国之存亡，必有其国民之自存自亡，而非他国能存之、能亡之也。苟其国民无自存之性质，虽无一毫之他力以亡之，犹将亡也。苟其国民有自存之性质，虽有万钧之他力以亡之，犹将存也"。这表明中国先进的知识分子很早就意识到国家之存亡与其自身建设密切关联，为中国特色道路建设提供了一定的启示。为了回应与解决已经意识到的这些问题，1902 年，梁启超对"中国特色"的主要领域做过生动诠释，可视为中国特色国家建设理论的较早形态：

> 立于五洲中之最大洲，而为其洲中之最大国者谁乎？我中华也。人口居地球三分之一者谁乎？我中华也。四千余年之历史未尝一中断者谁乎？我中华也。我中华有四百兆人公用之语言、文字，世界莫能及。据一千九百年之统计，欧洲各国语之通用，以英为最广，犹不过一百十二兆人耳，较吾华文，仅有四分之一也。印度人虽多，而其语言文字，糅杂殊甚。中国虽南北闽粤，其语异殊，至其大致则一也。我中华有三十世纪前传来之古书，世界莫能及。《坟》《典》《索》《邱》，其书不传，姑勿论。即如《尚书》，已起于三千七八百年以前夏代史官所记载。今世界所称古书，如摩西之《旧约全书》，约距今三千五百年；婆罗门之《四韦驮论》亦然；希腊和马耳之诗歌，约在二千八九百年前；门梭之《埃及史》，约在二千三百年前。皆无能及《尚书》者。西人称世界文明之祖国有五：曰中华，曰印度，曰安息，曰埃及，曰墨西哥。然彼四地者，其国亡，其文明与之俱亡。而我中华者，屹然独立，继继绳绳，增长广大，以迄今日，此后且将汇万流而济之，合一炉而冶

之。吾不得不三薰三沐，仰天百拜，谢其生我于此至美之国，而为此伟大国民之一分子也。①

梁启超对于"中国特色"主要领域的早期阐释，为凝聚国人爱国思潮，启发国家建设道路作出了有益探索，也生动地诠释了历史档案所记录的先贤救国智慧，凸显了档案不可替代的历史价值。

中国特色社会主义理论具有一定的现代史根源。1949年中华人民共和国的成立，彻底结束了旧中国一盘散沙的局面，实现了中国从几千年封建专制向人民民主的伟大飞跃，为实现中华民族伟大复兴创造了根本性的社会条件。②新中国成立后，中国共产党团结带领全国各族人民进行社会主义革命和建设，在统一祖国大陆、完成土地改革、恢复国民经济、实现社会主义民主改革的基础上，提出过渡时期的总路线，创造性地完成社会主义改造，实现由新民主主义革命向社会主义革命和建设的历史性转变，建立起社会主义基本制度，实现了中华民族有史以来最为广泛而深刻的社会变革，为我国一切进步和发展奠定了重要基础。③中国特色社会主义理论的形成与发展，对于新中国成立后中国特色社会主义事业的发展起到了重要的指引作用。

中国特色社会主义理论具有一定的政策渊源。习近平新时代中国特色社会主义思想为中国特色档案学的当代构建提供了指引。习近平新时代中国特色社会主义思想推进了人民主体论的创新发展，始终坚持"来自人民，为了人民，造福人民"的人民至上观，以人民立场作为逻辑起

---

① 梁启超：《论中国学术思想变迁之大势·总论》，《复兴文库》编委会：《中华民族的认同》第1册，中华书局2022年版，第21—22页。
② 《复兴文库》编委会：《第三编编写说明》，《复兴文库》编委会：《探索适合中国国情的社会主义建设道路》第1册，中华书局2022年版，第1页。
③ 《复兴文库》编委会：《第三编编写说明》，《复兴文库》编委会：《探索适合中国国情的社会主义建设道路》第1册，中华书局2022年版，第1—2页。

点[①]，实现了党的领导与民本理念的融合，实现了"以人民为中心"的党的执政理念对档案学发展的科学指引，特别是实现了对红色档案研究领域的科学指引，反映了档案所记录的党带领人民久经考验，不断实现中国特色社会主义事业赓续发展的进程。

（二）中国特色哲学社会科学理论

中国特色哲学社会科学理论是中国特色档案学的当代构建在哲学社会科学层面的理论基础。中国特色哲学社会科学理论是根据2016年习近平总书记在哲学社会科学座谈会上首次明确提出的"加快构建中国特色哲学社会科学"精神所形成的一系列理论成果，包括中国特色"三大体系"理论、中国自主的知识体系建构理论、中国特色新型智库理论、中国特色学术评价理论、中国特色新兴交叉学科建设理论等，这些理论成果的形成，为中国特色档案学的形成与发展提供了良好的哲学社会科学环境。例如，2022年，习近平总书记在考察中国人民大学时，对中国特色哲学社会科学需要解决什么样的实际问题作了明确指示：坚持和发展中国特色社会主义理论和实践提出了大量亟待解决的新问题，世界百年未有之大变局加速演进，世界进入新的动荡变革期，迫切需要回答好"世界怎么了""人类向何处去"的时代之题。随着档案学发展进入新时代，学科发展需要立足中国国情，明晰学科历史基础，明确"回答中国之问、世界之问、人民之问、时代之问"的学科发展任务，以"彰显中国之路、中国之治、中国之理"为学科发展目标，在研究解决党和国家全局性、根本性、重要性问题上作出学科贡献，促进档案学成为赋能中国特色哲学社会科学整体构建的主阵地，并进一步开阔视野、兼收并蓄、融合发展，这就需要结合中国特色社会主义伟大实践，将档案学加快融入具有继承性、民族性、原创性、时代性、系统性、专

[①] 张兴林、李俊伟：《习近平新时代中国特色社会主义思想的生成逻辑》，《学术探索》2023年第7期。

业性特点的中国特色哲学社会科学体系中；加快构建中国特色档案学学科体系、学术体系、话语体系；加快打造融通中外的新概念、新范畴、新表述；加快凝练体现中国立场、中国智慧、中国价值的理念、主张、方案，充分展现中国特色哲学社会科学的特点和优势。所以，中国特色档案学的当代构建需要将中国特色哲学社会科学理论作为理论基础。

(三) 档案价值论

档案价值论是中国特色档案学的当代构建在价值层面的理论基础。档案价值问题早在民国时期就形成了一定的研究基础，这为新中国成立后档案价值论的正式形成提供了一定的启发。民国时期档案价值问题的研究主要围绕档案辅助行政活动的效用而展开，涌现出何鲁成、傅振伦、龙兆佛、秦翰才、殷仲麒等一批代表性学者，"档案之功用可分为两方面，一为办理文书之参考，一为备修史之用"[①]；"公文档案，昔人所重。考其功用，盖由两端。是文籍足供行政之参考也！二是文书又为国史之所取资也"，"今仅自行政学立场而言，公文档案乃推进政务之工具，公务员处理公务，必先调阅以前一切有关文案，明了过去情况，方可着手措办"[②]；"档案即历史之性质既明，吾人更可提出一点，纠正流行之错误观念"[③]；"公文档案，昔人所重，其职不替。考其功用，厥有三端：一则供行政之参考，二则备学术之研讨，三则于国史尤为切要"[④]。这些民国学者对于档案价值问题的发现、回应与阐释，为档案价值论的形成提供了一定的思想基础。

---

① 何鲁成：《档案管理与整理》，《档案学经典著作》第2卷，世界图书出版公司2013年版，第124页。
② 傅振伦、龙兆佛：《公文档案管理法》，《档案学经典著作》第2卷，世界图书出版公司2013年版，第467页。
③ 秦翰才：《档案科学管理法》，《档案学经典著作》第2卷，世界图书出版公司2013年版，第629页。
④ 殷仲麒：《中国档案管理新论》，《档案学经典著作》第2卷，世界图书出版公司2013年版，第693页。

档案价值论指明了中国特色档案学当代构建的价值根基，主要包括档案价值论与档案双元价值论。档案价值论主要研究哲学层面的档案价值问题。档案价值本体论、档案价值认识论、档案价值实现论①是哲学层面档案价值论的三大组成部分。档案双元价值论是基于我国哲学传统的现实抽象，试图对档案价值问题做哲学上的元价值追问，从实物对象和精神现象共同构成的"档案事物"出发，将档案价值做行为方式与对象实体两个层面的理解，进而将双元价值阐释为"工具价值"与"信息价值"②，以促进档案意识的完善与档案管理实践成效的提升。档案双元价值论的确立，尤其是内在信息价值的突显，是我国档案事业从古代"档房"向近代"档案馆"过渡的思想基础，其综合发挥是档案事业现代化的价值目标。③ 档案双元价值观提出者覃兆刿曾说，档案是人类对于信用控制所选择的理想模型，是人类为了克服大脑记忆局限并作为诚信的控制依据和契约关系的载体而诞生的。档案双元价值论包括档案工具价值论和档案信息价值论，档案双元价值论的形成与发展，不仅进一步阐释了档案的凭证价值，发挥了赋能档案事业法治化建设、维系社会规则、构筑社会信用、赋能社会管理等方面的积极效用，也促进了我国档案事业的专门化和档案学的萌芽。④

进入新时代，档案价值论有了新的发展，主要表现为在习近平总书记对档案工作作出重要批示后，档案的存史资政育人价值受到更为广泛的重视。档案价值论的形成和发展，为中国特色档案学的当代构建提供了价值层面的指引，为中国特色档案学的当代构建指明了价值方向。

（四）档案学史论

档案学史论是中国特色档案学的当代构建在学科史层面的理论基

---

① 张斌：《档案价值论》，《档案学通讯》2003年第3期。
② 覃兆刿：《档案双元价值论谈》，科学出版社2015年版，第1—2页。
③ 覃兆刿：《档案双元价值论谈》，科学出版社2015年版，第3页。
④ 覃兆刿：《中国档案事业的传统与现代化》，中国档案出版社2003年版，第8、77、213页。

础。档案学史论涵盖了对口述档案、档案文献编纂、档案保护、科技档案管理等专门研究方法的归纳。例如，在口述档案研究方法归纳方面，梁启超先生对于史料分类做过专门研究，称其为"传述之口碑"，并将其解释为"采访得其口述，此即口碑性质之史料也"。由于口述档案可以弥补官府档案之不足，纠正一般档案之讹误，利用口述档案研究历史成为一种独特的史学方法，为建立和完善口述档案这一不可或缺的史料补充[1]提供了研究支撑。

档案学史论支持将发展档案学研究目的指向解决档案实际工作问题，反对将档案学变成形而上学（经院之学）。[2] 档案学史论对中国特色档案学的研究范畴与理论深度具有基础性作用，是历史唯物主义在档案学领域的积极运用，对于辨明档案和档案工作的起源、档案的概念与本质、档案的作用、档案工作的矛盾和规律、档案室工作与档案馆工作的关系等主要概念及其相互关系、回应和解决档案的科学管理与社会利用的基本矛盾、回应和解决档案收藏与利用工作的主要矛盾具有积极意义。

（五）档案社会学理论

档案社会学理论是中国特色档案学的当代构建在社会环境层面的理论基础。档案社会学理论建立在社会档案观的基础上，也是对档案双元价值论的回归与发展，其形成是基于对档案社会问题的考察。在观察到理论式微的问题后，任越、丁华东、傅华、张全海、蒋卫荣等学者对档案价值认知转型作出新思考与新探索，主张档案价值观念要从"工具性"向"追求存在意义"转向[3]，主张关注非正式档案，确认口述档案的合法性，关注谱牒在档案领域无话语权的困惑，反思梁启超档案拍卖

---

[1] 李财富、张顺涛：《口述档案与历史研究》，《档案》1998年第2期。
[2] 李财富：《中国档案学史论》，《档案学通讯》杂志社：《档案学经典著作》第5卷，辽宁大学出版社2017年版，第239页。
[3] 任越：《档案双元价值理论及其实证研究》，科学出版社2020年版，第2页。

绕开档案部门等社会问题，呼吁实现档案与社会的良性循环。

（六）档案学构建理论

档案学构建理论是中国特色档案学的当代构建在未来路径层面的理论基础。档案学构建理论滥觞于吴宝康对于学科体系的设计，随后发展出档案管理理论、信息生命周期管理理论、信息集群理论、信息生态圈理论等分支。其中，档案管理理论是在档案收集、整理、鉴定、保管、统计、编目、检索、提供利用、编研等档案管理一系列流程中形成的一套理论、原则与方法。[1] 信息生命周期管理理论着眼于最大程度上实现信息的价值，其核心内容是在信息生命周期的不同阶段，根据信息价值的不同而采取不同程度的管理策略，使信息在信息生命周期的每一个阶段均能以最低的成本获得信息的最大效益。[2] 信息集群理论是在信息共享基础上提出的全新理念[3]，信息集群、强国集群机构之间的协调与合作以及资源的共建共享，集群区内各专业细分的信息机构之间协同创新、相互支持，以有利于各种新思想、新观念、新技术和新知识在集群内的快速传播，由此形成知识的溢出效应，极大地增强各个信息机构的创新能力，降低技术创新的成本。[4] 信息生态圈理论包括信息生态位、信息生态链、信息生态种群、信息生态系统和信息生态环境[5]，信息生态圈理论以信息生态学作为学理依托，信息生态学是研究人类生存的信息环境、社会及组织与信息环境相互作用的过程及其规律的科学，也是人类用以指导、协调信息社会自身发展与整个自然界关系的科学。[6] 档案学构建理论为数字环境下中国特色档案学的当代构建指明了方向。

---

[1] 周耀林：《档案安全体系：理论阐释与框架构建》，中国档案学会、浙江省档案学会：《档案安全体系建设理论与实践》，中国文联出版社2016年版，第59页。
[2] 陈全平：《信息生命周期管理研究》，《山东图书馆学刊》2010年第5期。
[3] 聂云霞：《数字档案资源生态安全研究》，社会科学文献出版社2021年版，第50页。
[4] 肖希明、李硕：《信息集群理论和公共数字文化资源整合》，《图书馆》2015年第1期。
[5] 聂云霞：《数字档案资源生态安全研究》，社会科学文献出版社2021年版，第48页。
[6] 靖继鹏、张向先：《信息生态理论与应用》，科学出版社2017年版，第7页。

四 中国特色档案学的构成要素

中国特色档案学的构成要素,主要包括解决中国问题的研究对象、体现中国研究风范的学术体系、彰显中国影响力的话语体系、体现学科特色的管理思想、形成"中国档案学派"的师资队伍、体现中国式师承特色的人才培养方式。

(一) 解决中国问题的研究对象

中国特色档案学的构成,包含了解决特色档案事业建设问题、解决中国自主的档案学知识体系建构问题、解决人才培养问题、解决社会服务问题、解决国际话语能力问题的研究对象。例如,为解决各级各类档案馆、档案室的档案管理现实问题,我国初步形成了以档案馆为主体、以基层档案室为基础的档案事业管理理论体系。[①] 再如,为解决中国档案学学科结构问题,我国初步形成了以理论档案学与应用档案学为主体的内容体系,并根据新兴信息技术发展的需要,不断拓宽与拓深学科结构领域,致力于融入数字中国建设、法治中国建设、文化强国建设。

(二) 体现中国研究风范的学术体系

中国特色档案学的构成,包含了体现中国研究风范的学术体系,主要体现为独特的学术视角、学术流派、学术规范。首先,独特的学术视角体现为区别于国外档案学术视角的学术观点。由于我国的档案观具有区别于国外档案观的自身特色,在中国特色集中统一管理体制环境的影响以及"大档案观"的指引下,我国形成了体现自身档案管理特点的档案定义与档案价值理论,这二者构成中外档案学理论的主要区别。[②]

[①] 宗培岭:《中国特色档案学理论初探》,《图书情报知识》2007 年第 4 期。
[②] 宗培岭:《对中国特色档案学理论主体内容的探讨》,《档案学通讯》2008 年第 1 期。

特别是对于档案定义的界定，由于我国的档案定义比国外更广，这构成中国档案学理论最显著的特色。其次，独特的学术流派表现为我国在自主探索档案学建设进程中，逐渐形成了价值阐释流派、特色诠释流派、理论批判流派、技术建构流派等。最后，独特的学术规范表现为档案管理特色技艺的学术规范、我国民族特色的学术规范、我国地域特色的学术规范等。

（三）彰显中国影响力的话语体系

中国特色档案学的构成，包含了彰显中国影响力的话语体系，主要体现为"关注中国与理解中国""我之为我""我之区别于他人""体现体制优势""尊重文明多样性""兼顾发展的阶段性与连续性""兼顾文化自信与数字自信""关注世界与影响世界"等方面的学科话语。其一，中国特色档案学确立了"关注中国与理解中国"之学科话语，体现为形成了以理解档案现象及其本质与规律为核心的档案学知识，这些知识记录了中国国情的发展历史，呈现了中国的历史与文化特色。其二，中国特色档案学确立了"我之为我"之学科话语，表现在档案的本质属性之学科话语、档案的凭证价值之学科话语、档案学特色管理方法之学科话语等方面。其三，中国特色档案学确立了"我之区别于他人"之学科话语。例如，档案保护技术学建立了我国专有的、特别的档案保护理念与保护方法。再如，科技档案管理学体现了扎根中国大地，深耕中国科技实践多学科话语。又如，档案文献编纂学体现了档案学科对体现中国历史文化特色编纂方法的传承与创新。其四，中国特色档案学确立了"恪守历史真实"之学科话语。例如，通过关注南京大屠杀建档研究，为我国研究抗战史问题提供了真实的历史凭证。再如，通过关注南海主权问题建档研究，为维护我国南海主权提供了真实的历史凭证。又如，通过关注历史上档案制成材料发展演进轨迹的研究，为研究具有中国特色的"档案纸寿千年"之历史起源提供了真实凭证。其五，中国特色档案学确立了"体现体制优势"之学科话语。例如,对"党政档案集中统一管理原则"的研究阐释,体现了行政主导理念下中国特色档案事业具有集中力量办事之优势。其六,中国特色档案学确立了"尊重文明多样性"之学科话语。中华文明具有多样性,记载着悠久历史,体现着我国的广袤地域文化与多民族文化。中国特色档案学中的档案文献编纂学、档案保护技术学、民族档案管理研究是"尊重文明多样性"之学科话语的典型代表,诠释了中国特有的文化心理与社会风俗。其七,中国特色档案学确立了"兼顾发展的阶段性与连续性"之学科话语。由于学科的发展进程存在非线性特征,经由档案学史、档案事业史等领域,档案学所记录的中国历史得以通过断代史或编年史得以呈现。其八,中国特色档案学确立了"兼顾文化自信与数字自信"之学科话语。例如,关注红色档案与红色资源数字化开发利用之学科话语。再如,关注数字人文的学术发展与体系建立之学科话语。其九,中国特色档案学确立了"关注世界与影响世界"之学科话语。例如,学习苏联档案学建设经验与促进中苏档案学交流互鉴。再如,学习美国档案学建设经验与促进中美档案学交流互鉴。这些学科话语的形成,从档案学角度彰显了中国的话语影响力。

(四) 体现学科特色的管理思想

中国特色档案学的构成,包含了体现学科特点的管理思想,主要表现为文档一体化管理思想、集中统一管理思想、馆室一体化管理思想、科技档案管理成套性思想与"三纳入"思想、重视保密思想等。例如,科技档案管理"三纳入"思想,促进了科技文件的形成与积累。再如,对于涉密文件双重生命周期制度的理解与阐释[①]促进了中国特色档案学与保密学的双向交叉融合,从档案学角度论证了"国家秘密具有生命周

---

① 张臻:《涉密文件双重生命周期:基于档案学与保密管理的双重审视》,《档案学研究》2021年第2期。

期"的观点,也为提升档案学术共同体以及档案用户对于国家秘密现象及其本质的认知起到了积极效用,为推进国家整体保密事业建设作出了档案学学科贡献。再如,我国档案解密制度的理解与阐释,辨识出我国档案解密制度在法律理念、组织结构、监督机制、解密公开方式[1]等方面的特色。又如,我国档案保密制度与开放利用制度的衔接与平衡的理解与阐释,促进了档案作为经归档处理的政府信息在满足多层次的政府信息公开需求的同时,严格遵守复杂的档案保密范围[2]的效能的发挥。又如,中国特色档案学中的集中统一管理思想,使重视档案的保密成为维护集中统一的保障,在新《中华人民共和国档案法》明确维护档案的完整与安全原则下提出涉及国家秘密的档案的管理和利用原则,《档案法实施条例》规范了尚未移交进馆档案的开放审核制度,对于提交档案密级的变更报告进行明确规范,并设立档案禁止出境制度的有力制度,进一步丰富了制度范畴,提升了制度话语空间。2024年全国人民代表大会常务委员会修订《中华人民共和国保守国家秘密法》,重视保密的学科制度倾向使中国特色档案学建设融入国家整体保密制度建设全局,并通过研究阐释《中华人民共和国保守国家秘密法》对于档案法治研究的影响,细化与深化学科保密制度研究。

(五) 形成"中国档案学派"的师资队伍

中国特色档案学的构成,包含了形成"中国档案学派"的师资队伍。从中国档案学派关注的学术领域来看,中国档案学可以归纳为"历史叙述型"中国档案学派、"大国工匠型"中国档案学派、"理论建构型"中国档案学派、"数字赋能型"中国档案学派、"关注治理型"中国档案学派、"关注企业型"中国档案学派、"走向世界型"中国档案

---

[1] 黄兰:《中美档案解密制度的比较研究》,《档案学通讯》2015年第2期。
[2] 王娅:《政府信息公开环境下的档案保密与开放利用模式初探》,《档案学通讯》2008年第5期。

例如，我国形成了档案保护技术学领域的"大国工匠型"中国档案学派。中国人民大学冯乐耘团队通过考察档案纸张、档案字迹材料、声像档案制成材料的耐久性及其规律，自主建立起我国纸质档案去污技术、去酸技术、加固技术、修裱技术、字迹恢复技术、字迹显示技术等方法体系。中国人民大学张美芳团队从辨识酸对纸质档案的影响出发，通过开展教学实验，自主建立起中国档案保护技术教育模式，包括自主建立纸质档案修复评估方法、历史档案及古籍修复用纸选择方法、地图修复用纸选择方法等，并在此基础上建成我国古籍与档案修复技术标准体系，包括划分纸质档案破损等级、调查纸质档案保存状况、建立纸质档案修复质量要求、建立纸质档案修复操作指南等。武汉大学周耀林团队基于对数字环境下档案文献遗产保护的考察，融合档案保护理念与数字资源开发利用理念，自主建立文献遗产精准保护、档案遗产活化保护、区域性档案保护中心建设等策略。例如，周耀林团队在自主建立的文献遗产精准保护策略中，提出应坚持差异化保护的导向、坚持"靶向性"保护策略、遵守动态化保护流程[①]，阐释档案学中所蕴含的国家血脉与民族气节。辽宁大学赵淑梅团队基于对我国自魏晋时期传承的书画修裱技术的考察，以及对我国自1965年起自主建立的纸质档案修复理论的考察，厘清了我国传统修裱技术向现代修复技术发展演变的历程，辨识出蕴含在修复技术中的中国特色修复理念、"大保护观"思想、修复管理标准化建设思想、区域化保护中心建设思想，并预测出我国纸质档案修复技术理论字画文物修复理论、古籍修复理论融合的发展趋势。[②] 陕西师范大学李玉虎团队开展的"档案无公害整体脱酸加固与杀虫灭菌同步关键技术研究""环保型防灾耐久档案盒与封存箱产业化"

[①] 周耀林、姬荣伟:《文献遗产精准保护:研究缘起、基本思路与框架构建》,《图书馆论坛》2020年第6期。

[②] 赵淑梅、郭硕楠:《中国纸质档案修复技术的回顾与展望——基于1965—2017年相关文献的统计分析》,《档案学通讯》2018年第4期。

研究，通过十余年技术攻关，不仅发现了对酸碱性混杂的档案进行整体性脱酸加固的方法，也从整体上提升了馆库抗灾能力，被认为达到档案和文献保护支撑的国际先进水平[①]，拓展了档案保护的方法视野。

再如，我国形成了档案文献编纂学领域的"大国工匠型"中国档案学派。中国人民大学曹喜琛团队对文献起源及其传统编纂思想、原则、方法的考察，对创建于20世纪50年代的档案文献编纂学建设历史的考察，对具有中国特色的档案文献编纂题目选定、文献查找、文献挑选、文献考订、文献转录加工、文献点校加工、文献编排、文献出版等方法流程进行诠释，建立起档案文献编纂独立的方法体系。中国人民大学梁继红团队通过考察古文献学中注释、标点、校勘、目录、版本、辨伪、辑佚、编纂、典藏方法，总结古文献学中的阅读、查找、利用文献方法，从中汲取发展我国档案文献编纂学的有益因素，并发现和阐释了我国档案文献编纂"存真复原"的方法特色，认为我国档案文献编纂"应采取比一般古籍校勘更为审慎的态度"[②]的原则特色。

又如，我国形成了档案信息研究领域的"数字赋能型"中国档案学派。中国人民大学钱毅团队基于开发档案数据的生产要素功能视角，充分利用数据科学中的有益思想，构建基于档案的数据基础设施（Archive-Based Data Infrastructure）[③]，规模性地利用档案馆藏向社会提供综合性资源服务，促进了中国特色档案数据管理"三态"思想对于档案事业实践的指导和促进效用的发挥。中国人民大学牛力团队基于数字叙事增强视角，从故事与话语层面探讨档案文献遗产对于重塑档案记忆、增强档案学价值认同的实现路径。上海大学金波团队基于大数据时代档案数据生态系统的构建与治理视角，提出档案数据高质量发展的战略布

---

① 《我国科学家为保护档案文献研制出"金钟罩""铁布衫"》（2019-09-20）[2024-03-01]，人民网，https：//baijiahao.baidu.com/s？id=1645163685087942731&wfr=spider&for=pc。

② 梁继红：《古文献学对于档案文献编纂学的借鉴意义》，《档案学通讯》2007年第2期。

③ 钱毅、苏依纹：《基于档案的数据基础设施（ABDI）的概念内涵与构建策略》，《档案学通讯》2023年第6期。

局。武汉大学王平团队重视阐释区块链技术赋能档案数据质量管理的路径。

再如,我国形成了企业档案管理研究领域的"关注企业型"中国档案学派。我国对于企业档案管理研究的关注在20世纪90年代中国特色社会主义市场经济体制下取得了较为迅速的发展,逐渐形成了聚焦企业档案管理研究与方法研究的"企业赋能型"中国档案学派。刘国能在总结20世纪90年代我国企业档案管理迅速发展与健康发展形势的基础上,提出企业档案管理理论的进一步发展需要关注分类、产权、宏观调控①等方面。卜鉴民基于"创新是一个民族进步的灵魂,是一个国家兴旺发达的不竭动力"②,在20世纪90年代提出企业档案管理研究需面对现实、适应形势、大胆开拓,要在体制、结构、服务、管理、技术③等方向上实现发展的思想。中国人民大学徐拥军等基于新世纪企业档案管理研究向知识管理方向发展的新趋势,丰富了企业档案显性知识管理理论与隐性知识管理理论。④ 金波在20世纪90年代就曾较早地发现与阐释了企业档案在企业资产评估中的价值,特别是企业档案管理学研究的开展对于节约开支与费用、直接或间接为企业提供经济效益、促进现代企业的建立和完善⑤等方面的效用。黑龙江大学马海群从知识管理理论与企业档案管理研究融合的角度,建立了基于现代知识管理的图书、情报、档案一体化管理思想⑥,为促进知识管理理论被运用于企业档案部门改革提供了有益建议。苏州大学陈智为、周毅从企业档案作为知识资源的角度出发,倡导通过建立企业竞争性档案工作,特别是从关

---

① 刘国能:《企业档案工作管理改革思考》,《档案学通讯》1999年第2期。
② 《江泽民文选》第1卷,人民出版社2006年版,第432页。
③ 卜鉴民:《企业档案工作要创新》,《中国档案》1998年第9期。
④ 徐拥军、王宏:《论企业档案在企业知识管理中的作用》,《档案学通讯》2004年第3期。
⑤ 金波:《在企业资产评估中如何客观认识企业档案的价值》,《档案学研究》1998年第6期。
⑥ 马海群:《知识管理与企业档案资料的开发利用》,《档案学研究》2001年第5期。

注企业竞争环境档案信息的收集、整理、分析①等角度，实现企业档案管理研究的新一轮发展，并在此基础上提出商业化档案中介机构理论②，丰富了中国特色社会主义市场经济体制下我国企业档案管理研究的研究领域。黄世喆等提出了非国有企业档案管理的效益性原则、自主性原则、灵活性原则。③

又如，我国在中国特色档案文化的对外诠释领域，形成了"走向世界型"中国档案学派。中国人民大学黄霄羽团队通过考察国外档案工作重视资源建设的特点，总结国外档案工作与学科建设对于我国档案学及档案事业现代化发展的启示。武汉大学王玉珏团队通过考察中国特色档案文化记忆构建的全球文化意义，山东大学谭必勇团队基于中国特色档案文献赋能世界记忆建构的视角，重视阐释中国特色档案学走向世界的高质量发展的基础及路径，建构了中华文化独特的海外精神标识。

（六）体现中国式师承特色的人才培养方式

人才培养是中国特色档案学建设的成果体现。中国特色档案学所诠释的中国式师承特色，主要表现在中国特色价值观塑造与方法训练等方面。

第一，在中国特色档案学建设进程中，通过"集中统一""家国一体""重视礼序""胸怀天下""天人合一"等价值观塑造，培养了档案学人才的中国情怀。其中，"集中统一"价值观构成中国特色档案学建构进程中塑造中国特色价值观的首要方面，包括在教学中讲授档案事业领导关系的集中统一、档案事业组织结构的集中统一、档案事业管理

---

① 陈智为、周毅：《知识经济发展与企业竞争性档案工作的建立》，《档案学通讯》1999年第2期。

② 周毅、吴品才：《建立商业化档案中介机构的理论与实践》，《档案学研究》1999年第2期。

③ 黄世喆、韦华：《关于非国有企业档案管理原则与体制的思考》，《档案学通讯》2004年第2期。

制度的集中统一、档案实体管理的集中统一、档案内容管理的集中统一等。这是由我国集中的政治经济体制以及"国家全部档案""同一档案不可分散""全宗单"等特色档案概念体系的建立以及1956年后我国档案事业根据政策规定在实践中遵循的集中统一管理原则所决定的，有助于管控档案事业建设中分散管理、局部管理的弊端。

第二，在中国特色档案学建设进程中，档案学教师要培养学生的学术评价意识、理论建构意识。例如，档案学教师按照档案修裱质量要求，向学生传授我国传统档案修裱技术。再如，档案学教师按照档案字迹修复质量要求，根据字迹褪变与扩散原理，向学生展示我国特有的字迹保护剂与恢复剂。又如，档案学教师遵照中国档案学理念与模式，培养学生在档案文献遗产保护理论、电子文件长期保存理论等方面的理论建构能力。再如，档案学教师按照中国档案保护的环境与质量要求，采用传统师承方式，对学生开展字迹加固保护、改善纸张酸化、文书制成材料无损检测等特色实验训练，并通过实验训练，增进学生对于古代公文管理文化、宗教文化、社会生活文化等中国特色文化形态的了解，增进学生对于中国特色档案制成材料和制成材料发展史的了解，培养学生的文书起源考证与内容解读能力。又如，档案保护技术学教师通过带领学生开展实践调研，增进学生对中国档案保护的环境、气候、材料、病害特点的了解，进而使学生掌握不同地域环境中档案关键修复技术的可行性与适用性。再如，档案学教师通过带领学生开展扶贫开发建档立卡调研，增进学生关注与理解中国减贫事业的意识，使学生逐渐具备体察中国国情，解决中国问题的意识。通过中国式师承训练，学生不仅在理论素养方面得到提升，也逐渐掌握了一些具有中国特点的档案管理方法与技能。

五 中国特色档案学的现状审视

1940年，时任私立文华图书馆专科学校档案管理特种教习的中方教师毛坤在其撰写的《档案行政学》讲义中阐释了发现及回应实践问题对于理论研究的重要性，即"为免除空言而较合实际起见，对于档案行政一课，特草拟《国家档案馆规程》一种，将可能想到之档案行政中之各项问题尽量纳入，使行政理论有所附丽"[①]。中国特色档案学的当代构建，也需要在审视现状问题的基础上进行。

（一）学科视域的审视

学科是中国特色档案学建设的根基。中国现代意义上的档案学学科创建于1952年，经过70余年的建设，中国档案学已经建立起了结构合理、层次清晰、内涵丰富的学科体系。[②] 在中国档案学学科体系形成的基础上，中国特色档案学学科得以建立。在中国特色档案学学科的建设发展历程中，出现了学科本土理论建设成果较为有限、学科方法优势较为有限、学科话语影响力较为有限等问题。[③] 具体而言，中国特色档案学学科在建设过程中，尚未充分发挥出服务国家治理、社会治理、企业治理等方面的功效，需要在关注国家战略、服务社会治理、促进企业治理等方面继续加大建设力度。

其一，中国特色档案学学科建设尚未充分发挥出服务国家治理的成效。档案是国家进行社会管理和社会服务的工具，对国家维护主权和领土完整、进行社会教育和宣传、开展国际外交斗争也具有价值。[④] 国家与民族的未来，与档案价值鉴定研究密切相关。国家档案局原局长杨冬权曾说："一个国家、一个民族在几十年后、几百年后，是否还能被人记得、记得多少、记得什么，取决于这个国家和民族有没有档案、有多

---

① 毛坤：《档案行政学》，武汉大学内部资料，1940年。
② 张斌、尹鑫、杨文：《中国档案学学科体系建设回顾与展望》，《中国图书馆学报》2024年第2期。
③ 尹鑫：《中国特色档案学学科建设成果与发展路径探析》，《档案学研究》2022年第6期。
④ 杨冬权：《新时代档案工作新思维》，上海远东出版社2022年版，第41—42页。

少档案和有什么样的档案留给后世。"[1] 这就需要档案研究者加强对于档案价值鉴定工作实践的研究，关注档案工作者在多大程度上做好了档案价值鉴定工作，观察档案工作者进行价值鉴定的档案的种类与数量。但是，我国档案价值鉴定研究的视野较为局限，尽管在宏观理论研究领域取得了一定成果，但是国家边界主权档案、司法凭证档案、流失文物档案等领域的鉴定研究依然较为薄弱，不利于在国家治理领域诠释档案学的特色。

其二，中国特色档案学学科建设尚未充分发挥出服务社会治理的成效，这主要体现在社会组织档案、公民档案等领域的研究较为有限。首先，学科建设尚未充分发挥出服务社会治理的成效，主要表现在社会组织档案资源安全研究稍显薄弱、社会团体档案价值鉴定研究不足等方面。例如，由于社会组织的非营利性质、技术力量和运营经费存在非稳定性，社会组织的数字档案资源安全存在许多隐患[2]，但是，学界对于社会组织档案资源安全方面的研究比较薄弱，尚不能有效化解实践层面社会组织数字档案资源安全问题。再如，社会团体制定的文档归档范围和保管期限表需要报送国家档案行政管理部门审核修改，这对于学科加强档案价值鉴定研究提出需求。但是，学界对于社会团体档案价值鉴定方面的研究稍显薄弱，尚不能有效应对实践中社会团体的档案审核鉴定风险问题。其次，学科建设尚未充分发挥出服务公民的成效。例如，家谱档案是人民群众留存家族记忆的重要凭证。但是，我国家谱档案的收集、整理、编研、利用仍然存在少且散的问题，仍然缺乏针对家谱档案之"特色阐释"与开发利用的系统性研究。相较而言，西方发达国家的利用者，多采用档案来撰写家谱。[3] 再如，学科尚未充分关注我国社会弱势群体、边缘人群建档及档案利用服务问题。

---

[1] 杨冬权：《新时代档案工作新思维》，上海远东出版社2022年版，第30页。
[2] 聂云霞：《数字档案资源生态安全研究》，社会科学文献出版社2021年版，第140页。
[3] 杨冬权：《新时代档案工作新思维》，上海远东出版社2022年版，第38页。

其三，中国特色档案学学科建设尚未充分发挥出促进企业治理的成效，这主要表现在企业档案研究领域。国家档案局原局长杨冬权曾说："一个企业在未来的互相竞争中，是否能够有效地维护自己的合法权益，取决于能否拿出有力的档案凭证。"① 企业档案对国家具有重要的经济价值，体现为促进对国有资产保值增值、打开我国产品世界市场、提高我国国际竞争力等方面。② 但是，根据部分企业档案研究人员的成果，新形势下企业档案工作仍然存在认识不到位、档案工作保障不足、档案收管用不到位、档案人员素质不高③等问题。企业档案是企业在研发、生产、经营、管理过程中形成和积累的对国家、社会和企业有保存价值的文件材料④，是企业知识资产和信息资源的重要组成部分。⑤ 我国对于企业档案管理工作区分企业的国有或私有性质，分别采取按行业管理和按属地管理的原则。在企业档案管理实践中，出现了档案资产管理"漏归档"、档案缺乏监管问题、档案散失等问题，但是学界对于这些领域的研究稍显薄弱，需要在未来加强企业档案治理方面的研究。

（二）学术视域的审视

学术是中国特色档案学的成果之集成。档案具有永恒的学术价值。这不仅体现在档案的形式能够反映其形成时代的信息载体及其制造技艺、文书制度与格式，也体现在档案内容能够反映其所记载的人物、物品、事件、制度、思想等以及与之相关的社会联系，反映时代实况。每一时代的学术研究者都可以从中获得新的发现、新的挖掘、新的总结、新的提炼。例如，甲骨档案的发现，佐证了商朝历史，把

---

① 杨冬权：《新时代档案工作新思维》，上海远东出版社2022年版，第30页。
② 杨冬权：《新时代档案工作新思维》，上海远东出版社2022年版，第43—44页。
③ 唐希成、盖敏慧：《新形势下企业档案工作的问题与解决措施》，中国档案学会企业档案学术委员会：《新常态下企业档案工作的变革与发展——2015年企业档案工作论文集》，中国文史出版社2015年版，第2页。
④ 聂云霞：《数字档案资源生态安全研究》，社会科学文献出版社2021年版，第122页。
⑤ DA/T 42-2009：《企业档案工作规范》，国家档案局，2009年11月2日。

文字历史向前推，辅助了甲骨学的形成。[①] 以档案为主要研究对象的中国特色档案学，由于根植于学科的基石，其学术源流或多或少受到学科建设的影响，加之学者研究倾向、学术流派、学术环境等因素的影响，中国特色档案学也需要审视学术领域的问题，如学术回应实践问题的深度与广度较为有限、学术交叉融合能力较为有限、学术数字转型程度较为有限等。以学术回应实践问题的深度与广度较为有限为例。中国特色档案学学术聚焦点尚未与档案实践中出现的问题完全对应，从理论视角来看，学术解答实践问题的能力较为有限。例如，档案治理研究是基于我国国情需求而发展起来的研究领域，虽然已经取得了一些理论研究成果，但是档案治理研究对于国家档案治理、档案法规政策制定修订问题的学术指引力度仍然较为有限。首先，国家档案治理的学术指引力度较为有限：在宏观上，档案治理研究领域对于"总体国家安全观"的理解与阐释程度尚需提升。中国特色档案学学术研究也尚未对国家新型数字鸿沟问题作出有力回应。根据相关研究，位于我国东部发达经济地区的江苏省太仓市档案馆在2015年馆藏数字化率已经达到100%[②]，而位于中西部欠发达地区的甘肃省兰州市区县档案馆馆藏档案数字化率目标为50%。[③] 对档案领域新型数字鸿沟问题的学术回应，能够为推动国家整体层面新型数字鸿沟问题的解答提出"档案方案"，进而提升中国特色档案学的学术话语能力。在微观上，档案治理研究对部分国家标准的阐释力度不足，例如，中国特色档案学学术研究未能对档案治理中存在的概念标准、技术标准、质量标准、评估标准理解与执行程度较为有限问题加以重视。其次，档案法规政策制定修订问题的学术指引力度仍然较为有限。例如，档案治理领域部分规范的位阶效力研究尚待加

[①] 杨冬权：《新时代档案工作新思维》，上海远东出版社2022年版，第40页。
[②] 杨丹萍：《档案数字化方便查阅 苏州市举行"档案在你身边"活动》（2013-06-08）[2024-04-16]，https://www.tcrcsc.com/news_12779.html。
[③] 张文良：《年内兰州市区县档案馆馆藏档案数字化率达50%》（2017-03-21）[2024-04-16]，https://gansu.gscn.com.cn/system/2017/03/21/011646268.shtml。

强。"位阶效力"是法学领域用于指代法的层级效力的概念。在档案治理领域尚存在一些虽有明文禁止性规定却无违法责任条款的规范，致使其在适用方面不仅难以为普通公民所知，也难以起到实际预防与惩治违法犯罪行为的目的。例如，《流动人员人事档案管理服务规定》第二十九条虽然规定了"严禁丢弃、销毁流动人员人事档案材料。公民死亡后，其人事档案由档案部门保存，或者按规定向国家档案馆移交"，但是在实践中存在任意丢弃、销毁流动人员人事档案材料的情形，也在一定程度上存在着公民死亡后，用人单位随意销毁公民档案，不按规定向档案部门移交人事档案的情形，实质性的违法惩戒条款尚未形成，也未与刑法相关规范实现衔接与融合，这就需要加强档案治理研究的学术引导作用，加强对相关法规政策制定修订的学理指导。

（三）话语视域的审视

话语是关于思想、理论、观念的表达系统和多层次话语系统，主要由一系列相互关联的语言符号、概念、范畴构成，具有思想指导、社会认同、文化传播等重要功能。中国特色档案学话语，是一系列具有中国特点的档案学话语及其表达系统。[1] 中国特色档案学话语尚存在对接国家需求的能力较为有限、对接数字生态的能力较为有限、对接学科交叉融合形式的能力较为有限等问题。以对接国家需求的能力较为有限为例。现有研究成果未能充分运用档案讲好"中国故事"，即在讲"中国故事"时未能充分穿插运用相关档案等进行深入研究。现有研究成果也尚未对我国数字档案馆（室）存在的注重数字化软硬件系统建设，忽视数字内容的积累[2]的问题加以重视，需要加强面向中国特色国家战

---

[1] 张斌、杨文：《论新时代中国特色档案学话语体系的构建》，《档案学通讯》2019年第5期。

[2] 聂云霞：《数字档案资源生态安全研究》，社会科学文献出版社2021年版，第105页。

略、数字转型社会建设、交叉学科资源建设方面的研究，提升中国特色档案学的话语影响力。

六 中国特色档案学当代构建的必要性

中国特色档案学的当代构建，是为了适应国家发展战略对中国特色档案学的当代构建提出的需求；融入数字空间对中国特色档案学的当代构建提出了需求；借助多学科资源实现优势互补对当代构建提出了需求；建构"以我为主"的知识保障对当代构建提出了需求。因此，中国特色档案学的当代构建，有助于审视历史成果、辨识学科特色、传承文化贡献、明确构建方位、赋能国家发展、书写当代新篇。

（一）适应中国特色国家发展战略对当代构建提出需求

中国特色档案学与中国特色国家发展战略具有天然联系。中国特色档案学是在遵循"走自己的路""建设有中国特色的社会主义""实现中华民族伟大复兴""中国式现代化"等特色理念指引下孕育和发展起来的。在已经取得一系列历史成果的基础上，中国特色档案学仍需适应我国在科教兴国、人才强国、文化强国、富强中国、健康中国、乡村振兴、治理体系和治理能力现代化、全面依法治国、创新驱动发展、区域协调发展、可持续发展等方面的一系列战略需求，促进档案治理研究、档案文化理论、科技档案管理学、档案保护技术学、电子文件管理学等学科特色领域在适应国家战略中发挥更好的效用，推进中国特色档案事业实现"政""产""管""学""研"一体化建设成效，提升我国社会各领域对于档案学"中国特色"的认可程度。

（二）融入数字空间对当代构建提出需求

随着大数据、人工智能等信息技术的发展，数字空间正在加速形成和升级，我国档案管理也逐渐实现了由传统手工管理向数字形态的"单轨制"管理方式的转型，档案数字转型实践的发展对于档案学学科建设提出了新的研究问题。例如，档案存量电子化、增量信息化的实践需求迫切需要适合中国国情的理论指导。因此，中国特色档案学的未来构建需要充分运用信息技术，加强基于国情考察的学科数字转型，使档案学特色学科领域能够适应国家数字空间建构的需求，进而实现中国特色档案学由"传统特色"向"现代特色"的跃迁。

（三）面向新兴交叉学科建设实现资源优势互补对当代构建提出需求

交叉学科建设是我国第二轮"双一轮"建设的突破口，体现了我国学科建设重视资源整合的特点和新文科建设背景下学科交叉融合的发展需求。中国特色档案学的当代构建，需要充分借助交叉学科建设的新形势，进一步识别档案学参与交叉学科建设存在的研究问题，扩大与哲学、法学、公共管理学、社会学、中共党史党建学、数据科学等学科的交叉，充分发挥学科交叉融合的"理论经度"效能，实现学科分支领域的创新规划、知识体系建设的创新布局、人才培养模式的创新发展；充分发挥学科交叉融合的"实践纬度"效能，促进中国特色档案学发挥"科技攻关""社会服务"等方面的实践效能。

（四）建构"以我为主"的知识保障对当代构建提出需求

中国特色档案学通过卓有成效的知识建设和人才培养，已经形成了一系列体现"以我为主"特征的知识建设成果，例如，电子文件管理学中的真伪鉴定方法，对电子文件的原始性与真实性展开鉴定[①]，克服了电子文件鉴定管理中文件结构与内容易于变化的弊端，帮助电子文件确定客观的原始作者及原始内容，为促进电子文件长期保存研究以及档

---

① 张美芳：《电子文件真伪鉴定方法的研究》，《机电兵船档案》2009 年第 1 期。

案数据安全研究提供了方法基础。面向未来，中国特色档案学的当代构建仍需扎根中国大地，在传承中国特色档案学知识中的"历史记录思想""集中统一思想"的同时，推进新版学科目录和档案事业新生态下中国档案学的自主知识体系建构。

第四章

面向中国特色国家发展战略的当代构建

中国特色国家发展战略是我国基于对国家发展的战略考量,在国家建设进程中形成的包括中国式现代化建设战略、文化强国战略、教育强国战略、数字中国战略、健康中国战略、中国特色新型智库战略在内的一系列国家发展战略规划。面向中国特色国家发展战略,实现中国特色档案学的当代构建,有助于中国特色档案学扎根中国大地,发挥赋能国家建设的积极效用。

一 面向中国式现代化建设,加强档案事业研究

"中国式现代化"是新时代新征程上中国共产党的中心任务,是中华民族伟大复兴的重要引擎,是我国实现第二个百年奋斗目标的必由之路。中国式现代化源于中国共产党人对现代化的追寻,其实践探索起始于新中国成立,它既遵循现代化的一般规律,又是具有中国特色的社会主义现代化,是中国共产党带领全国人民实现中华民族伟大复兴的实践形态和基本路径。世界范围内的现代化概念及现代化运动肇始于18世纪在欧洲发生的产业革命,在世界范围内现代化具有发展变革性、制度创新性、价值引领性、人与自然物质转换性、全球开放性等共同特征。中国式现代化在世界现代化特征的基础上,体现了发展的共性、制度变

革推进的共性、价值引领的共性、物质转换的共性、开放与全球化的共性。

（一）研究中国式现代化框架下档案事业现代化的新内涵及其理论体系

通过审视我国档案事业发展的历程可以发现，我国档案事业在融入中国式现代化建设的过程中，仍然存在一些亟待分析与解决的问题，这主要表现为：档案事业对于国家重要关切的重视程度较为有限、企业档案管理赋能中国式物质文明现代化中的贡献力尚待加强、民生档案管理赋能人口规模巨大的现代化的贡献力尚待加强，等等。面向未来，中国式现代化框架下的档案事业新发展需要结合中国式现代化发展要求，回应国家重大关切对于档案事业所提出的需求，回应"中国制造"在走向世界过程中出现的企业档案资产管理问题，回应国有企业兼并重组与破产改制背景下企业档案缺乏监管问题和档案散失问题，回应大数据时代企业档案管理工作实践中的档案数据留存问题，回应我国社会弱势群体边缘人群建档及其档案利用服务问题，回应数字环境下人民群众的档案信息利用权利保障问题，等等。

根据对这些问题的回应与解答，我国需要研究中国式现代化框架下档案事业现代化的新内涵及其理论体系，继续探索档案事业发展的"中国方案"。中国式档案事业现代化的新内涵体现在以下方面：第一，中国式档案事业现代化是立基于中国国情的现代化，是国家整体现代化特别是精神文明现代化进程的重要组成部分；第二，中国式档案事业现代化不仅具有"中国特色"，也具有"档案特色"，既需要在推进现代化发展的进程中关注国家重大发展需求，也需要以输出档案特色提升档案事业在中国式现代化建设中的话语能力；第三，中国式档案事业现代化需要匹配与之相适应的学科理论体系，具体体现为需要建立与中国式档案事业现代化相匹配的档案管理理论、档案价值理论、档案文化理论、知识管理理论等。

(二) 重塑档案管理与内容挖掘体系研究

内容管理是档案管理的关键环节。在中国式现代化建设背景下，重塑档案管理与内容挖掘体系研究，需要立足中国式物质文明现代化，提升数字时代档案服务事业发展水平；立足中国式共同富裕现代化，促进乡村档案事业现代化发展；立足中国式人与自然和谐共生现代化，促进中国档案事业的绿色低碳发展。

1. 立足物质文明现代化，提升数字时代档案服务事业发展水平

档案事业在赋能中国式物质文明现代化方面已经取得了一系列成绩：从档案事业赋能中国式物质文明现代化的历史进程可知，我国档案事业自20世纪50年代以来，在赋能工业、农业、国防、科学技术在内的"四个现代化"建设历程中起到了积极效用；自改革开放以来，在亲民档案观的指引下，我国档案事业已经实现了从"国家模式"到"社会模式"的巨大变革，档案事业的公益性、服务性、开放性使之能够为人民群众生产生活提供重要支撑。当前，我国经济已进入高质量发展阶段，迈入建设现代化经济体系的新征程。面向未来，档案事业赋能中国式物质文明现代化可以在促进多种所有制档案事业的发展、促进经济体制建设与经济结构调整等方面继续推进。

当前，在数字中国建设背景下，随着数字中国建设成为中国式物质文明现代化的新引擎，档案事业赋能中国式物质文明现代化可以围绕数字中国建设规划，发展数字时代的档案社会服务事业，推进企业档案事业高质量发展。在新科技环境下，"数据"已成为新型生产要素，档案数据特别是企业档案数据作为企业经济资产以及国家经济战略资产，成为档案事业赋能数字中国建设的新型基础战略资源和关键性要素。同时，企业技术档案作为数字中国建设的重要资料来源，被用于服务国家制造、实验、施工等各项科技活动。面向未来，需要以发展企业技术档

案事业为重点,赋能数字科技中国建设,进而塑造自信繁荣的档案数字文化,推进国家档案文化大数据体系建设,提升档案数字文化服务能力,赋能高水平数字中国建设。

2. 立足共同富裕现代化,促进乡村档案事业现代化发展

档案凝结了中华民族的共同记忆,建立在共同记忆基础之上的中国式共同富裕现代化,离不开档案事业的有力支撑。中国式现代化的发展,对于加快档案内容提炼、重视"社会记忆""百姓记忆""民生记忆"的故事化开发提出了新需求,成为满足更高层次人口规模的巨大的现代化的重要举措。其中,乡村档案内嵌于乡土社会,刻录着中国独特的乡村自然、历史、文化、社会、生产、劳动风貌,有着在地资源优势。乡村档案事业的现代化发展,能够为中国式共同富裕现代化建设提供有效突破口,进一步诠释以档案凝结的中国式"共同富裕"元素。

第一,档案事业在发展进程中,有效地赋能东北老工业基地建设,促进西部大开发和中部崛起,也促进了少数民族地区经济、文化、科技和社会事业发展,对于促进区域协调发展起到了积极效用。面向未来,档案事业赋能中国式共同富裕现代化建设,可以进一步发挥促进区域协调发展的功效,充分利用技术杠杆盘活档案资源要素,促进档案信息资源在地区间的合理流动,推动区域资源优化配置以促进区域整体发展。

第二,中国自古以来即有"重农桑"的治国智慧。根据档案记载,早在20世纪60年代,我国浙江地区就有组建农村文化工作队上山下乡以服务农村文化工作建设的历史。党的十八大以来,在农业农村现代化理念指引下,我国在农业产业、农村居住条件、农民收入上取得了历史性成就。面向未来,档案事业赋能中国式共同富裕现代化建设,应服务中国式乡村振兴战略,提升档案事业赋能共同富裕建设的能力与水平,着力帮助国家化解发展不平衡与不协调问题。例如,推进档案事业高质量服务乡村经济发展,以档案信息资源建设推进县域城乡融合,从档案产业、人才、文化、生态、组织五个维度促进乡村振兴建设,以中国特

色建档立卡工作促进中国式农业农村现代化建设。

3. 立足人与自然和谐共生现代化，促进中国档案事业的绿色低碳发展

中国式人与自然和谐共生现代化秉承"道法自然"的天人之道。从历史进程里可知，档案事业赋能中国式生态文明现代化具有悠久的历史，党的十八大将生态文明建设纳入"五位一体"建设总体布局中，使之逐渐取得了显著的发展。我国民族档案事业、地方档案事业的发展融入了人与自然和谐共存、可持续发展等生态伦理思想。面向未来，推进档案事业赋能自然，融入中国式人与自然和谐共生现代化，需要进一步牢固树立档案事业的"生态发展观"，聚焦美丽中国建设，谱写中国绿色发展新篇章。

当前，"绿水青山就是金山银山"是党领导下的中国式人与自然和谐共生现代化的当代经验。生态档案事业在促进环境资源治理、推进美丽中国建设方面起到了积极效用。坚持生态优先、绿色发展理念，赋能中国式可持续发展战略，帮助国家纾解资源环境约束趋紧、环境污染等突出问题，也是未来档案事业赋能中国式人与自然和谐共生现代化的题中应有之义，需要按照"推动构建人类命运共同体"的本质要求，提升生态档案事业发展特色与水平，探索档案事业的新型可持续发展模式，促进中国档案事业的绿色低碳发展，进而达成生产发展与生态建设的良好平衡。

（三）探索面向文化特色传承的高质量档案信息服务模式研究

传承特色、与时俱进是中华民族永恒的精神气质。中华文明具有突出的创新性，从根本上决定了中华民族守正不守旧、尊古不复古的进取精神，这种进取精神构成中国式现代化建设的强大精神动力。刻录文明的档案事业浇灌了华夏优秀文化传统的深厚根基，档案事业赋能中国式精神文明建设需要围绕"丰富人民精神世界"的本质要求，实现传承

特色与观照当代的有机结合，为中国式精神文明现代化提供源源不断的历史自信、文化自信。第一，聚焦中华文化全景呈现，赋能现代文明的历久弥新；第二，聚焦中华文明永续传承，为中国式现代化建设提供精神动力；第三，提升档案事业的宣传教育品质，营造中国式现代化建设的良好舆情环境，从而推进档案事业进一步刻录中华文化基因，赋能中国特色文明的循迹溯源，构筑中华文化新气象，激发中华文化新活力。

（四）创新支撑中国式档案现代化的档案治理体系研究

中国特色档案事业具有独特的世界坐标与世界定位，深刻诠释了中国特色"讲信修睦、亲仁善邻、胸怀天下"的全球观。中国式和平发展道路融合了现代化的"中国向度"与"世界向度"，丰富了中国档案学的世界意蕴，与中国特色大国外交战略密切相关。当前，中国特色大国外交发展进入新阶段。党的二十大报告对中国开放新阶段、全球发展新机遇作出了明确表述，对中国的新发展为世界提供新机遇、推动建设开放型的世界经济、更好地惠及各国人民作出了精辟论述。档案事业的发展需要在人类命运共同体思想的指引下，明确完善治理、加强合作、促进发展、凝聚共识、引领方向的全球治理责任，传承和发展中华优秀传统文化中的"协和万邦""亲仁善邻""天下一家"等思想，统筹发展与安全参与和引领公平合理的全球规则制定格局，参与和引领全球现代文明发展格局。面向未来，档案事业赋能中国式和平发展现代化，其一，需要坚持中国式持久和平理念，推进中国特色大国外交事业发展；其二，需要提炼中国特色档案智慧"走出去"，形成全球治理的"中国方案"；其三，需要根植全人类共同记忆根基，推进中国与世界协同发展；其四，需要充分运用档案，展示新时代中国形象，兼容并包世界的多元现代化；其五，需要围绕增强中华文明传播力影响力的目标要求，发出新时代中国声音，促进世界文明交流互鉴，向世界诠释"中国之治"。

二 面向文化强国战略，加强档案人文数据研究

文化强国战略是中国特色国家发展战略的精神支撑。面向文化强国战略，中国特色档案学的当代构建需要加强档案人文数据研究，提升文化服务效能。第一，增强文化自觉和文化自信，充分发挥中国特色档案学学科特色与特长，加强对中华传统文化的研究与宣传，打造具有档案学特色的文化高地，推动社会主义先进文化建设。中国特色档案学在赋能国家文化建设、历史文化建设等领域作出了一些学科贡献。一方面，红色文化是党引领的红色事业的文化表达。党领导人民创造的中国特色社会主义道路、理论、制度、文化本身就是一种全新的文明形态。[1] 红色档案是党的红色遗存的重要载体形态之一，是厘清历史问题的关键证据[2]，是考证党史事实的必要条件，发挥着传承红色文化、彰显红色精神的重要使命。从历史渊源来看，红色传统是中国特色文化的重要根基，也是档案学的重要研究领域。红色档案研究展示了党的红色文化历史，证成了红色文化规律，体现了中国特色档案学对红色文化建设的赋能。面向未来，中国特色档案学的当代构建仍需充分把握其自身在红色文化、历史文化领域的学科话语，加强对红色档案文化平台建设，创新红色档案的文化表达方式，充分发挥红色档案在留存红色记忆、考证党史事实、彰显红色精神方面的效能，在党引领下的红色事业中发挥学科特色。另一方面，由于档案的保存是从书写历史开始的，档案具有固有的历史品格与历史基因，与历史天然相连，休戚相关。在我国几千年的历史进程中，档案作为文化载体的角色始终未变[3]，一直发挥着官修史志原始材料的作用，也因此被誉为"历史文明之母"。受历史主义和实

---

[1] 黄建军：《唯物史观视域中的人类文明新形态》，《中国社会科学》2023年第10期。
[2] 张斌：《论新时代红色文献保护与修复工作》，《中国人民大学学报》2022年第3期。
[3] 何庄：《中国历史档案的传统文化特征及其成因》，《山西档案》2006年第4期。

证主义的影响，传统史学将档案文献奉为圭臬，将历史档案视为客观史料以及重要历史事实的证据。现代历史学从阅读与利用档案开始[①]，其理性光芒一直伴随着档案学的发展历程，档案学与历史学共同服务于人类社会对过去的记载。[②] 中国特色档案文献编纂学、历史文书学、档案保护技术学是中国特色档案学赋能历史文化建设的代表性领域，体现了中国特色档案学对历史文化建设的赋能。面向未来，中国特色档案学的当代构建，需要加强历史档案文化平台建设，充分借助数字方法促进档案文献编纂学、历史文书学的数字转型，让更多的历史事实通过档案得到发掘与呈现。

第二，回应文化传承创新需求，加强档案保护技术学特色文化平台建设。档案保护技术学与档案学的"中国特色"具有强相关性，中国特色档案学的当代构建需要进一步发挥档案保护技术学的学科特色，开展基于文献书画保护与鉴定的文化传承研究，加强面向国家档案工作系统关于档案保护与鉴定技术方法的培训教育，以及面向重要文献遗产保护的理论、技术和方法研究，重点加强学科在档案保护、书画文献保护等方面的特色服务。

第三，回应文化"走出去"需求，建立覆盖档案学"文化特色"领域对外合作交流平台，提升中国特色档案学的文化话语影响能力。

第四，遵循"正确处理中央与地方关系，让地方办更多的事情"这一思想，促进地方特色档案研究。

三　面向教育强国战略，提升档案学教育服务高质量发展能力

我国自古以来素有重视教育的传统。古人云："建国君民，教育为

---

① 梁继红：《走向文本的历史档案数字整理：历史追溯与时代转型》（上），《档案学通讯》2021年第5期。
② 闫静：《史学思潮与档案景观的变迁》，《档案学研究》2022年第3期。

先。"当下，我国已建成世界上规模最大的教育体系①，亟须实现教育由"大"到"强"的转变。党的十九大报告提出，建设教育强国是中华民族伟大复兴的基础工程。面向教育强国战略，中国特色档案学的当代构建亟须植根学科特色，在历史档案转录与编研、历史档案大数据开发利用、档案保护与修复、虚拟修复、档案数据化等特色领域加强行业型师资队伍建设；遵循以人民为中心的档案学教育本质，面向建成世界档案学教育中心目标，发挥教育强国的基础学科战略支撑作用；加快建设高质量档案学教育体系，全面提升档案学教育服务高质量发展的能力，在深化改革创新中激发档案学教育发展活力，促进档案学学历教育与职业教育协同发展，增强我国档案学教育的国际影响力；培养高素质档案学教师队伍，深化档案学教育评价改革，将思政教育、红色档案文化教育、党史档案教育作为档案学教育评价重点；充分领会教育部加强专业型博士培养的政策精神，促进档案学学术型教育与专业型教育协同发展；围绕教育部的研究生教育改革发展意见，促进档案学研究生教育创新发展；借助数字平台，扩大档案学教育的社会影响，建设学科高水平社会人才教育培训平台，加快基于学科特色理论与实践的培训体系、培训教材、培训课程的开发，构建科学培训模式，为档案事业提供理论和实践培训，满足各层次实践人才培养的需要，面向社会开展高水平、高层次的教育培训，发挥学科优势，为建立档案领域全民终身学习的教育体系建设贡献力量。

四 面向人才强国战略，推动杰出人才养成

人才强国战略是实现国家强盛的第一战略②，其制定和实施是我国

---

① 刘复兴、董昕怡：《论教育强国指标体系建构》，《新疆师范大学学报》（哲学社会科学版）2024年第1期。
② 薄贵利、程志勇：《高人才强国战略是实现国家强盛的第一战略》（2017-11-02）[2024-03-13]，http://theory.people.com.cn/GB/n1/2017/1102/c40531-29623743.html。

从当代世界和中国深刻变化的实际出发，根据党和国家事业发展需求作出的重大决策。人才强国战略的提出和实施，解决了中国人才资源发展的指导思想、方针原则、战略目标与重大问题，为中国人力资源开发提供了思想保证、组织保证和制度保证。中国特色档案学的建设、调整、优化始终围绕人才培养主业[①]，为中国特色档案事业建设培养了大量有为人才，为国家人才强国战略的实施作出了积极贡献。面向未来，中国特色档案学的当代构建仍需面向人才强国战略，推动杰出人才养成，通过加强学术梯队建设，营造杰出人才成长氛围，疏通中国特色档案学人才成长通道，为中国特色档案学教学、科研、社会服务等领域各类人才脱颖而出提供支持，为中国特色档案学人才成长提供产学研合作平台，完善中国特色档案学人才激励机制。

五　面向数字中国战略，推动档案学特色领域数字转型

随着新一代数字信息技术在档案工作中的广泛应用，档案工作环境、对象、内容发生了巨大变化，迫切要求创新档案工作理念、方法、模式，应立足数字中国战略发展，推进档案学学科的数字化转型升级。我国《"十四五"全国档案事业发展规划》提出，档案工作要建立档案数字治理新模式，着力开展新时代档案治理相关理论及政策研究。为此，中国特色档案学的当代构建亟须考虑信息技术对学科的多元影响，主动融入数字经济、数字社会、数字政府建设中，推进学科数字化转型，根据数字档案馆建设、电子文件管理、电子文件长期保存、档案数字资源管理、档案数据治理等具体档案管理实践需要，丰富档案学分支学科建设，推进学科建设与技术发展水平相适应。需要说明的是，第一，中国特色档案学的数字转型并非脱离传统环境的空洞转型，而是在坚守学科特色的基础上进行学科特色拓新，进而实现学科特色升级。第

[①] 杨文、姚静：《档案学科建设与人才培养的数字转型——基于图书情报与档案管理一级学科更名为信息资源管理的思考》，《图书情报工作》2023年第1期。

二，中国特色档案学的数字转型并非只是传统模式在数字空间的简单补充，而是形成了一种新的内在逻辑，其核心变化在于教学模式、科研模式、实践模式的转变，表现在从教学理论到教学方法、从科研模式到科研方法、从实践模式到实践方法的全方位改变。因此，中国特色档案学的数字转型需要运用从理论到实践，从方法到思路的转型思路（见图4-1），充分运用档案教育界、学术界、实务界认可的故事化方法[①]、叙事技术、长期保存技术、真实性保护技术、安全技术，实现档案保护、档案文献编纂、科技档案管理等传统特色领域的转型升级。

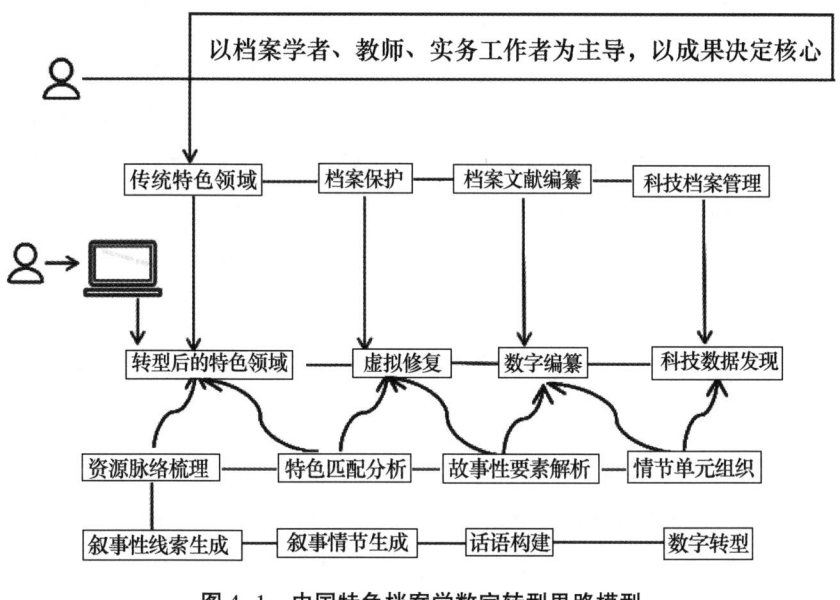

图 4-1 中国特色档案学数字转型思路模型

六 面向健康中国战略，加强档案利用与鉴定研究

党的十八大以来，健康中国建设逐渐上升为国家战略，是党中央在

[①] 牛力、高晨翔、张宇锋等：《发现、重构与故事化：数字人文视角下档案研究的路径与方法》，《中国图书馆学报》2021年第1期。

推进中国式现代化建设中的重要国家发展战略，对提升人民健康水平具有重要作用。中国特色档案学的当代构建，需要积极赋能以"共建共治共享"为特征的健康中国建设，加强档案利用与鉴定研究。

第一，面向精准医疗需求，加强档案在医疗救治服务中的利用；面向精准预防需求，加强档案在疾病预防控制服务中的利用；面向精准健康教育需求，积极利用档案开展健康素养教育；面向精准融合需求，加强档案在体医融合服务中的利用。

第二，面向弱势群体，加强档案鉴定研究，纾解因信息贫困而引致的健康焦虑问题。由于保护儿童、老年人、孕妇、视听障患者等弱势群体是中国特色治理模式的重要群体，新兴社交媒体的发展对于档案用户的信息甄别能力提出了挑战，医疗健康类公众号在运营中已经出现发布虚假、劣质、失实、诱导性健康信息[1]的情况。这就需要加强档案利用研究，提升档案机构的精准鉴定能力，帮助弱势群体鉴定虚假健康档案，提升弱势群体的在线健康档案信息甄别能力。

七 面向中国特色新型智库战略，加强档案智库研究

智库是思想理论研究和传播的容器，聚集学术理论和政策理论，不仅是理论话语的发源地[2]，也是国家思想文化创新的聚集地之一，肩负着为公共部门提供决策咨询的使命，是凸显国家软实力的重要组织[3]，其基本定位是出对策、出思想、出影响。[4] 中国智库具有数千年制度演

---

[1] 邱均平、黄薇、付裕添、童子鲜：《微信用户健康信息甄别能力影响因素研究——以医疗健康类微信公众号为例》，《现代情报》2024年第8期。

[2] 王龙：《总体国家安全观视阈下智库安全治理对策研究》，《智库理论与实践》2024年第4期。

[3] 任恒：《大数据赋能新型智库政策研究的基本内涵、价值意蕴与路径选择》，《福建师范大学学报》（哲学社会科学版）2024年第3期。

[4] 刘清、李岚春、张慧婧：《科技情报机构的智库功能》，《智库理论与实践》2024年第3期。

第四章 面向中国特色国家发展战略的当代构建

变史①，起源于上古时期的"尊老"制度。至秦朝时，发展为"谏议"制度。西汉时期，刘向曾说："智士者国之器；国有智士，则无诸侯之忧。"至唐宋时，我国智库发展为"翰林院"制度。清朝时期发展为"幕府"制度。门客、幕僚是我国古代辅助决策的重要智库主体，能够凭借他们的丰富经验为行政官员出谋划策。②我国现代意义上的智库经历了从无到有、受重视程度提升的发展过程，主要可以划分为思想库阶段和智库阶段。③由于我国智库的起源与发展对政策的制定起到了辅助作用，特别是官办智库，直接影响着政府决策，推进了我国政府决策的科学化、民主化进程。

中国特色新型智库建设始于2013年11月，中国共产党第十八届中央委员会第三次全体会议提出"加强中国特色新型智库建设，建立健全决策咨询制度"。中办、国办印发的《关于加强中国特色新型智库建设的意见》强调，加强中国特色新型、专业化智库建设，形成定位明晰、特色鲜明、规模适度、布局合理的中国特色新型智库体系。《国家"十四五"时期哲学社会科学发展规划》提出："要打造一批具有重要决策影响力、社会影响力、国际影响力的新型智库。"中国特色新型智库建设属于中国特色国家发展战略的重要组成部分，具有咨政建言、理论创新、舆论引导、社会服务、公共外交等功能。④习近平总书记强调指出："要建设一批国家亟需、特色鲜明、制度创新、引领发展的高端智库，重点围绕国家重大战略需求开展前瞻性、针对性、储备性政策研

---

① 张芳：《做一名冲锋陷阵的思想坦克手——评〈思想坦克：中国智库的过去、现状与未来〉》，《传媒》2024年第13期。

② 姚婵婵：《内参模式是智库影响政府决策的重要方式》，《新闻研究导刊》2020年第13期。

③ 雷环捷：《构建有限智库体系：一个技术治理视角》，《自然辩证法研究》2024年第2期。

④ 应峻、王钰琛、金淑霏等：《医学图书馆参与中国特色新型智库建设研究》，《中国图书馆学报》2023年第1期。

究。"① 中国特色新型智库建设成果的不断涌现，为构建中国特色"旋转门"机制指明了新方向。

"资政、启民、伐谋、育才"是我国新型智库核心功能属性。② 随着我国各种类型智库的相继涌现，有学者将中国的现代智库职能归纳为三种，即理性决策外脑、多元政策参与渠道、决策冲突的理性辨析平台③，也有学者将中国智库的类型分为官方智库、大学智库、民间智库三种。④ 同时，智库具有一定的国际传播职能，在阐释国家外交政策、研判国际舆情、引导全球热点、疏导中外公众情绪等方面可以发挥积极作用。⑤ 档案智库作为中国智库的组成部分，通过输出档案学学科特色与行业特色，参与并影响现代智库建设进程。档案智库也发挥着客观中立性评估职能、档案决策"外脑"职能、档案战略前瞻性研究与评估职能、档案专家智库决策咨询与参谋职能等重要职能。

从档案智库的职能来看，第一，由于档案的本质属性是历史记录性，档案智库在发挥评估作用时天然地具有客观中立性特征，有助于减少评估结果的主观偏见。第二，智库作为一种决策"外脑"，可以帮助决策主体形成科学的政策建议和解决方案⑥，已成为影响政府制定公共政策的重要驱动力。⑦ 例如，有学者针对《中华人民共和国档案法》不

---

① 习近平：《在哲学社会科学工作座谈会上的讲话》，人民出版社 2016 年版，第 26 页。
② 王文：《对中国特色新型智库几个重大问题的思考》，《智库理论与实践》2016 年第 1 期。
③ 薛澜：《智库热的冷思考：破解中国特色智库发展之道》，《中国行政管理》2014 年第 5 期。
④ 任恒：《大数据赋能新型智库政策研究的基本内涵、价值意蕴与路径选择》，《福建师范大学学报》（哲学社会科学版）2024 年第 3 期。
⑤ 赖丽华、刘鸿武：《中国特色新型智库的国际传播能力建设探析——以浙江师范大学非洲研究院为例》，《智库理论与实践》2024 年第 1 期。
⑥ 王克平、孙华伟、鞠孜涵等：《我国科技智库研究述评》，《情报科学》2023 年第 10 期。
⑦ 温志强、付美佳、胡峰：《中国特色新型智库建设的演变逻辑、实然困境和未来走向》，《情报杂志》2023 年第 2 期。

第四章　面向中国特色国家发展战略的当代构建

适宜在短期内频繁修订的问题，提出采用法律评注方法，对其修订进程、篇幅、体例、格式、内容、素材作出恰当阐释[①]，从档案法规修订决策"外脑"角度，发挥档案智库的资政建言功能。再如，海疆历史档案编研证据链的构建，对维护我国领海主权完整、辅助我国领海档案决策具有积极意义。有学者从优化档案编研工作、开发多样性海疆档案证据性产品[②]等角度提出政策建议，以发挥海疆历史档案决策"外脑"职能。第三，档案智库也具有档案战略前瞻性研究与评估职能。国家战略研究是中国特色新型智库研究的重要内容。例如，由于科学数据归档是国家重大科技项目管理战略的重要环节，中国科学院天文台、中国科学院遗传与发育生物学研究所农业资源研究中心、中国科学院空天信息创新研究院等智库机构对500米口径球面射电望远镜观测数据、国家自然科学基金重点项目栾城实验站设备采集数据、国家重点研发项目观测数据开展试点归档，从档案智库角度参与和推进了科学数据归档，凸显了档案领域国家战略的"导""引"作用。[③]

根据对档案智库成果的梳理以及职能的归纳，不难发现我国档案智库建设中也存在一定的问题，问题导向是智库建设的出发点，找准问题也是智库选题的关键。[④] 这些问题主要表现为档案在辅助智库建设中的学科显示度较为有限、档案智库的国际合作程度较为有限、档案智库的品牌影响力较为有限、档案智库成果转化机制尚不完善、档案智库评价机制尚不明晰、档案智库人才培养机制尚不完善、基层档案智库建设力度较为有限、产业档案智库建设力度较为有限、档案智库特色服务开发

---

① 马识途：《〈档案法〉评注编纂：功能定位与范式构想》，《档案学通讯》，https：//doi.org/10.16113/j.cnki.daxtx.20240527.001。
② 华林、谢梦晴、冯安仪等：《维护领海主权视域下我国海疆历史档案编研证据链构建》，《档案学通讯》2024年第3期。
③ 张静、付玥甜、何思源等：《重大科技项目科学数据归档路径初探》，《档案学通讯》2024年第4期。
④ 任福君：《科技智库项目研究的闭环模式探索》，《智库理论与实践》2023年第4期。

程度较为有限等。

中国特色档案学的当代构建，需要面向中国特色新型智库战略，加强档案智库建设，特别是在中国式现代化进程中发展现代档案智库。总体而言，档案智库建设可以从七个方面展开：一是识别与破解档案智库建设关键问题，提升档案智库问题识别能力与问题诊治能力；二是加强档案智库标识性概念建构；三是借助数字引擎提升档案辅助智库决策的效率；四是加强档案智库成果转化机制建设；五是加强档案智库评价机制建设；六是加强档案智库品牌影响力建设；七是拓展档案智库成果形式，特别是将档案标准规范、历史档案转录成果、数字档案编研成果、档案修复成果纳入档案智库成果统计范畴，进而促进档案智库成果的复用、转化与评价。具体而言，档案智库建设也可以从两个方面展开。一是推进档案学高等教育机构积极承担中央部委和省级政府委托的战略、规划和决策咨询研究项目，通过吸收档案学者参与政策制定、孵化并支持参加各类社会服务组织等方式，为国家制定方针政策、法律法规、发展规划等献计献策。例如，少林档案文献遗产是体现中华文化特色的档案文献的典型代表，但是，在现实层面存在"少林档案文献遗产在少林文化'走出去'战略中的价值未得到充分挖掘利用"① 的问题，为了回应和解答这一问题，就需要推进中国特色少林文化"走出去"。一方面，在档案文献保护理论与方法研究中增加对于保护"少林档案文献遗产"这一领域的关注，特别是增加对散落海外的少林档案文献遗产保护方式、保护技术、保护制度的关注；另一方面，充分把握中国特色新型智库建设机遇，广泛征集民众对于少林档案文献遗产海外传播方式的建议，择其要者纳入政府决策参考咨询报告，提升我国政府层面对于以少林档案文献遗产为代表的中华民族独特精神标识管理的重视程度。二是坚持问题导向与学术研究相结合，注重通过加强中国特色档案学学术研

---

① 谭必勇：《少林档案文献遗产高质量"走出去"的基础及路径》，《中国档案》2023年第9期。

究服务于中国特色档案实践，形成与信息科学、经济学、金融学、工商管理、公共管理、社会学等多学科协同联动的知识共享和智库服务机制，打造新型专业智库，提升咨询服务能力建设，充分发挥中国特色档案学的服务效能。

第五章

面向数字转型的当代构建

  我国档案学领域的首次数字转型可以追溯至 20 世纪 80 年代，以孙淑扬为代表的学者对档案机读管理、计算机管理的关注。20 世纪 90 年代，随着电子文件开始取代纸质文件，它在档案管理前端的作用日益显著。进入 21 世纪，以知识管理、信息管理、互联网+、大数据为核心要素的新兴科技发展逐渐改变着档案管理的业务流程，引发档案管理的单轨制变革。新兴科技的发展也引起了国家对于数据要素建设和数字转型工作的重视。我国正在加快国家层面的数据（要素）工作战略布局。2020 年，《中共中央 国务院关于构建更加完善的要素市场化配置体制机制的意见》提出加快培育数据要素市场。2021 年，《国务院办公厅关于印发要素市场化配置综合改革试点总体方案》提出探索建立数据要素流通规则。同年，《中华人民共和国数据安全法》颁布实施。2022 年，《中共中央 国务院关于构建数据基础设施制度更好发挥数据要素作用的意见》设计了数据基础制度体系，绘制了数据要素发展的蓝图。2022 年 11 月，国务院发布《携手构建网络空间命运共同体》白皮书。2023 年，《数字中国建设整体布局规划》提出数字中国建设的"2522 框架"，要求夯实数据资源体系，疏通数据资源大循环。2023 年 3 月，中共中央、国务院印发《党和国家机构改革方案》，组建国家数据局，开启了由国家职能部门统一管理数据的新时代。①

《"十四五"全国档案事业发展规划》提出"推动档案全面纳入国家大数据战略"，实践层面档案工作的数字转型对学科发展提出了新的研究命题。档案学的数字转型亟须回应实践中大量具有保存价值的数据处于分散、游离、失存、失控、失序状态而未能及时归档的宏观问题，也需要解答微观层面档案数据来源广、类型多、结构杂、数据失真、数据失信、数据失读、数据污染、数据离散、数据孤岛、数据异构、数据结构化程度低②等内部问题，还需要直面数字环境下黑客攻击、网络病毒、平台漏洞、算法黑箱③等外部问题。

在2016年的国际档案大会上，国际档案理事会（ICA）宣布的《首尔公报》向全球档案工作者提出数字转型的行动倡议，号召各国"制定数字文件管理方针，采取有力措施开展数字保存，并通过数字技术提升档案利用的契机，为数字时代的社会做出更为有力的贡献"④。

一 中国特色档案学数字转型的基本原则

中国特色档案学数字转型需要在遵循促进中国特色档案学全要素数字转型、建构数据要素驱动的档案学特色领域数字转型模式、促进数据向善的中国特色档案学数字转型、释放中国特色档案学数字活力的前提下，提升中国特色档案学数字创新能力，基于特色场景实现中国特色档案学数字转型。

第一，促进中国特色档案学全要素数字转型。数据转型是以数据要

---

① 冉从敬：《捍卫国家数据主权刻不容缓》，《图书馆论坛》2023年第9期。
② 金波、杨鹏：《档案数据治理生态运行演化与平衡调控》，《信息资源管理学报》2023年第6期。
③ 金波、杨鹏、宋飞：《档案数据化与数据档案化：档案数据内涵的双维透视》，《图书情报工作》2023年第12期。
④ 冯惠玲、刘越男、马林青：《文件管理的数字转型：关键要素识别与推进策略分析》，《档案学通讯》2017年第3期。

素化为开端①，在新一轮科技革命和产业革命加速推进的背景下，全要素数字转型已经成为大势所趋②，中国特色档案学的当代构建也需要紧跟全要素数字转型趋势，促进中国特色档案学特色理论、研究范畴、特色知识、特色方法、特色技艺、特色叙事模式的数字转型。

第二，建构数据要素驱动的档案学特色领域数字转型模式。数据要素已经成为五大基础性生产要素之一。③ 数据及其关联要素对生产函数的重构引发了数字经济的全场域创造性过程④，基于数据要素驱动，可以通过数据联动中国特色档案学各特色要素，促进中国特色档案学特色领域的数字转型。

第三，促进数据向善的中国特色档案学数字转型。数据向善是指数据掌权者发挥数据的积极作用，消除数据的消极作用，促使数据向着造福人类、促进社会进步的方向发展。数据向善能够保证数据的正确利用，避免数据的误用与滥用。⑤ 2022年3月，中共中央办公厅、国务院办公厅印发《关于加强科技伦理治理的意见》，指出在我国科技创新快速发展、科技伦理挑战不断增多的形势下，仍然存在科技伦理治理机制不健全、制度不完善、领域发展不均衡等问题，需要进一步完善科技伦理体系，提升科技伦理治理能力，有效防控科技伦理风险，不断推动科技向善、造福人类，实现高水平科技自立自强，这为我国加强算法治理、引导高效算力被应用于善意产品与善意服务开发、改善社会边缘群

---

① 郑江淮、周南：《数据要素驱动、数字化转型与新发展格局》，《山东大学学报》（哲学社会科学版）2023年第6期。
② 邢文明、刘我：《全要素数字化转型背景下大学生数字素养影响因素研究》，《数字图书馆论坛》2023年第10期。
③ 杨艳、王理、李雨佳等：《中国经济增长：数据要素的"双维驱动"》，《统计研究》2023年第4期。
④ 郑江淮、周南：《数据要素驱动、数字化转型与新发展格局》，《山东大学学报》（哲学社会科学版）2023年第6期。
⑤ 储节旺、李佳轩：《数字生态下数据向善的源起、要素、驱动与困境》，《图书情报工作》2023年第10期。

体福祉[①]、提升数据治理的社会价值提供了可能。由于新时代科技向善价值的重要命题是实现"负责任创新"[②]，需要在促进基于法治保障的数据向善、促进基于德治保障的数据向善、促进基于数据向善的数据赋权、促进基于数据向善的敏捷治理等方面着力。

第四，释放中国特色档案学数字活力，主要包括释放中国特色档案学人才培养数字活力、师资队伍建设数字活力、科学研究数字活力、文化传承数字活力、社会服务数字活力。

二 中国特色档案学数字转型的战略框架

战略框架是档案学数字转型的目标要素，具有原则引导和方向确立的功能。

（一）外部要素战略框架

外部要素战略框架是基于国家文化事业整体数字转型的考察，外部要素战略框架的确立，有助于为档案学数字转型明确支撑性要素。

1. 外部目标性要素

第一，中国特色档案学数字转型外部要素战略框架的首要方面是遵循数字中国建设目标，发挥档案学在"迎接数字时代，激活数据要素潜能，推进网络强国建设，加快建设数字经济、数字社会、数字政府，以数字化转型整体驱动生产方式、生活方式和治理方式变革"[③]中的基础作用和驱动作用，并融入数字中国产业链建设。为此，需要遵循《数据

---

① 阮荣彬、朱祖平、陈莞、李文攀：《政府科技伦理治理与人工智能企业科技向善》，《科学学研究》2024年第8期。
② 杨博文、孙永军：《理性赋能与向善赋权：科技伦理风险预警与敏捷治理体系的建构进路》，《科学技术哲学研究》2023年第4期。
③ 中华人民共和国中央人民政府：《中华人民共和国国民经济和社会发展第十四个五年规划和2035年远景目标纲要》（2021-03-13）［2024-01-20］，https：//www.gov.cn/xinwen/2021-03/13/content_ 5592681. htm？eqid=a14468700001730f000000026480655e。

二十条》的基本要求，加快建立数据产权制度、数据流通交易制度、数据收益分配制度、数据协同治理制度，加强档案数字平台建设，促进档案数字服务。

第二，中国特色档案学数字转型外部要素战略框架的第二个方面，是遵循新时代文化强国战略和国家文化软实力提升的重大战略——国家文化数字化战略目标，构建符合国家文化数字化战略需求的新型范式，赋能新兴文化业态、文化消费模式的发展。为此，需要全面深化档案文化产业数字化，促进档案文化与科技在文化数据采集、加工、交易、分发、呈现等领域的融合发展，促进档案学科技成果渗透到国家文创、生产、传播和消费各环节，体现出档案学赋能国家文化数字化战略的特色贡献。

第三，中国特色档案学数字转型外部要素战略框架的第三个方面，是适应数字时代国家治理体系和治理能力现代化的基本要求，加快提升档案数字治理能力。

2. 外部支撑性要素：建构支撑转型的数据服务生态系统

中国特色档案学数字转型的外部支撑性要素是配合实现外部目标性要素的重要方面，包括全球环境要素、国家现代化制度要素、能力要素、可持续发展要素、数字转型与特色传承的耦合与协调要素。

第一，中国特色档案学的数字转型需要把握全球环境要素，包括全球数字经济发展趋势与世界档案学数字转型趋势，充分吸纳与借鉴国际档案数据理论的有益因素，促使我国档案信息化发展不断融入全球数字化发展进程，适应档案跨境数据流不断增大的趋势，及时规避与化解国家和地区间档案数据安全风险。

第二，中国特色档案学的数字转型需要把握国家现代化制度要素，加强档案法律建设、政策供给、完善档案标准规范建设。

第三，中国特色档案学的数字转型需要把握能力要素，加快攻克档案领域的数字核心技术，理顺档案机构与数据管理机构之间的权责关系，促进以知识密集型与技术密集型为特征的档案学数字能力建设，保障档案学发展的数字稳健性，提升档案数据故事化表达能力和档案信息化程度，促进档案学数字发展评价指标的建立，特别是需要关注档案数据、算法、记忆基础设施建设。

第四，提升深入特色传承的档案数据基础设施建设水平。从档案学所处的人文与社会科学研究环境来看，人文研究中的数据基础设施以可被机器处理的信息单元为研究对象，具备开放性、公共性、可持续性，充分体现出数据规模大、覆盖时间长、地域范围广、描述粒度小、维度多等特点。[①] 档案学作为体现中国文献资源特色的基础性学科，需要在数字转型中立足智慧传承与知识赋能这一需求，联通特色档案元素信息孤岛，破除特色档案元素信息茧房，提升档案数据基础设施跨领域知识融通效能。

第五，提升面向数智时代的档案记忆基础设施建设水平。"社会记忆"理论为中国特色档案记忆观研究提供了新视角，也对档案馆等文化记忆机构的基础设施建设产生了积极影响。中国特色档案学基础理论将档案的"凭证价值"列为具有学科特色的价值形态，经由"档案价值论"的宏观理论提升，促进档案学与证据科学、证据法学的学科交叉与知识融通。在数智时代，在大数据、小数据、云计算、区块链、生成式人工智能（AIGC）等新兴信息技术的驱动与加持下，中国特色红色记忆、治理记忆、民族记忆、家族记忆、生态记忆等记忆元素逐渐实现基于数字形态的深度挖掘、多维关联、全景呈现。中国特色档案学数字转型的算法能力构建，需要提升面向数智时代的档案记忆基础设施建设水平。档案数据基础设施的建立健全，可以促进中国特色档案馆学等特色分支领域的数字转型，发挥加强档案数据汇聚融合、促进档案数据共享和开放利用、促进档案数据有序流动的效用，为档案信息化的全景式展

---

① 夏翠娟：《面向人文研究的"数据基础设施"建设——试论图书馆学对数字人文的方法论贡献》，《中国图书馆学报》2020年第3期。

开，即从物理实体控制、概念实体表达到记忆实体再现的发展①提供支撑。

第六，由于档案数据基础设施和记忆基础设施的建立都需要创新服务模式，故本书提出建立面向服务的档案数据生态服务系统，以支撑基础设施建设。从建设依据来看，培育和建立数据服务生态是国家实施数字中国战略的重要举措。《关于构建数据基础制度更好发挥数据要素作用的意见》《数字中国建设整体布局规划》等政策的密集发布和国家数据局的组建，更加凸显了国家构建数据治理体系和优化数据服务生态体系的必要性和紧迫性。档案数据作为国家数据的子集，对完善数据治理体系、推动数字经济发展、实现数字中国战略等具有重大意义。为此，《中华人民共和国档案法》《"十四五"全国档案事业发展规划》围绕档案信息化战略转型、档案数字治理体系建设、档案服务体系优化等作出了一系列政策指引和制度设计。在此背景下，档案部门需要顺势而为，从宏观生态视角出发，构建以档案机构为主导、多元利益相关主体协同参与的档案数据服务生态系统，通过联合广泛的数据主体为用户提供高质量的档案数据服务。开展档案数据服务生态系统的构建和实现研究，不仅有利于满足用户日益复杂多样的档案需求，提升档案部门的服务水平，而且有利于进一步将档案工作融入国家数据治理体系和数字中国发展战略，提升档案事业的社会认同，具有重要研究价值，是亟待深入探讨的时代命题。

（二）内部要素战略框架

内部要素战略框架是直接针对档案学各分支学科领域的数字转型，有助于档案学数字转型明确基本原则，明确规划图，确立时间表，识别基于学科本身的动力性要素。

---

① 钱毅：《基于U形曲线重新审视档案信息化工作》，《档案与建设》2023年第4期。

第一，促进文件生命周期理论适应档案数据管理需求，积极发展档案学领域的数据生命周期理论。数据生命周期的概念形成于20世纪60年代，被数据资产管理组织定义为数据创建、采集、使用、消亡的全过程[1]，随后逐渐发展至包括数据的加工、存储、传播、检索，并囊括对这些生命进程进行质量监控[2]的数据质量生命周期。中国特色档案学理论层面的数字转型，可以促进文件生命周期理论适应档案数据管理需求，积极发展档案学领域的数据生命周期理论。

第二，促进档案学史的数字转型。档案最突出的重要性在于档案是历史事实的证据。[3] 作为理论档案学中真实记录与持续传承中国特色历史文化的代表性学科领域，档案学史的数字转型对于深入挖掘中国特色档案学的历史元素、全景式展现中国特色历史文化具有重要价值。实现档案学史的数字转型，可以立足档案学史本身特色，结合数字人文方法，促进历史档案特色要素的数字呈现。首先，立足历史文书文种，促进古文书学方法论与数字人文方法的融合，通过数据模型表达历史文书的体式性、历时性、层级性特征。历史文书具有按照不同文种进行分类的特征，与作为数字人文起点"远读"将书目信息本身作为分析源具有一致性，为历史文书学运用数字人文方法进行数字转型奠定了基础。由于数字人文中的"远读"以"细读"为基础和前提，且重视整体观察与建立新典范，历史文书学的数字转型可以先基于档案文本内数据化加工的基本方法——古老的古文书学方法[4]进行基础数据化，再通过先细化文书体式、年代、层级等要素构建全景式数字模型的方法，多维度

---

[1] 翟运开、郭瑞芳、王宇等：《数据生命周期视角下的医疗健康大数据质量评价研究》，《现代情报》2024年第1期。

[2] A. V. Levitin, T. C. Redman, "A Model of the Data (Life) Cycles with Application to Quality", *Information and Software Technology*, 1993, 35 (4): 217-223.

[3] 梁继红：《走向文本的历史档案数字整理：历史追溯与时代转型》（上），《档案学通讯》2021年第5期。

[4] 梁继红：《走向文本的历史档案数字整理：历史追溯与时代转型》（下），《档案学通讯》2022年第1期。

呈现我国历史文书的文化特色和内容要素，促进历史文书学程式化、规范化、全景化的统一。这便于对我国历史文书进行整体浏览，满足现代史学、人类学、社会学、艺术学、文学、国学、传媒学等学科对历史文书文本细化描述的利用需求，促进实践层面历史文书的传统整理、编研、利用向数字整理、编研、利用转型。其次，立足历史文书的真伪鉴辨，促进中国特色档案鉴定学的数字转型，促进数据形态历史档案的证据化利用。文书的可靠性与法律事实、历史事实的可信性具有同一性，真伪鉴辨也是历史文书学的功能之一，其鉴辨范围涵盖与历史文书学相关的年代学、印章学、文书产生程序、复制本形态、管控特定文档机构等专门化领域。[1] 促进档案学史实现数字转型，可以立足历史文书的真伪鉴辨，促进中国特色档案鉴定学的数字转型，促进数据形态历史档案的证据化利用。

第三，面向数治，实现档案法学的数字转型。大数据与算法相结合形成的"数字权力"与政府治理的"行政权力"相结合，催生出"数治"这一新的治理技术及模式。[2] 2022年6月，《国务院关于加强数字政府建设的指导意见》明确提出数字政府与法治政府深度融合的要求。档案法学是促进中国特色档案学实现依法治理的重要领域，促进档案法学与数据法学、计算法学、人工智能法学的交叉融合，深化对细粒度档案数据的法律特征研究，深化对调控多元数字档案空间中的复杂利益格局的法律规则的研究，关注跨境数据流动，提升档案法学的国际话语能力。

第四，面向数字时代的档案管理，促进应用档案学的数字转型。在我国已经形成的完整的档案学学科体系[3]中，应用档案学包括普通档案管理学、科技档案管理学、档案保护技术学等。中国特色应用档案学的

---

[1] H. Macneil, *Trusting Records: Legal, Historical and Diplomatics Perspective*, Dordercht/Boston/London: Kluwer Academaic Publisher, 2000: 20-22.

[2] 王锡锌：《数治与法治：数字行政的法治约束》，《中国人民大学学报》2022年第6期。

[3] 吴宝康：《档案学及其学科体系》，《湖南档案》1986年第5期。

数字转型，可以促进普通档案管理学、科技档案管理学、企业档案管理学等中国特色档案管理的数字转型；推动以档案保护技术学为代表的中国特色档案技术应用学转型。

第五，面向数字时代的科技档案管理，促进科技档案管理学的数字转型。科技档案是科技成果的重要组成部分，保存完好的科技档案可以帮助科研人员了解和掌握科研创新进程。我国对科技档案的研究可以追溯至1958年中国人民大学档案系开办的技术档案专修科。科技档案对部署科研任务、组织实施科研项目、选择技术路线具有参考价值，在我国科技事业中发挥着重要的支撑作用。改革开放后，我国先后出台了《科学技术档案工作条例（1980）》《科学技术档案管理暂行规定（1987）》《开发利用科学技术档案资源暂行办法（1988）》，推动了科研项目档案的规范化管理。[①] 2012年党的十八大后，我国科技档案管理工作逐渐向数字转型方向发展。[②] 中国特色科技档案管理学的数字转型，可以从面向科学数据和科研档案管理实现数字转型、面向知识服务实现科技档案管理学的数字转型两个方面切入。首先，面向科学数据和科研档案管理，实现中国特色科技档案管理学数字转型。科学数据和科研档案是科技档案资源的重要组成部分，是科技强国战略的关键要素。2001年，有学者提出档案学家与数据专家应当在E-Science中开展科学数据管理的合作。[③] 2018年，国务院印发《科学数据管理办法》，随后多项省级科学数据管理实施细则相继发布。2020年3月，工业和信息化部发布《工业数据分级指南（试行）》，提出"工业企业结合生产制造模式，平台企业结合服务运营模式，分析梳理业务流程和系统设备，考虑行业要求、业务规模、数据复杂程度等实际情况，对工业数据进行分类

[①] 杨文娜、张斌、李子林：《国外科研记录与数据管理实践对我国科研项目档案管理的启示》，《档案学研究》2019年第2期。

[②] 潘亚男：《新时期科技档案工作的新变化与新问题——基于中国科学院科技档案实践的思考》，《图书情报工作》2022年第1期。

[③] N. Beagrie, P. Pothen, "Digital Curation: Digital Archives, Libraries and E-Science Seminar"（2021-08-23）[2023-12-12]，http：//www.ariadne.ac.uk/issue/30/digital-curation.

梳理和标识，形成企业工业数据分类清单"，促使工业数据管理业务的出现。[①] 2020年9月，国家档案局、科技部发布新修订的《科学技术研究档案管理规定》，将科学数据纳入科研档案归档范围，进一步明确我国科学数据归档管理要求。[②] 中国特色科技档案管理学的数字转型可以面向科学数据和科研档案管理，促进科学数据管理和档案管理的融合。基于中国科技发展国情，从档案管理角度开展科学数据管理，促进科学数据鉴定、科学数据保管期限表制定、长期保存质量监管等方面的档案化管理，逐渐实现学理化提升，赋能以鉴定处置为关键的科技档案管理学数字转型。其次，面向知识服务，促进中国特色科技档案管理学数字转型，可以从促进科技文件材料学的数据要素利用方面切入，赋能科技文件材料高质量利用基本科研数据平台建设。

第六，促进企业档案管理学的数字转型。在制造强国背景下，企业档案管理的数字转型可以促使企业树立绿色生产理念，充分发挥数据价值，促进企业管理降本增效，提高企业经济治理能力，实现生产经营的绿色转型升级，赋能企业档案全要素生产率的提升。由于企业数据具有精准度高、时效性强、真实性强、分析挖掘更深入的特点[③]，中国特色企业档案管理学的数字转型，可以面向企业档案治理，提升企业发展数字韧性；面向企业档案资产管理，促进企业数据增值利用；促进企业档案数据开发利用，提升全要素生产效率。

第七，促进档案技术应用学的数字转型。档案技术应用学包括档案保护技术学、档案缩微复制技术学、电子计算机辅助档案管理学[④]等。以档案保护技术学的数字转型为例。中国特色档案保护技术学涉及理论、技术、平台、修复成果研究等方面，涵盖档案学、化学、生物学、

[①] 蔡盈芳：《数据管理业务与档案融合管理研究》，《档案学研究》2021年第3期。
[②] 霍倩、梁宵萌、潘亚男：《科学数据管理政策对档案部门科学数据管理的启示——基于政策工具的文本量化分析》，《图书情报工作》2021年第20期。
[③] 孙逍、王盈盈：《企业数据向政府共享：逻辑因由、实践模式与发展路径》，《电子政务》2024年第3期。
[④] 吴宝康：《档案学及其学科体系》，《湖南档案》1986年第5期。

地理学、气象学等多学科知识。中国特色档案保护理论形成于20世纪60年代初，已由经验总结式保护、学科专业化保护发展至深化发展型保护阶段。中国特色档案保护技术学的数字转型需要以保护理论科学化、保护技术先进化、保护手段差异化、保护环境整体化、保护评价常态化的新发展理念为指导①，重视档案信息保护，促进数字仿真复制技术在虚拟环境下的新发展；促进数据安全理论融入档案保护中；促进区块链技术在档案数据保护中的应用；制定数字环境下的档案抢救修复、灾备、应急方案，特别是建立数字环境下的档案修复监督与评估工作机制。

三　中国特色档案学数字转型的技术路径

（一）面向故事化开发，实现各学科领域的数字转型

中国特色档案学的数字转型，离不开档案及其数据的开发。档案开发是对档案的有效聚集和有效提振，真正让档案永久地流传后代，让档案"活起来"②。20世纪80年代以来，"故事"成为认同、框定等理论脉络的生发点。③ 在大数据时代，数据故事是一门新兴科学与技术。数据故事生成过程中包含四个关键要素——数据、分析、洞见、故事，具有体验、解释、启发三种功能。④ 发现、重构与故事化，也成为数字人文视角下档案学研究的新方法。⑤ 中央档案馆原馆长杨冬权曾说："档案开发，要让故事高于档案，让思想高于故事。也就是选用档案来引出故事、讲出故事，再从故事中提炼出思想、提炼出智慧来，从而把档案

---

① 周耀林：《我国档案保护发展的历程回顾与创新趋向》，《浙江档案》2019年第4期。
② 杨冬权：《新时代档案工作新思维》，上海远东出版社2022年版，第59—65页。
③ 曾静怡、牛力：《叙事增强档案文献遗产受众文化认同的策略探讨》，《档案学通讯》2024年第1期。
④ 朝乐门：《数据故事的内涵、生成及应用研究》，《中国图书馆学报》2024年第3期。
⑤ 牛力、高晨翔、张宇锋等：《发现、重构与故事化：数字人文视角下档案研究的路径与方法》，《中国图书馆学报》2021年第1期。

升华，把档案点亮，让档案增值。"①

中国特色档案学的数字转型，是对取材于历史的真实档案记录进行学理化阐释而促成的学科转型。故事化开发方法有助于调动学科转型中的各元素，使档案真正成为可体验、可解释、可启发的数据故事。档案数据是中国特色档案学数字转型的基本依托，是数据技术以及智慧档案馆、室的基础。智慧档案馆、室的数据包括档案全文数据、物流数据、人流数据、环境数据，数据挖掘与自主推动技术、数据采集系统、数据存储系统、数据传输系统构成智慧档案馆、室的数据技术基础。② 当前，数字环境下的档案文献编纂、档案保护、档案编研对于社会记忆建构具有积极意义。数字环境下视频档案数据的视频分割、关键帧提取、场景变换、故事情节重构等问题的解决，需要借助故事化方法、叙事技术、长期保存技术、真实性保护技术、安全技术，实现档案保护、档案文献编纂、科技档案管理等传统特色领域的转型升级。

从转型原则来看，中国特色档案学的数字转型可以基于数字叙事理论、数字保存理论、媒介考古学理论。数字转型应能揭示中国特色档案学研究对象的内容特征与形式特征，应能保障中国特色档案学研究对象的唯一性、客观性、真实性、完整性、可靠性、可用性。与此同时，中国特色档案学的数字转型并非脱离传统环境的空洞转型，而是在坚守学科特色的基础上进行学科特色拓新，进而实现学科特色升级。中国特色档案学的数字转型也并非只是传统模式在数字空间的简单补充，而是形成了一种新的内在逻辑，其核心变化在于教学模式、科研模式、实践模式的转变，表现在从教学理论到教学方法、从科研模式到科研方法、从实践模式到实践方法的全方位改变。因此，中国特色档案学的数字转型需要从理论到实践、从方法到思路的转型。具体而言，服务导向是中国

---

① 杨冬权：《新时代档案工作新思维》，上海远东出版社2022年版，第9—10页。
② 杨冬权：《新时代档案工作新思维》，上海远东出版社2022年版，第12页。

特色档案学数字转型的主要导向，这是因为档案学科必须用服务指导业务、带动业务、提高业务工作水平。[1]

从具体转型思路来看，在遵循转型原则运用故事化方法的基础上，遵循"内涵构建—生态优化—运用关键技术—进行资源脉络梳理—进行特色匹配分析—进行故事性要素解析—进行情节单元组织—叙事性线索生成—叙事情节生成—数字转型"的思路，以实现对档案学传统特色领域的数字转型。其中，多媒体技术、智慧技术、叙事可视化技术、选题数据库技术、融媒体平台技术、长期保存技术、虚拟整理技术、离线存储技术、信息加密技术、虚拟现实技术、语义关联技术是整个转型过程中的关键技术，这是因为媒介开发是未来档案开发的新方式之一。在当代社会，传媒的发展使媒体成为人类看待世界的"窗口"，是形塑人类社会历史意识的途径与思想基础。记忆的媒体研究法由此被引入社会记忆的再生产研究领域，促进记忆的产业化发展。现代传媒通过档案文献纪录片、档案与记忆类电视栏目、网上展览等方式，实现档案记忆展演。[2] 在多媒体技术的驱动下，档案全宗分类方法实现了新发展，主要表现为电子文件可按照图形、图像、影像、声音等形式特征和反映职能分工、事物属性等内容特征两种方法进行分类。[3] 智慧开发也是未来档案开发的新方式之一，包含了大数据技术、情报检索、机器学习、专家系统、模式识别、人工智能、可视化等多种技术，将档案的所有信息全部数据化，变为计算机可以全文识读并任意检索、任意组合的数据，与智慧档案馆建设密切相关。[4] 叙事可视化技术是可视化技术的一个分支，包括杂志风格（magazine style）、带注释的图表（annotated chart）、分区海报（partitioned poster）、流程图（flow chart）、连环画（comic

---

[1] 杨冬权：《新时代档案工作新思维》，上海远东出版社 2022 年版，第 14 页。
[2] 丁华东：《档案与社会记忆研究》，人民出版社 2016 年版，第 312—328 页。
[3] 金波等：《档案多媒体编研研究》，世界图书出版公司 2021 年版，第 50—51 页。
[4] 杨冬权：《新时代档案工作新思维》，上海远东出版社 2022 年版，第 78 页。

strip)、幻灯片（slide show）和视频（video）[①]，其可视化核心运用在于界面可视化与跨媒体运用，其叙事性考察角度主要包括叙事主题、叙事结构、叙事视角、叙事语言[②]四个方面。近年来，选题数据库技术已在部分数字出版领域拥有一定的实践基础，如万方选题数据库。融媒体平台技术的关键在于传统线下媒体与线上新媒体的融合构建。数字档案信息长期保存是在相当长的时间范围内，为了保证数字档案信息的完整性、真实性、有效性，维护数字档案信息的长期利用价值，而进行的持续不断的管理与维护，有助于解决数字档案信息的"失存""失用""失效"问题，以维护信息资源的国家控制力。[③] 虚拟整理技术是一种能脱离档案实体排列，而仅仅使用一套符号及其符号语法逻辑来记录和揭示档案之间历史联系的技术。它与档案实体排序无关，只是单纯记录和揭示档案之间的历史联系。[④] 虚拟整理方法是按照多媒体档案所反映的历史活动、重要人物、重大工程等内容，赋予其特定的分类号、关键词等标引符号，并将标引符号录入目录数据库，用数据库技术自动完成多媒体在内容上的排列组合，从而保持其在内容上的历史联系。这样不仅便于检索利用，也便于建立多维、动态的档案联系。离线存储技术是将数据保存于不与计算机网络相连接的独立介质、存储设备主要包括光盘、磁带、磁带库等上。[⑤] 存储设备性能稳定、安全性高、容量可以无限制扩展，适用于保密电子文件和未开放利用电子文件的存储、电子文件的备份、需长期保存和不便公开的多媒体档案的存储。[⑥] 信息加密是为保护网上传输的数据和信息的安全，利用技术手段把数据从明文变为

[①] E. Segel, J. Heer, "Narrative Visualization: Telling Stories with Data", *IEEE Transaction on Visualization and Computer Graphics*, 2010, 16 (6): 1139-1148.

[②] 谢玉雪：《数字档案资源的可视化叙事服务研究》，《档案学研究》2020年第3期。

[③] 谢永宪：《中国数字档案信息长期保存的策略体系研究》，研究出版社2019年版，第1页。

[④] 金波、丁华东：《电子文件管理学》，上海大学出版社2015年版，第163页。

[⑤] 金波等：《档案多媒体编研研究》，世界图书出版公司2021年版，第55、63页。

[⑥] 金波、丁华东：《电子文件管理学》，上海大学出版社2015年版，第190页。

第五章　面向数字转型的当代构建

密文，在使用时将其转换成明文的过程。①

其一，以历史文书学数字转型为例。围绕面向中国故事广泛传播这一转型目的，在问题导向的前提下遵循历史文书学数字转型的基本需求，以技术选型为基础，以具体学科领域为应用场景，采用从理论到实践、从方法到应用的思路，对历史文书学等学科领域开展数字转型的研究设计。首先，围绕历史文书学研究对象升级，设计数字故事化技术模块，主要包括设计专题数据库体系、设计选题数据库体系、设计故事化叙事技术模块、设计叙事可视化技术模块。如图 5-1 所示，在融媒体平台的支持下，不仅可以通过专题网站、专题数据库等形式呈现历史文书文种、文书处理过程，也可以通过互动方式使受众融入御制文字撰拟、公文书写、公文传递与转送等历史现场，还可以回归到传统档案典籍、行文场景里，克服讲述"中国故事"的时间与空间问题，实现故事素材、主题、时空、场景等多种元素的融合。

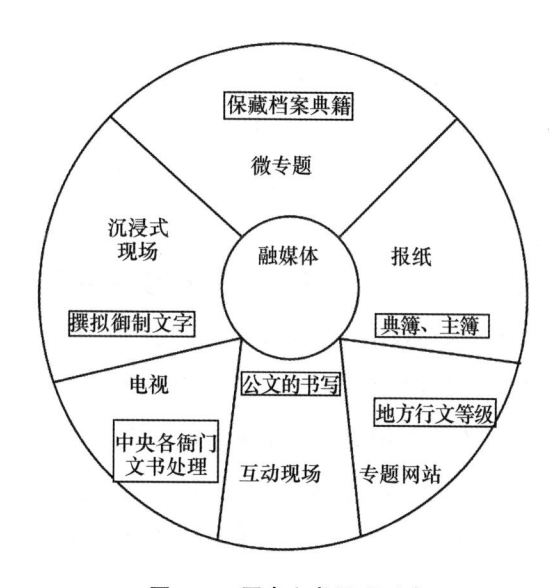

图 5-1　历史文书呈现形式

①　金波等：《档案多媒体编研研究》，世界图书出版公司 2021 年版，第 64 页。

其二，以档案文献编纂学数字转型为例，围绕面向中国故事的数字表达这一转型目的，档案文献编纂学诠释"中国特色"的核心在于：在尊重原文特色的前提下查选、考订、加工、编排、评价，以出版的方式将档案全部内容或部分内容纂辑成书。对出版的档案文献不加改窜，这不仅展现了具有中国特色的档案文献理论、规律与方法，也应和了《礼记·乐记》中"作者谓之圣，述者谓之明"之特色阐释。由于档案融媒体平台技术指向人机交互，面向交互式体验的档案文献编纂学数字转型，以实现由故事展现的中国古代档案编纂经验传承为目标导向。采用交互式方法，应用叙事可视化技术，数字式全景再现历代档案文献编纂故事，使学生能够沉浸式体验选题、查找、考订、转录加工、点校加工、标题拟定、编排体例、编写辅文等传统档案文献编纂方法，形成数字形态的编纂成果，构建包括编纂者、编纂材料、编纂成果、用户在内的文献编纂生态系统，最终形成衔接多学科文献知识交互式融合的社会文献信息系统。

不难发现，在遵循转型原则运用故事化方法对中国特色档案学进行数字转型后，有望实现作为学科领域内主要研究对象——传统形态档案的展示与传播，有助于中国档案特色的立体化呈现。

（二）加强技术革新以及各学科领域资源数字转型

第一，促进长期保存技术在档案学领域的应用。档案的长期保存涉及档案形成、流转、保管的不同阶段，需要保证档案的真实、完整、安全、有效。[①] 我国档案学领域对于长期保存技术的研究可以追溯至1999年加入的"电子文化真实性永久保管国际研究项目"，长期保存技术研究也在融入电子文件管理理论研究的进程中，促进了中外档案学界的学术交流，提升了中国特色档案学的国际影响力。因此，促进长期保存技

---

① 屠跃明、张梦霞：《电子文件（档案）长期保存责任体系构建研究》，《档案学研究》2016年第1期。

术在档案学领域的应用，可以从研究长期保存技术作用于电子文件管理的机理切入，并将之推广至中国特色档案学分支领域数字转型的研究中。

第一，由于存储载体寿命是影响长期保存的首要因素[①]，需要针对离散数据的归档保存问题应用长期保存技术。

第二，针对数据态档案长期保存中需要解决的维护语义连续问题，应用长期保存技术。

第三，针对档案学界强调的保证数字信息的证据效力[②]问题，促进区块链技术被应用于档案长期保存中的研究，解决档案数据长期保存中的真实性维护和安全维护问题。

第四，促进蓝光技术在档案收集理论与利用理论中的应用。蓝光技术的发展可以追溯至2002年，日本与欧洲、韩国的九家核心企业共同发布使用蓝色光盘作为光源的协议。由于蓝光技术具有使命寿命较长、能够维护电子档案的原始记录性、存储性能安全可靠等特征，其应用大幅提升了单张光盘的存储容量。[③] 促进蓝光技术在录像档案学中的应用，可以提升数字形态的照片档案、数字化文档音像的保存效率，扩大保存空间。

第五，将数字环境下的非遗建档分类与组织纳入档案分类学的研究范畴。从具体学科领域切入，促进档案数据分级分类保护技术的发展。非遗档案是中国特色档案文化资源的代表性领域，主要采用地域、主题、项目等分类方式，其传承与保护主要围绕非物质文化遗产代表性名录、非物质文化遗产代表性传承人两条线索展开。由于群众的参与是非

---

① 张静、王梦瑶、单嵩岩等：《磁光电混合存储在数字档案资源长期保存中的应用研究》，《图书情报工作》2020年第20期。

② 谢永宪、王巧玲、房小可等：《数字档案信息长期保存国内文献综述》，《档案学研究》2019年第2期。

③ 史金：《档案数字资源长期保存场景下的蓝光存储技术分析和应用策略研究》，《档案学研究》2022年第5期。

物质文化遗产传承的重要前提①，非遗档案的数据分类有助于扩大非遗档案的数据化利用，扩大群众参与非遗建档的范围。从支持政策来看，2011年以来，我国非遗数字化已经建立了以《数字资源信息分类与编码》《数字资源核心元数据》《术语和图符》为代表的基础标准，以及以《数字资源采集实施规范》《数字资源著录规则》《普查信息数字化采集》《采集方案编写规范》为代表的基本标准②，发展了以图谱技术为代表的非物质文化遗产的描述和组织技术，表明国家对于非遗建档与非遗档案数字化的重视程度不断提升。中国特色非遗档案分类研究的发展，需要将数字环境下的非遗建档分类与组织纳入档案分类学的研究范畴，从具体学科领域切入，促进档案数据分级分类保护技术的发展。同时，由于非遗建档存在类目设置瓶颈问题③，即非遗信息资源数量众多且来源分散，我国尚缺失非遗信息资源的分类标准，需要在"依项建档""依人建档"原则下，实现非遗建档分类的数字转型。发展中国特色档案分类学，可以将非遗档案建档的本体分类与组织纳入中国特色档案分类学中。

第六，促进档案数据资源共享和开发利用技术的发展。档案数据资源共享和开发利用技术能够实现档案数据价值的深度挖掘，是支撑中国特色录音录像档案等专门档案管理学、科技档案管理学、企业档案管理学发展的重要技术领域。

1. 促进录音档案数据资源共享和开发利用

录音档案是刻录特定时期我国历史的重要载体形式，随着机器学

---

① 周耀林、黄川川、叶鹏：《论中国刺绣技艺的保护与传承——基于群体智慧的SMART模型》，《武汉大学学报》（人文科学版）2016年第2期。

② 丁岩：《吹响非遗数字化保护工作的时代号角》，《中国文化报》2013年12月1日第3版。

③ 李姗姗、周耀林、戴旸：《非物质文化遗产信息资源档案式管理的瓶颈与突破》，《信息资源管理学报》2011年第3期。

习、深度学习对感知类数据处理能力的提升，可以先将音频类档案自动转换为文本描述[1]，为提取其知识元并组建档案知识网络提供文本基础。在数字环境下，中国特色档案数据资源共享和开发利用技术的发展，可以在文本化理论的指引下，促进录音档案数据资源共享和开发利用，实现中国特色录音档案资源的长期保存与共享利用。

2. 基于图像学理论，促进录像档案数据资源共享和开发利用

录像档案刻录着我国特定历史时期富有特色的社会文化实况，也蕴含着丰富的隐性知识和语义信息，在本质上属于"图像"的范畴。图像志理论被认为是图像学理论发展的早期阶段，主要涉及图像的收集、整理、描述、分类工作。20世纪，图像志理论发展为现代图像学理论，重视对图像作品主题事件和深层意义的探索。[2] 在数字环境下，中国特色档案数据资源共享和开发利用技术的发展，可以在图像学理论的指引下促进录像档案数据资源共享和开发利用，实现中国特色录音档案资源的长期保存与共享利用。

3. 促进科技档案数据资源共享和开发利用技术的发展

科技档案数据资源是我国科技事业建设的重要支撑，中国特色档案学数字转型技术的发展需要促进科技档案数据资源共享和开发利用技术的发展。特别是需要把握中国特色科技档案的成套性特点，整合科技项目流程与档案数据管理流程，将科学数据管理纳入科技档案归档、整理、编研、利用的全过程，推动建立科技档案数据鉴定标准，实现科技档案数据交汇源头治理和全程管控，规范科技档案数据的保管、利用、共享评估与监督，促进科技档案数据的资源关联和共享利用。

4. 促进档案数据保护技术的发展

档案数据保护技术关涉档案数据的安全与长期保存，新《中华人民

---

[1] 夏天、钱毅：《面向知识服务的档案数据语义化重组》，《档案学研究》2021年第2期。
[2] 钱毅、崔浩男：《基于图像学理论的人物照片档案开发利用研究》，《档案与建设》2022年第6期。

共和国档案法》的颁布使电子档案管理的安全理念从档案安全转向数据安全。[①] 中国特色档案保护技术的发展，需要重视档案数据信息保护技术、身份标识保护技术、个人档案信息保护技术的发展，实现档案安全技术、防灾技术、修复技术、病害防治技术与数据保护技术的融合发展。对《纸质档案抢救与修复规范》《特藏档案库基本要求》《古籍定级标准》等保护方案进行完善，使其契合数字环境下档案保护技术发展的需求，促进基于区块链的档案数据保护与共享方法发展。

---

① 张宇晴、阎二鹏：《新〈中华人民共和国档案法〉背景下电子档案信息安全的刑法保护路径研究》，《档案管理》2023年第6期。

第六章

面向新兴交叉学科建设的当代构建

学科之间的交叉地带一贯是新兴学科的生长点。① 档案学的应用性与实践性特征，赋予其鲜明的交叉学科属性。档案领域需要把握交叉学科建设的资源效能，通过借力多学科资源的赋能效用，实现学科建设的创新发展。1985 年，钱学森、钱伟长、钱三强等学者就曾倡议发展"交叉科学"②，指明"交叉科学是非常有前途、非常广阔而又重要的科学领域"，这为本书研究对象的界定提供了思想基础。

21 世纪以来，人类进入了交叉科学的时代。③ 2021 年，国务院学位委员会、教育部印发通知，设置了"交叉学科"门类，成为我国第 14 个学科门类。④ 交叉学科是学科交叉的产物之一。⑤ 新兴交叉学科是由多学科交叉融合形成的新兴学科、交叉学科。新兴交叉学科正在成为我国科技创新的重要驱动力，并不断催生出新的学科生长点和新的科学

---

① 钱三强：《迎接交叉科学的新时代》，《机械工程》1985 年第 3 期。
② 钱学森：《交叉科学：理论和研究的展望》，《机械工程》1985 年第 3 期。
③ 张洋、吴婷婷、李晶：《交叉学科视角下的信息资源管理创新人才培养》，《信息资源管理学报》2024 年第 3 期。
④ 教育部：《与哲学、经济学、理学、工学等传统学科并肩——我国新设置"交叉学科"门类》（2021-01-15）［2024-09-24］，http：//www.moe.gov.cn/jyb_xwfb/s5147/202101/t20210115_509892.html。
⑤ 钱佳、田晓明：《论"学科交叉"与"交叉学科"》，《江苏高教》2024 年第 9 期。

前沿。① 档案领域新兴交叉学科，是在档案学与其他学科相互交叉领域形成的一系列新生学科。档案领域新兴交叉学科的形成与发展，能够不断融合档案学与其他学科的优势和特色，缩小档案学与其他学科之间的鸿沟，进而推进知识创新，赋能中国自主知识体系的建构进程。

一 我国档案领域学科交叉的发展现状

档案学具有较为明显的交叉特征②，在学科发展进程中，逐渐具备外部衔接与内部融贯相结合、理论构建与实践演进相结合、人文驱动与技术驱动相结合等特征。③ 在此基础上，档案领域不仅建立了档案鉴定理论、档案利用理论等特色理论，也形成了档案分类方法、档案修复方法等特色方法。档案领域以这些特色理论与方法的形成为契机，开拓了档案信息描述与组织、档案文本理解与数据挖掘、档案数据理解与计算、现代技术与文件档案管理、档案数字资源长期保存、档案数字信息与知识管理④等一批新兴交叉研究领域。不难发现，档案领域学科交叉研究的发展，不仅充实与丰富了档案学学科内部的交叉域，也催生了档案学与历史学、法学、信息科学等学科的交叉领域。档案领域通过不断发现与回应新的研究问题，挖掘与拓展了档案学科本身的学科特色，形成了基于"问题域—特色域"式交叉学科模式启动、"特色域—问题域"式交叉学科模式回应的演进模式。

（一）问题域—特色域式交叉学科

问题域—特色域式交叉学科是以解决档案学在发展中所面临的问题

---

① 马费成、张帅：《我国图书情报领域新兴交叉学科发展探析》，《中国图书馆学报》2023年第2期。
② 张宁、赵国俊、张斌：《对我国档案学专业创新人才培养教学环节的思考——以中国人民大学信息资源管理学院为例》，《档案学通讯》2015年第3期。
③ 尹鑫：《论构建中国自主的档案学交叉学科知识体系》，《浙江档案》2024年第2期。
④ 参见武汉大学2024年档案学本科与研究生课程。

为导向，通过不断挖掘学科理论、知识、方法、成果等方面的特色，促使新兴交叉学科形成，也可视为"内驱建设型"[1] 学科交叉融合结构。其中，问题域为档案学领域交叉学科的研究问题发现、基本原则形成、基本制度确立、概念内涵外延的界定与拓展、理论范畴的形成、研究范式的确立建立了前提，特色域影响着档案领域交叉学科的话语诠释与范式选择。以档案保护技术学为例。传统意义上具有中国特色的档案保护采取手工修复、师徒相传的保护传承模式，对于长久保存中国珍贵历史文献作出了积极贡献。但是，随着历史的演进，即使是具有"纸寿千年"之美誉的中国档案文献用纸也面临破损、流失的危机。随着大数据、生成式人工智能等技术的发展，以及这些技术附带的低人力成本、高替代性特征，传统档案保护工匠的技能受到技术的冲击和挑战。与此同时，历史研究对于史实的考究，提出如何将保存完好的历史档案提供给历史学界利用的问题，亦提出了如何最大程度地维护历史档案的原真面貌、如何最大程度地延长历史档案的保存期限、如何通过数字转型以最高效率提供历史档案利用、如何实现虚拟环境下历史档案的实时修复、如何跨越地域距离对历史档案开展虚拟修复等问题。例如，特定数字环境中的濒危档案文献保护面临隐性信息、背景信息、过程信息保护规范研究不足[2]的问题，档案保护技术学如何发挥其自身在包容化学、生物学、信息科学等多学科知识方面的特色和优势，解决历史档案长期保存、实时修复、虚拟修复、修复信息保护等问题，能够促成新兴交叉学科的形成。为了回应与解答这些问题，中国人民大学信息资源管理学院成立多模态档案保护与开发国家档案局重点实验室，围绕"档案实体劣化机理与微观表征研究""档案实体病害治理与抢救性保护的关键技术与创新研究"等具有保护特色的研究方向，开展科学研究与人才培

---

[1] 张洋磊、黄亚苹：《"结构二重性"视域下的学科交叉融合：理想类型、现实挑战与"意外后果"》，《国家教育行政学院学报》2024年第3期。

[2] 崔璐、李姗姗、李岚：《濒危档案文献遗产隐性信息采集与保护研究》，《浙江档案》2022年第3期。

养，同时注重档案保护领域的产业开发、工程实施、社会服务，提升了档案保护产学研用一体化的话语影响力。武汉大学成立文化遗产智能计算实验室，着力解决文化遗产保护传承不力、内涵阐释不清、价值挖掘不足的难题。

与此同时，在学科交叉背景下，数据成为档案领域关注的研究焦点问题，档案领域一批知名学者在国内外多个重要学术会议上，就"档案管理既要管档案，也要管数据"达成共识。随着单轨制管理向纵深发展，模拟态档案载体逐渐实现向数字态档案载体、数据态档案载体的转型。在此背景下，如何发挥档案数据的生产要素功能、如何平衡档案数据的高密度开发利用与档案的保密及封闭期问题、如何解答档案跨境数据流不断增多趋势下国家档案的数据主权维护问题、如何规避企业开展市场服务过程中商业秘密档案的暴露与流失问题、如何解答信息资产视阈下档案数据的知识产权归属问题、如何克服地理距离开展文献遗产智能计算问题、如何实现数据态空间中的档案保密与权益维护等问题，能够促成新兴交叉学科的形成。为了回应与解答这些问题，武汉大学成立档案智能开发与服务国家档案局重点实验室，围绕"档案智慧数据资源组织与开发""档案数据安全治理与可信生态构建"等具有信息化特色的研究方向，着力构建信息化领域的档案智库，在促进档案科技成果转化过程中，提升档案信息化领域产学研用一体化服务能力，推动档案信息化理论创新与实践发展。

（二）特色域—问题域式交叉学科

特色域—问题域式交叉学科是以解决其他学科关注的问题为导向，输出档案学学科特色，促成新兴交叉学科形成。其中，特色域实现着向其他学科持续挖掘、诠释、呈现档案学学科特色的效能，问题域实现着回应与解答其他学科关注的问题的效能，在特色导向的问题回应与解答模式中，促成档案学交叉学科的形成，也可视为"外驱建设型"学科交叉融合结构。随着档案学的学科特色不断被发现与认可，本学科逐渐形成向其他学科输出特色的发展模式。以档案的凭证价值研究为例。档案学不仅依托档案的凭证价值特色，为证据法学研究提供了可靠的研究载体，也通过运用历史档案、诉讼档案、刑事犯罪档案等形成交叉研究，为证据法学的拓展提供新场景与新视野。

特别值得关注的是，在电子档案"单轨制"建设背景下，一方面，由于电子档案的可信性是维系其证据效力的重要方面，与民事裁量及刑事诉讼程序中的存证、认证、质证、取证等环节密切关联。档案管理学的发展演进，对于增加可长期保存的档案载体种类、确保档案的凭证价值、提升档案作为证据的可信度和说服力起着重要作用。另一方面，由于档案证据效力维系的目标在于实现电子档案从产生到永久保存的全生命周期"来源可靠、程序规范、要素合规"，进而满足司法活动中凭证查考、司法审查等利用场景中的数据内容与格式完整可靠、证据痕迹与系统环境信息齐全、具备可视性与可读性、来源主体可靠、提取方式可靠、固化存证技术可靠等要求。[①] 在此背景下，档案学者逐渐关注区块链上链存证研究，致力于提供基于档案学与信息科学双学科视阈的解决方案，进而维护电子档案的证据效力，推进档案学与证据法学的发展，促使交叉学科的形成。在依法治档背景下，档案的凭证价值研究作为撬动档案学、法学、信息科学等多学科交叉融合发展的基点之一，回应与解决新兴技术环境下档案的保全问题、安全问题等，不仅为档案领域的数据治理研究提供了新的增长点，也推动了信息资源管理理论边界与实践边界向法学领域拓展，赋能新兴信息法学的创新发展。

（三）特色域—特色域式交叉学科

特色域—特色域式交叉学科是以交叉融合档案学与其他学科的特色

---

① 毕建新、邹静娴、余亚荣等：《面向证据效力维护的电子档案可信管理探析》，《档案学通讯》2023 年第 6 期。

为导向，为中国特色哲学社会科学的整体推进输出学科特色，促成新兴交叉学科的形成。

　　第一，以档案数据治理研究为例。档案学领域的数据治理与数据的档案化治理本身存在一定的交叉研究领域。在新文科建设背景下，档案数据治理与数据的档案化治理的交叉融合程度不断加深，从整体上促成了新兴交叉学科的形成。在传统纸质档案载体管理时代，档案化是文件与档案形成过程中一种必然具备的档案意识。在数字时代，数据的档案化治理能够保证信息数据及其记录、演化过程"真实、完整、准确"的治理，实现对于事件的记录及其记录背景的阐释①，拓展归档范围②，随着大数据技术、小数据技术、厚数据技术、生成式人工智能技术逐渐深度嵌入档案学研究中，一方面，档案资源的原生性对于数据治理的需求日益提升，另一方面，数据治理为促进基于档案的数据基础设施（ABDI）的高质量服务提供了大量保障技术和工具。③ 档案学领域的数据治理发展出以数据思维为价值指引，将传统纸质档案载体治理研究逐渐转成档案数据形态的治理研究，对其从形成至利用的整个数据生命周期进行风险监控与关联分析，进而融合档案治理的特色与数据治理的特色，形成档案数据治理学这一新兴交叉学科，指导实践领域的档案数据管控工作，如对社交媒体二维码档案治理的研究，由于具备信息存储量大、实时存档率好、编码范围广、保密性与防伪性高、识别率与稳定性高、纠错容错能力强、交互性好④的特点，通过信息媒介端链接实体档案与电子档案、档案形成者与利用者、档案管理者与利用者，以二维码为移动媒介的档案数据治理正成为档案数据治理的新趋势。对于二维码

---

　　① 何嘉苏：《从德里达的"档案化"到中国的"档案化治理"——大数据时代档案学理论的"扬弃"》，《浙江档案》2023年第12期。
　　② 史林玉、詹逸珂：《政务数据资源档案化管理：面向传统归档实践的分析和思考》，《浙江档案》2022年第7期。
　　③ 钱毅、苏依纹：《基于档案的数据基础设施（ABDI）的概念内涵与构建策略》，《档案学通讯》2023年第6期。
　　④ 刘社文：《档案管理中二维码技术应用及风险管控研究》，《浙江档案》2022年第5期。

第六章 面向新兴交叉学科建设的当代构建

数据选用中出现的元数据分类标准问题、封闭期档案管理中的加密元数据加密标准问题等,二维码档案数据态印制后转为档案模拟态的软硬件基础设施治理问题等,不仅输出了档案学在数据治理方面的特色,也融合了数据治理的计算科学特色,在不断提出新的研究问题的同时,丰富了新兴交叉学科的问题域与研究域,促进了新兴交叉学科的形成。

第二,以信息组织学为例。信息组织学以信息分类后的处理过程为研究对象,其涉及的信息鉴别与筛选、数据校验与编码、信息和分类与排序等技术方法[1],与档案价值鉴定研究、档案分类法具有异中有同、同中有异的交叉融合样态。在新兴信息科技加速发展的背景下,历史文书学、档案文献编纂学、档案鉴定研究等档案学传统特色领域逐渐融入数字空间。但是,在这一过程中,档案学特色领域的数字转型面临着从档案组织到档案信息组织的转型问题,在如何传承传统档案信息组织方法优势的同时,吸纳与转化信息科学赋能的信息组织方法的特色,减少和避免"机器失误"的问题,能够促成新兴交叉学科的形成。

第三,以企业档案管理学为例。企业档案是企业市场经营活动中不可或缺的经济凭证,具有显著的资产价值。同时,企业档案的资产价值也具有实践基础与政策支持。自20世纪80年代以来,"档案资产"概念受到学界的关注[2],进入21世纪,档案的信息资产与知识资产价值[3]进一步受到学界的肯定。由于企业档案资产可以分为有形资产和无形资产,档案对于企业的资产价值不仅在于作为企业开展市场经营活动的经济凭证,也在于作为展示企业品牌、记录企业文化记忆的无形资产,特别是可以发挥塑造企业品牌形象、助力企业品牌推广、建构企业品牌记

---

[1] 马费成、张帅:《我国图书情报领域新兴交叉学科发展探析》,《中国图书馆学报》2023年第2期。

[2] 邓文霞:《从"资源"到"资产":档案数据资产治理模型初探》,《浙江档案》2022年第7期。

[3] 冯惠玲、赵国俊等:《中国电子文件管理:问题与对策》,中国人民大学出版社2009年版,第1、76、122页。

忆、推动企业品牌营销、维护企业品牌权益、宣传企业品牌文教等效能。[1] 从政策支持来看，中共中央、国务院、财政部均于2020年印发政策文件，肯定了数据资产价值[2]与档案的固定资产价值。[3] 在新兴信息科技环境下，应基于信息科学技术，促成企业档案管理学与经济学的交叉融合，形成促进数字经济向纵深发展的学科合力，从而促成新兴交叉学科的形成。

二 我国档案领域新兴交叉学科理论建构

理论建构对于中国特色档案学新兴交叉学科领域的形成具有基础性作用。基于前文揭示的我国档案学领域新兴交叉学科的范畴、特点、演进模式，可以从问题域与特色域两个方面，构建既解答问题又传承特色的档案学领域新兴交叉学科理论模型。

（一）新兴交叉学科理论模型的问题域

学科知识交叉是专门性问题的固有特点，交叉性也是档案专门性问题的重要特征。[4] 根据前文对于档案学新兴交叉科学研究模式问题域的分析可知，档案学领域新兴交叉学科的形成是受到一定的研究问题的启发的，这些研究问题可以分为理论问题与实践问题。中国特色档案学与历史学、信息科学、法学等学科为了解决学科发展进程中不断发现的研

---

[1] 黄霄羽、王逸梵：《企业档案部门助力品牌建设的角色定位及实现路径》，《浙江档案》2022年第8期。

[2] 《中共中央 国务院关于构建更加完善的要素市场化配置体制机制的意见》（2020-03-30）［2023-01-24］，https://www.gov.cn/gongbao/content/2020/content_5503537.htm?ivk_sa=1024320u。

[3] 财政部：《关于加强行政事业单位固定资产管理的通知（财资〔2020〕97号）》（2020-08-26）［2024-01-24］，https://zcgls.mof.gov.cn/zhengcefabu/202008/t20200831_3578022.htm。

[4] 李元华：《档案专门性问题解决程式的逻辑展开与路径探析》，《档案学通讯》2024年第2期。

第六章　面向新兴交叉学科建设的当代构建

究问题，开展知识交流与联合科研攻关，逐渐形成新的研究范式、知识元素、知识体系、理论成果、方法体系、技术成果等，新兴交叉学科在此过程中自然产生。根据国情的发展和国家建设需求，面向未来的我国档案学领域新兴交叉学科的问题域，主要围绕回应档案学嵌入国家治理的关键领域、回应档案学活化文化传承的关键机制、回应档案学深入科技自主创新的赋能机理、解答档案学提升人民群众幸福感的赋能路径、形成档案学统筹生态与环境资源一体化发展的中国方案等方面的研究问题来展开。例如，在回应档案学嵌入国家治理的关键领域方面，在面向未来的电子公文管理研究中，如何围绕党和国家关于建设发展的重要公务文件，发展成熟的数据鉴定技术、数据保密技术、数据归档技术、数据著录技术、数据编研技术、数据提取技术、数据利用技术、数据溯源技术、数据存证技术等，是电子文件管理学发挥密切配合党和国家中心工作、辅助决策支持与智库治理，逐渐更深入地嵌入国家治理需要回答的关键问题，对于这些研究问题的解答，需要电子文件管理学与信息科学、保密学、法学等学科进行深入交叉融合，加速形成新兴交叉学科。再如，面对国家减贫行动中的地区差异化问题，即档案资源在我国不同贫困地区、贫困社区、贫困村落、贫困农户间分配不均的问题，需要总结"建档立卡"工作在赋能国家减贫、脱贫中的经验，促进档案学与政治学、社会学、农业与农村发展学等学科的交叉融合，加速形成新兴交叉学科。又如，随着国家间科技竞争的不断加剧，我国亟须建立与完善具有自主科技特色、具备自主知识产权的中国特色科技创新体系，不断形成自主科技创新成果，解决科技自主创新中的"卡脖子"问题[①]，回应档案学深入进行科技自主创新的赋能机理，这就需要科技档案学与科学技术领域的交叉融合，加速形成新兴交叉学科。

---

① 吕方、黄承伟：《国家减贫行动如何回应差异化需求——精准扶贫精准脱贫制度体系及其知识贡献》，《中国社会科学》2023年第12期。

（二）新兴交叉学科理论模型的特色域

档案领域新兴交叉学科的建立，在一定程度上取决于档案学学科本身特色的输入、诠释与影响，这是由于档案学本身具有鲜明的学科特色，这些学科特色不仅支撑着档案学学科的发展，也逐渐成为档案学发挥密切配合党和国家中心工作、真实记录与持续传承中国历史文明、切实服务人民群众生产生活[1]等方面重要功效的话语依托。

我国档案学领域新兴交叉学科的特色域理论构建，需要着眼赋能中国特色审慎与精准治理、赋能真实历史场景还原、赋能特色文化场域全景显现、赋能自主科技创新道路铺就、赋能中国之美的持续刻录、赋能数字平等的软性共富、赋能世界话语交流互鉴等方面展开。例如，在档案学赋能中国特色审慎与精准治理方面，档案学领域新兴交叉学科的形成，可以面向法治中国建设目标，深化档案与国家治理研究；深化档案与保守国家秘密研究，促使档案涉密等级划分进一步完善；深化档案与依法行政研究，促使档案开放审核研究进一步规范化、促进电子文件管理学向纵深发展等。其中，一方面，根据档案开放审核成为档案治理学研究重要领域的形势，档案学赋能中国特色审慎与精准治理特别需要关注深化档案开放行政主体尽职免责方面的研究，为规范档案开放审核权责机制提供主体方面的正当性证成，但是，档案开放审核在制度研究层面仍然存在实体性规范阙如、程序性规范模糊的问题。[2] 由于在行政法学领域，行政主体权责研究是深化依法行政研究的重要领域，档案开放审核尽职免责实体性规范的阙如，为促成档案学与行政法学、刑法学、民法学、国际公法学形成新兴交叉学科提供了空间。与此同时，档案开

---

[1] 尹鑫：《中国特色档案学学科建设成果与发展路径探析》，《档案学研究》2022 年第 6 期。

[2] 蒋云飞、金畅：《档案开放审核尽职免责：理论阐释与制度创设》，《档案学通讯》2023 年第 5 期。

第六章　面向新兴交叉学科建设的当代构建

放审核尽职免责程序性规范的模糊，为促成档案学与行政诉讼法学、刑事诉讼法学、民事诉讼法学、国际私法学形成新兴交叉学科提供了空间。另一方面，电子文件管理学向纵深发展，为国家公文管理的数字转型与凭证留存提供了学理支撑。未来电子文件领域新兴交叉学科的发展，在理论层面，需要面向档案管理"三态"理论、文档管理对象结构理论、计算档案学理论、单轨制理论[1]实现新的理论构建；在技术层面，需要探索多样化的业务系统和档案管理系统架构丰富电子文件归档的技术路径[2]，这就需要电子文件管理学与信息科学深入交叉融合，加速形成新兴交叉学科。再如，在档案学赋能真实历史场景还原方面，随着大数据、云计算、物联网、生成式人工智能、数字孪生、知识工程等新兴信息技术的加速发展，档案信息空间逐渐呈现出实体感知、资源互联、职能拓宽、服务精准等特征，以档案信息空间为研究对象的中国特色档案信息学也逐渐将关注点延展至物理与数字双空间的共生资源[3]、虚拟档案库房建设、音视频档案的自动转录、人脸识别档案数据的抓取与鉴定、专家问答档案数据的实时交互等领域。档案学天然具有历史主义特征，随着中国特色档案信息学的深入发展，档案学逐渐构建起时空、主题、场景维度的历史照片档案叙事可视化呈现框架[4]，形成了以故事为中心的叙事可视化方法，用以解释和呈现数据。[5] 面向数字中国建设的档案学新兴交叉学科发展，需要面对真实历史场景的数字还原，

---

[1] 钱毅：《新技术环境下电子文件管理纵深发展关键问题分析》，《档案学通讯》2020年第3期。

[2] 郭硕楠、吴建华：《中国电子文件归档变迁及其规律初探——基于政策文本和研究文献的双重视角》，《档案学通讯》2023年第4期。

[3] 牛力、黎安润泽、刘慧琳：《融合、延展、重构：物理与数字双空间业务转型视角下的档案信息技术应用思考》，《档案学通讯》2023年第5期。

[4] 曾静怡、顾伟、刘力超等：《馆藏照片档案叙事可视化方法探析》，《档案学通讯》2021年第4期。

[5] 刘力超、曾静怡：《馆藏照片档案叙事可视化方法探析》，《档案学通讯》2023年第5期。

深入历史档案的数字转型研究,通过吸纳数字孪生技术、生成式人工智能技术、小数据技术等,不断实现真实历史场景的数字还原,发展基于中国故事的历史档案全景式呈现,深入历史文书学、档案文献编纂学、档案鉴辨学、档案保护技术学等学科与信息科学的交叉融合,加速形成新兴交叉学科。又如,在档案学赋能中国之美的持续刻录方面,由于档案是刻录中国之美的真实历史记录,也是未来打开中国之美的有效方式,中国特色录音档案学刻录了"中国之声",中国特色录像档案学刻画了"中国之形"。面向美丽中国建设的档案学新兴交叉学科发展,需要进一步发掘中国生态档案的资源和环境价值,使档案学与环境科学、信息科学进行深入交叉融合,加速形成新兴交叉学科。

三 我国档案领域新兴交叉学科发展的基本特点

(一) 形成了良好的问题发现与回应机制

根据前文分析可知,我国档案领域依托"问题域—特色域式交叉学科"与"特色域—问题域式交叉学科"两条主线,在不断发现与回应本学科、其他学科问题的过程中,形成新兴交叉学科增长点。这些问题可以归纳为理论问题和实践问题。依托问题解答形成新兴交叉学科,是我国档案领域新兴交叉学科发展的基本特点之一。

1. 理论问题

档案领域新兴交叉学科研究的理论问题,重点在于解决学科建设问题。以档案数据治理研究为例。档案学领域的数据治理与数据的档案化治理本身存在一定的交叉研究领域,在新文科建设背景下,档案数据治理与数据的档案化治理的交叉融合程度不断加深,从整体上促成了新兴交叉学科的形成。在传统纸质档案载体管理时代,档案化是文件与档案形成过程中一种必然具备的档案意识。在数字时代,数据的档案化治理能够保证信息数据及其记录、演化过程"真实、完整、准确"的治理,实现对于事件的记录及其记录背景的阐释①，拓展归档范围②，随着大数据技术、小数据技术、厚数据技术、生成式人工智能技术逐渐深度嵌入档案学研究，一方面，档案资源的原生性对于数据治理的需求日益提升，另一方面，数据治理为促进基于档案的数据基础设施（ABDI）的高质量服务提供了大量保障技术和工具。③ 档案学领域的数据治理发展出以数据思维为价值指引，将传统纸质档案载体治理研究逐渐转成档案数据形态的治理研究，对其从形成至利用的整个数据生命周期进行风险监控与关联分析，进而融合档案治理的特色与数据治理的特色，形成档案数据治理学这一新兴交叉学科，指导实践领域的档案数据管控工作，如对社交媒体二维码档案治理的研究，由于具备信息存储量大、实时存档率好、编码范围广、保密性与防伪性高、识别率与稳定性高、纠错容错能力强、交互性好④的特点，通过信息媒介端链接实体档案与电子档案、档案形成者与利用者、档案管理者与利用者，以二维码为移动媒介的档案数据治理正成为档案数据治理的新趋势。对于二维码数据选用中出现的元数据分类标准问题、封闭期档案管理中的元数据加密标准问题等，二维码档案数据态印制后转为档案模拟态的软硬件基础设施治理问题等，不仅输出了档案学在数据治理方面的特色，也融合了数据治理的计算科学特色，在不断提出新的研究问题的同时，丰富了新兴交叉学科的问题域与研究域，促进了新兴交叉学科的形成。

2. 实践问题

档案领域新兴交叉学科研究的实践问题，重点在于解决工作场景问题，即通过发现、回应、解答工作场景中的问题，促成新兴交叉学科的

---

① 何嘉苏：《从德里达的"档案化"到中国的"档案化治理"——大数据时代档案学理论的"扬弃"》，《浙江档案》2023年第12期。

② 史林玉、詹逸珂：《政务数据资源档案化管理：面向传统归档实践的分析和思考》，《浙江档案》2022年第7期。

③ 钱毅、苏依纹：《基于档案的数据基础设施（ABDI）的概念内涵与构建策略》，《档案学通讯》2023年第6期。

④ 刘社文：《档案管理中二维码技术应用及风险管控研究》，《浙江档案》2022年第5期。

形成。首先，以档案领域的信息组织为例。信息组织学以信息分类后的处理过程为研究对象，它所涉及的信息鉴别与筛选、数据校验与编码、信息和分类与排序等技术方法[1]，与档案价值鉴定研究、档案分类法具有异中有同、同中有异的交叉融合样态。在新兴信息科技加速发展的背景下，历史文书学、档案文献编纂学、档案鉴定研究等档案学传统特色领域逐渐融入数字空间。但是，在这一过程中，档案学特色领域的数字面临着从档案组织到档案信息组织的转型问题，在传承传统档案组织方法依靠人工组织的低误差、高艺术价值、高审美性能的同时，吸纳与转化信息科学赋能的信息组织方法高效率、低延时的特色，同时减少和避免"机器失误"的问题，能够促成新兴交叉学科的形成。其次，以企业档案管理为例。企业档案是企业市场经营活动中不可或缺的经济凭证，具有显著的经济资产机制。同时，企业档案的资产价值也具有实践基础与政策支持。从实践基础来看，企业档案的资产化管理有助于保证企业信息资产的真实、完整、可用。20世纪80年代，"档案资产"概念即受到学界的关注[2]，进入21世纪，档案的信息资产与知识资产价值[3]进一步受到学界的肯定。由于企业档案资产可以分为有形资产和无形资产，档案对于企业的资产价值不仅在于它被作为企业开展市场经营活动的经济凭证，也在于它被作为展示企业品牌、记录企业文化记忆的无形资产，特别是它可以发挥塑造企业品牌形象、助力企业品牌推广、建构企业品牌记忆、推动企业品牌营销、维护企业品牌权益、宣传企业品牌文教等效能。[4] 从政策支持来看，中共中央、国务院、财政部均于

---

[1] 马费成、张帅：《我国图书情报领域新兴交叉学科发展探析》，《中国图书馆学报》2023年第2期。

[2] 邓文霞：《从"资源"到"资产"：档案数据资产治理模型初探》，《浙江档案》2022年第7期。

[3] 冯惠玲、赵国俊等：《中国电子文件管理：问题与对策》，中国人民大学出版社2009年版，第1、76、122页。

[4] 黄霄羽、王逸梵：《企业档案部门助力品牌建设的角色定位及实现路径》，《浙江档案》2022年第8期。

2020年印发政策文件，肯定了数据资产价值[①]与档案的固定资产价值。[②]在新兴信息科技环境下，基于信息科学技术，促成企业档案管理学与经济学、金融学的交叉融合，形成促进数字经济向纵深发展的学科合力，能够促成新兴交叉学科的形成。

(二)"特色"因子不断显现

档案记录着具有中国特色的历史、文化、科技事业发展进程。受益于新中国成立后中国特色档案学的形成与发展，档案领域"特色"因子得以不断显现，有力地帮助学科迎接技术冲击、学科目录调整等发展挑战，也有力地帮助学科加强生源认同、档案实务界认同、信息资源管理一级学科认同，在新兴交叉学科建设机遇来临的当下，档案领域"特色"因子的显现，有助于档案学输出学科特色，借助学科特色的输出和表达，建立独属于档案学科的话语体系，助力新兴交叉学科的形成。依托特色输出形成增长点，也是我国档案领域新兴交叉学科发展的基本特点之一。

1. 理论特色

档案学具有鲜明的理论特色，具有一系列学科特有概念、原理与规则[③]，如归档、历史记录、原始凭证等。学科特有的概念、原理与规则不仅筑牢了档案学的生存根基，也影响了其他学科理论的发展。整合与关联档案学各分支领域的理论特色域，有助于从深层挖掘中国档案学的理论特色。例如，档案保护理论具有一定的原创性，为文博保护理论、

---

① 《中共中央 国务院关于构建更加完善的要素市场化配置体制机制的意见》(2020-03-30) [2023-01-24]，https://www.gov.cn/gongbao/content/2020/content_5503537.htm?ivk_sa=1024320u。

② 财政部：《关于加强行政事业单位固定资产管理的通知（财资〔2020〕97号）》(2020-08-26) [2024-01-24]，https://zcgls.mof.gov.cn/zhengcefabu/202008/t20200831_3578022.htm。

③ 傅荣校：《论档案学基础理论研究》，《档案学研究》2001年第3期。

历史文献保护理论的发展提供了有益参考。档案学的理论特色域显示了学科特有概念与规则，并代表着档案学的科研水平与发展趋势，整合与关联档案学各分支领域的理论特色域，有助于从深层挖掘中国档案学的理论特色。从档案学的理论特色域来看，中国古文书学、法制史理论兼具档案学、法学、史学的理论源脉，并且具备这三门学科共同参与的实践场景①，表明档案学天然地具备解决法学与史学关注的研究问题之优势，具有用于解释古代法律文书的档案属性、揭示古代法律文书的证据性的实践效用。档案文献考据理论的创立，促使档案学与历史考据学的交叉融合成为可能，并满足着史学家挑选、鉴别与运用史料的苛刻要求，辅助史学家对于"史料""证据""证明"等问题的处理。

2. 实践特色

档案学不仅具有鲜明的理论特色，也具有鲜明的实践特色。其实践特色拓宽了档案业务与其他领域业务的交叉融合面，促成新兴交叉学科的形成。例如，我国档案文献编纂方法影响了传统史学纪事本末体的形成，促进了档案学与历史学的交叉融合。再如，我国古籍中"跋"的利用，效仿于古代档案的利用方式。又如，我国档案保护方法影响了图书保护方法的形成。档案保护与图书保护在原生性保护、再生性保护领域存在交叉，其中，档案的保存环境、修复技术影响了图书的保存和修复。我国东汉"熹平石经"、唐开成石经、清石经等金石文献保护，多效仿石质档案的保护方式，体现了我国古代档案保护特色对于图书保护的影响。我国古代的竹简文献"杀青"保护方式，源于对简牍档案"杀青"保护方式的借鉴。又如，1911年之前，我国抄写、出版的图书，在整理方式上与档案整理存在交叉，其交叉范畴主要体现于古籍整理范畴，如在"种""册""卷"范畴的界定上，图书与档案存在交叉。

---

① 梁继红：《档案学视野中的古文书学：西方经验与中国路径鸟瞰》，《档案学通讯》2024年第3期。

其中，甲骨文献记录就主要效仿于甲骨档案①，体现了我国先秦时期档案记录特色对于图书管理的影响。

四 我国档案领域交叉学科发展面临的现实挑战

（一）理论回应滞后

由于各个学科知识形态表现出差异性，我国档案领域尚缺失能够指导新兴交叉学科建设的理论形态，故理论回应滞后是我国档案领域新兴交叉学科发展的现实挑战之一。理论回应滞后，具体表现为概念、基本原则、研究对象等理论要素的回应滞后。首先，由于概念是组成理论的基本单元，档案新兴交叉学科领域概念的生成，并不是多学科概念的简单相加，而是通过对多学科知识的比较、分析、综合、抽象，借助多学科共同认可的语言形态，将知识和经验归纳为新兴概念的过程。这一过程也是多学科知识跨界融合的过程。但是，在现实层面，档案领域的知识跨界融合存在复杂性。以档案知识与信息科学知识的跨界融合为例。档案领域技术标准体系的不统一、技术评估与监督机制的不明确、技术适用性问题等尚未得到充分解决，导致档案知识与信息科学知识面临跨界融合问题。其次，基本原则是指引理论发展方向、明确理论边界的标尺。党政档案统一管理、同一全宗不可分散、文档一体化是档案领域现有的基本原则，但是，档案领域原有的基本原则已经不能适应数智环境的需求，而数智环境是新兴交叉学科形成的主要依托，这就产生了基本原则回应滞后的问题。例如，在档案资产理论与信息资产、知识资产、数据资产等概念产生交叉关系②的过程中，与之相对应的基本原则研究较为缺乏，导致交叉概念的生成缺失边界。最后，研究对象是理论发挥

---

① 2024年9月14日武汉大学信息管理学院关于"古籍概述"课程。
② 陈建、谢鹏鑫：《档案资产理论核心概念转变的原因阐释及现实启示》，《档案学研究》2022年第1期。

效用的基本客体。档案领域新兴交叉学科构建会带来研究视角的扩展，这一扩展也将拓展研究对象的内涵与外延。时下，信息思潮、史学思潮、治理思潮正促进着档案领域研究对象的变迁。信息科学研究的计量性与预测性、史学研究的实质性与经验性[①]、治理研究的规范性与指引性，都深刻地影响着档案领域的研究对象。但是，知识共享模式转变滞后、知识的交叉性和完整性存在矛盾、多学科理论的开放性与封闭性存在矛盾，致使新兴交叉学科理论的逻辑自洽性不足，进而导致研究对象转变的滞后性问题。理论回应滞后是档案领域新兴交叉学科建设面临的根本问题。

(二) 管理方式失衡

管理是档案理论作用于档案实践的基本手段，是理论指导实践的主要依托。在多学科场域下，管理场景迭代、管理环境差异、服务对象差异等客观因素的存在，导致多种管理方式相互冲突、分工及合作机制不明晰、管理方式的独立性与交叉性存在矛盾等问题，进而致使档案领域新兴交叉学科建设面临管理方式失衡问题。其主要原因在于：第一，与多学科相对应的管理方式具有独立性，这体现了各学科的核心理念、需求与方法不同。独立的管理方式与多学科管理方式的交叉性并不完全嵌合。第二，新兴信息技术嵌入管理的程度存在差异性。例如，数据"跨界""聚合""复用"给数据实践带来了挑战[②]，档案管理、司法管理、史料管理面临着共同的数据转型考验，转型的不均衡会导致管理冲突的问题，进而给理论适用造成困难，这也是阻碍档案领域新兴交叉学科形成的因素之一。

---

① 闫静：《史学思潮与档案景观的变迁》，《档案学研究》2022年第3期。
② 章燕华、石晶：《数据档案化的浙江探索：模式路径、实施经验与发展趋势》，《档案学通讯》2024年第3期。

（三）教学模式固化

在传统环境下，档案学教师在教学中存在着照本宣科和单向灌输[①]的问题，由此也导致教学模式与教材内容重复程度高，教学模式固化问题，而新兴交叉学科建设需要增强教学互动，形成师生联动、教研一体的生动局面，这需要改善档案学教学模式，促成有利于新兴交叉学科发展的教学环境的形成。纵观历史可知，档案领域教学模式固化的深层次原因在于教学革新的动力不足，新兴交叉学科建设可以为教学提供来自多学科的海量资源，为促进教学模式革新提供源源不断的动力来源。放眼世界，项目模式、实习见习模式、社区模式、工作间模式等体验式教学模式[②]，正成为国外档案学深度融合理论与实践的新方式。较之国外，我国档案学教学模式存在着教学格局局限的问题，长此以往，不仅不利于高素质综合型档案人才的培养，也不利于培养适应新兴交叉学科需要的合格人才。

（四）制度匹配程度不足

制度环境是学科生存发展的重要保障。制度建设的缺失，不利于保障新兴交叉学科依法依规进行。制度匹配程度不足，也是档案领域新兴交叉学科建设的现实挑战之一。这种不足主要体现在两个方面：实体性制度、程序性制度匹配程度不足。一方面，档案领域实体性制度匹配程度不足。例如，随着新兴信息技术的发展，档案数据分级分类、档案数据出境、档案数据的开放审核等现实问题不断涌现，呼唤出台专门性立法作出相关实体规定。但是，目前仅有《中华人民共和国档案法》《中华人民共和国档案法实施条例》等档案领域立法对以上问题作出了一些

[①] 黄霄羽、靳文君：《档案思政融合式教学模式的内涵特点、动因阐释与实践路径》，《中国人民大学教育学刊》2023年第4期。

[②] 罗宝勇：《美国档案学体验式教学模式研究及启示》，《档案学研究》2022年第1期。

原则性规定，这给档案行政部门、司法机关、执法机关适用这一制度带来困难，如案件移送不顺畅、证据转换障碍、监督制度不完善①，等等。另一方面，档案领域程序性制度匹配程度不足。例如，在新兴市场环境下，企业破产激增导致破产企业档案管控问题凸显，《中华人民共和国档案法》《中华人民共和国档案法实施条例》与《中华人民共和国企业破产法》存在程序规则失调②的问题，进而致使档案领域与企业管理领域的交叉融合存在困难。究其原因，这种挑战的存在主要是档案领域"交叉性"标准尚未确定、制度定位不明，以及制度真空的存在，未能对新兴交叉学科建设进程中出现的问题给予有效的制度回应。

（五）技术适用程度不足

英国科幻作家亚瑟·克拉克曾说："任何足够先进的技术，都与魔法无异。"面对数智技术的发展，传统档案管理方式转型升级不足。与此同时，由于档案管理固有的内向性和封闭性，新兴信息技术并不能完全适用于档案管理，这成为新兴交叉学科发展的阻碍。受制于档案数据本身保守性、封闭性、私密性等特征，档案数据在其生产、采集、传播、利用过程中应用新兴信息技术的程度较为有限，由此带来档案领域数据疆域拓展受限的问题。技术适用程度的不足，既不利于释放出新兴交叉学科建设活力，也容易造成档案管理与数据管理相互分割、学科建设脱离主流技术环境等问题。

五 我国档案领域学科交叉发展的优化策略

根据前文的分析，不难发现影响我国档案领域新兴交叉学科形成的

---

① 全其宪：《档案安全行政执法与刑事司法衔接制度的系统构建》，《档案学研究》2022年第5期。
② 孙军：《破产企业档案管控：两类制度共性程序规则的设置及其保障路径》，《档案学研究》2023年第2期。

深层原因在于：是否能够解决理论与实践问题、是否能够输出理论与实践特色。与此同时，考虑到新兴交叉学科形成的外部环境，是否善用国际经验，也会影响我国档案领域新兴交叉学科形成的进程。最新的国际档案学交叉学科研究，呈现出交叉视角的前移、交叉方法的创新、交叉场景的多元、交叉话题的反转四个主要趋势。例如，出于监督政府行政行为的目的，美国正尝试在政府暴力行为研究中，将档案学、历史学、人口学、移民学、政治学、社会学等多学科交叉视角前移，通过观察政府暴力档案的形成过程，利用档案记录的真实事件，反思管控政府暴力行为的可行方案。[①] 再如，故事化成为美国亚利桑那州立大学国家数据中心的档案学者改善档案内容缺失、提升档案收集质量的新方法。美国国会图书馆针对档案数据不可用，特别是图像和图表档案元数据保存困难的问题，通过开发美国内战时期家庭档案、网络漫画档案两个项目，发掘档案分类这一信息组织方法的新效能——提升科研人员和公众利用档案数据的便捷程度，实现图书馆管理方法、档案分类方法的交叉创新运用。又如，美国得克萨斯州互联网剧院将艺术家、观众视为"活动的档案"。由于得克萨斯州剧院的图像、音频、视频档案数据通常是动态的，并通过数字表演、沉浸式剧场、特殊场景剧场等多元方式加以呈现，剧院档案数据特别重视全程保管，以确保档案数据保管的完整性。这些研究趋势可以为我国档案领域新兴交叉学科建设提供启示。结合我国档案领域新兴交叉学科建设的两条主线，反思国际档案领域新兴交叉学科建设的经验，面向未来，我国档案领域新兴交叉学科建设可以遵循一条按照"边界封闭阶段—闭环合作阶段—边界开放阶段"发展的基本路径，并推进理论发展，建构新型理论逻辑；对标前沿，拓宽管理场景；跟进教学创新需求，丰富应用场景；根植中国立场，强化国际视野这四个具体维度推进建设。

---

① D. Paola, S. Rodrigo, "Scouring the Desert: Political Violence Traceability in the Americas", *Archival Science* (2024) 24: 307-327.

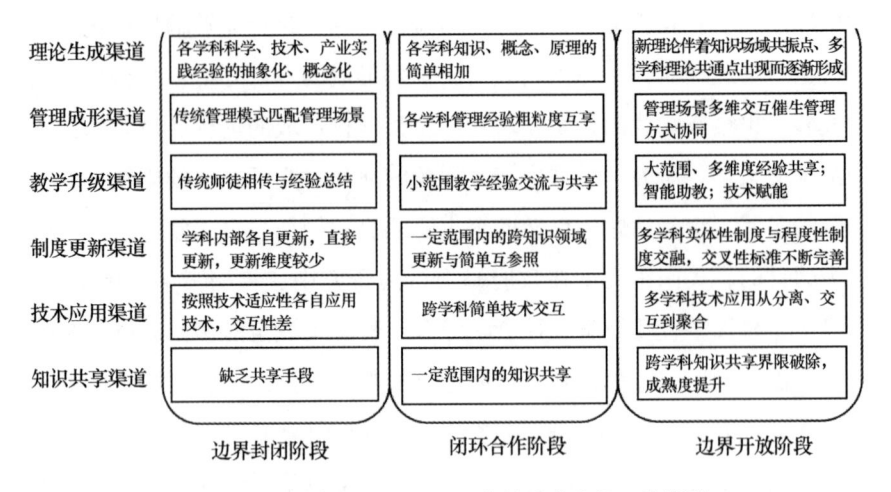

渠道	边界封闭阶段	闭环合作阶段	边界开放阶段
理论生成渠道	各学科科学、技术、产业实践经验的抽象化、概念化	各学科知识、概念、原理的简单相加	新理论伴着知识场域共振点、多学科理论共通点出现而逐渐形成
管理成形渠道	传统管理模式匹配管理场景	各学科管理经验粗粒度互享	管理场景多维交互催生管理方式协同
教学升级渠道	传统师徒相传与经验总结	小范围教学经验交流与共享	大范围、多维度经验共享；智能助教；技术赋能
制度更新渠道	学科内部各自更新，直接更新，更新维度较少	一定范围内的跨知识领域更新与简单互参照	多学科实体性制度与程度性制度交融，交叉性标准不断完善
技术应用渠道	按照技术适应性各自应用技术，交互性差	跨学科简单技术交互	多学科技术应用从分离、交互到聚合
知识共享渠道	缺乏共享手段	一定范围内的知识共享	跨学科知识共享界限破除，成熟度提升

图6-1 档案领域新兴交叉学科形成路径理论模型

（一）推进理论发展，建构新型理论逻辑

建构完整而系统的理论逻辑，是研究和开发档案领域新兴交叉学科内涵的根本保证。其主要原因在于：学科交叉是一个交互过程，需要不同知识元素、不同组织、不同环节之间的交互。档案学与具有异质性的学科之间进行多维交互，能够促成新兴知识的创造，进而促成新兴交叉学科的形成。知识交互中形成的多元"学科关系"成为跨越学科边界协作创新的内核，不仅带来理论、方法与资源的互动，而且带来基于学科关系的"交叉关系"的不断建构与演进，重塑知识发现进程。由于档案领域新兴交叉学科构建存在理论回应不足的问题，因此，面向未来，档案理论的发展，需要建构适应于新兴交叉学科的新型理论逻辑。

首先，新型理论逻辑的建立，需要审视交叉学科理论流变路径，辨明交叉学科生成的理论动因。根据前文分析，不难发现从理论分立向理论融合发展，是交叉学科的理论流变路径之一。引入一定的档案资源、方法、需求，能够确保新兴交叉学科建设具备档案特色。例如，在数智时代背景下，可以从传统方法体系与新兴方法体系两个方面和两个维度，推进新兴交叉学科方法体系创建，保留和发展具有档案特色的传统方法，同时关注数智时代背景下适用于新兴交叉学科的新方法。

其次，新型理论逻辑的建立，需要拓展理论思维，建构跨学科的通用理论阐释模式。例如，档案领域对后保管范式的吸纳，催生了档案学者的"无墙档案馆"理想。"无墙档案馆"理想描述了一种档案业务跨界融合的模式，理论根源于业务，档案领域新兴交叉学科的理论构建，也可以参考这种"无墙"模式，建构跨学科的通用理论阐释模式。但是，通用理论阐释模式的建构，离不开对新兴交叉学科"思想内核"的把握，一方面，促成多学科知识场域共振点、理论共通点的形成；另一方面，坚守学科内核，在学科交叉融合中明晰学科边界。这是因为建构新型理论分析框架，需要探索理论交叉融合的边界。例如，在计算赋能时代，部分档案学者提出基于技术驱动的自保管思维[1]，这可以视为档案领域的一种新型理论分析框架。

最后，新型理论逻辑的建立，需要确立多学科理论的平衡视角，推进理论的解构与重构。在理论的结构方面，需要适时革新传统档案学理论中过时的内容，形成知识创新范式，重塑知识交叉模式，培育新兴交叉学科知识生产惯习，形成新兴交叉学科理论的内容生产机制。

（二）对标前沿，拓宽管理场景

根据前文对于档案领域新兴交叉科学研究模式问题域的分析可知，档案领域新兴交叉学科的形成是受到一定的研究问题启发的，是在回应和解答这些研究问题的过程中形成的。档案学与历史学、信息科学、法学等学科为了解决学科发展进程中不断发现的研究问题，开展知识交流与联合科研攻关，逐渐形成新的研究范式、知识元素、知识体系、理论成果、方法体系、技术成果，新兴交叉学科是在此过程中自然产生的。档案领域新兴交叉学科的建立，也取决于档案学学科本身特色的输出、

---

[1] 王宁：《数字转向：后保管理论视域下档案保管思维的重塑与拓展》，《档案学研究》2023年第4期。

诠释与影响。同时，根据国际上学科交叉视角前移的趋势，我国档案领域新兴交叉学科建设需要拓宽理论所对应的管理场景，善于利用档案学特色，在赋能中国特色审慎与精准治理、赋能真实历史场景还原、赋能特色文化场域全景显现、赋能自主科技创新道路铺就、赋能中国之美的持续刻录等方面，充分输出与诠释档案的理论特色与实践特色，拓宽理论对应的管理场景。档案领域管理场景的拓宽，需要融入协同管理理念，精准匹配管理场景；培育管理文化共同体意识，塑造管理文化场域；探索管理方式结合点，推动形成嵌套共生的管理格局；衔接不同管理方式，突出档案方法的贡献；突出任务导向，建立跨任务类型管理方式。例如，时下，ChatGPT、Deepseek 类大模型能够实现跨知识领域、跨模态生成、跨人机交互[1]，为档案管理方式的创新提供了科技支持。

（三）跟进教学创新需求，丰富应用场景

根据上文分析可知，档案领域新兴交叉学科的构建，在教学层面存在教学模式固化的问题。面向未来，推进档案领域新兴交叉学科教学的发展，需要跟进教学创新需求，丰富应用场景。

首先，布局教学全域，调整优化课程设置，探索建立档案领域的新兴交叉学科体系。我国已经建立起了层次清晰和内涵丰富的档案学学科体系[2]，但是，档案领域离建成完善的新兴交叉学科体系还有一定差距，这就需要思考在已有档案学学科体系的基础上，围绕新兴交叉学科发展空间，探索形成更多的新兴交叉学科生长点，努力打破档案学与信息资源管理一级学科内部各学科、跨一级学科社会科学及自然科学的学科壁垒，探索建立档案领域的新兴交叉学科体系。

其次，健全新兴交叉学科人才培养机制。人才是新兴交叉学科建设

---

[1] 牛力、金持、黎安润泽：《大模型在档案工作数智转型中的应用：新机遇、新模式和新转变》，《档案学通讯》2024 年第 6 期。

[2] 张斌、尹鑫、杨文：《中国档案学学科体系建设回顾与展望》，《中国图书馆学报》2024 年第 2 期。

的主要依托,人才培养也是档案领域融入教育强国建设的重要支撑。面向新兴交叉学科建设的人才培养,需要充分发挥人才主体地位,释放人才创新活力。档案领域的新兴交叉学科人才培养,特别需要重视发挥档案工匠、档案管理人才、档案技术人才等多元主体的创新活力,创建有利于人才成长的评价机制,善于发挥档案领域人才在攻克多学科难题方面的独特作用,使人才能够回应中国式现代化进程中的风险与挑战、发挥档案学赋能国家新质生产力的积极效用、发挥档案学赋能国家治理体系和治理能力现代化,不断趋近新兴交叉学科建设的目的。建设更具创新性的人才培养体系,从本科生和研究生两个培养层次分析档案领域新兴交叉学科人才培养趋势;借助档案领域新兴交叉学科人才培养,为形成高水平人才自主培养体系提供助力。

(四)根植中国立场,强化国际视野

根据前文分析可知,国际档案学界的最新研究与交叉学科建设密切相关,体现了国际档案学界对交叉学科建设的重视,这也证明我国档案领域新兴交叉学科建设具有良好的国际学术环境。因此,我国可以凭借档案领域新兴交叉学科建设的契机,尝试让世界了解、认同、接纳更多的中国元素,推进中国特色文化出海传播,通过建立海内外联学联研机制、共建科研基地、共建实践基地等方式,在推进档案领域新兴交叉学科建设的进程中,促进世界档案文明交流互鉴,进而提升档案领域新兴交叉学科建设的国际话语权。

第七章

结论与展望：回顾·省思·前瞻

一 回顾：中国特色档案学的贡献

中国特色档案学建设历经独立学科的自主创建、学科体系的初步成形、学科的创新发展过程，其创建与发展的进程倾注了新中国成立后历代档案学人致力于学科理论探索的心血。通过对中国特色档案学建设进程相关史实的梳理可以发现，中国特色档案学自建立伊始，不仅为探索解答中国问题贡献了学科力量，展现了档案学中的"中国特色"，还在为国家建设留存历史记录、传承中国特色历史文化、讲好中国故事、推进中国特色档案事业发展等方面作出学科贡献。中国特色档案学在发展进程中，逐渐形成了深耕国情的学科立场、独树一帜的学科思想、渐成体系的学科理论、长远独到的前瞻性视野，是档案学诠释习近平新时代中国特色社会主义思想的典型领域，为中国特色档案学的当代构建提供了一定的基础。

二 省思：档案学的"中国"与"特色"

（一）学科视域的省思

从学科视域来看，中国特色档案学的形成，一方面呈现出附庸于中国特色档案事业的"生存脉络",另一方面发挥了传承我国千年特色文化的独特价值。故中国特色档案学的"学科贡献"具有内生性,中国特色档案学的"学科局限"是由于受制于一定的内外环境影响。因此,中国特色档案学的当代构建需要进一步诠释"特色",以克服环境局限带来的发展阻力。

(二) 历史视域的省思

从历史视域来看,任何一门学科的发展都要受到历史的评价。具体到档案学领域,中国特色档案学的发展无疑也曾受到历史的评价,或将继续接受来自未来的评价。关于此点,一方面,笔者作为一名档案学研究者,曾亲耳听闻诸如"学校要停'档案文献编纂学'""保护是冷门学科"之类的评价,作为一名中国特色档案学的学习者,笔者自然不愿意听到此类话语;但是,另一方面,笔者也通过关注中国特色档案学的发展,欣喜地发现随着国家层面对于各学科"讲好中国故事"的重视,中国特色档案学的内外评价正在向好,例如人们越来越意识到档案保护的重要性。所以,从历史视域出发,中国特色档案学的当代构建亦需要进一步诠释"特色"。

(三) 当代视域的省思

当代中国是一个越来越重视教育、科技、人才的国度,也是一个新兴信息技术迅速发展的国度。在当代视域下,中国特色档案学的"主体"悄然发生着改变,例如,从传统转向技术,从"人文学派"转向"技术学派"。主体认识的转变必然带来学科发展的转型,为应对学科边界淡化的新问题,需要思考解决主体"学科偏移"问题的可行路径,促进"数字学派"与"人文学派"、"实践师承"与"学术师承"的资源互通与优势互补。

(四) 比较视域的省思

中国特色档案学发展需要立足国内外比较视域，进而平衡"内部认可"与"外部认同"，即思考如何提升世界话语权。为回应和解决这一问题，中国特色档案学的当代构建需要进一步诠释"中国"。

三 构建：中国特色档案学的当代策略与后续命题

(一) 中国特色档案学的当代策略之当代构建

本书结合冯惠玲、宗培岭、张斌、徐拥军、闫静等学者对"中国特色档案学"的概念界定，将"中国特色档案学"界定为"中国特色档案学形成于新中国成立后，是为发展中国特色社会主义档案事业、培养具有社会主义理念的档案人才，在遵循'党政档案工作集中统一管理''保守党的秘密''行政主导''文档一体化'等特色思想的前提下，通过对中国特色档案工作实践的调研考察，在中国特色教育、科研、服务中建立起来的一套学科特色理论体系"。

首先，本书从理论基座、理论内核、理论要素三个角度探讨了中国特色档案学当代构建的逻辑理路。其中，理论基座面向中国特色档案学的形成原因，根据国情层面、环境层面、学科层面、问题层面的多维分析，本书提出其国情层面的原因——在中国特色社会主义事业建设进程中，为应对世界局势变化，形成国家发展的内生动力，我国逐渐确立了"走自己的路"这一国家整体发展观念；其环境层面的原因——中外政治体制、文化心理、社会民俗等各方面差异的客观存在，使得中外档案学学科建设的土壤和发展目标存在差别，国外档案学建设及学术发展没有考虑中国国情、中国话语和中国习惯，盲目介绍和引进国外档案学理论，不利于我国档案学的长远发展；其学科层面的原因——学科特色辨识关系有助于学科应对技术冲击、学科目录调整等发展挑战，也有助于学科为加强生源认同、档案实务界认同、信息资源管理一级学科认同、哲学社会科学认同、社会大众认同；其问题层面的原因——我国档案学的发展，一是不可"受制于人"，即学科发展需要重视"中国特色"克服技术层面的"卡脖子"问题；二是不可"人云亦云"，即学科发展需要重视"中国特色"提升学科本身的话语能力，平衡"内部认同"与"外部认同"；三是学科发展不可"有潮流而无思想"；四是学科不可"有方法而无目标"。基于对这些问题的发现与考量，中国特色档案学这一议题被学界提出，并逐渐受到关注，引发了一系列富有理论建树的学术探讨。宗培岭、李财富、周耀林、胡鸿杰、谭必勇、陈祖芬、仇壮丽、张斌、徐拥军、吴建华、金波、王协舟、丁华东、赵彦昌、孙大东、闫静等专家学者为中国特色档案学理论的建立作出了显著贡献，促成了"中国档案学派"的形成，成为推进中国特色档案学发展主体层面的动因。对于中国特色档案学形成原因的分析，从理论逻辑层面，解决了中国特色档案学当代构建"为什么"的问题。理论内核聚焦中国特色档案学的价值内蕴。中国特色档案学的价值，主要蕴含在巩固集中统一、坚持为党管档、坚持为国守史、坚持为民服务、传承特色文明、坚持科技驱动、追求以人为本、维护公平正义等方面。理论要素面向中国特色档案学的构成要素，本书提出中国特色档案学的构成要素主要包括解决中国问题的研究对象、具有中国特色的学科结构、体现中国研究风范的学术体系、彰显中国影响力的话语体系、体现学科特色的管理思想、形成"中国档案学派"的师资队伍、体现中国式师承特色的人才培养方式。

其次，围绕中国特色档案学的当代构建，本书针对"中国特色档案学的历史脉络""中国特色档案学的演进规律""中国特色档案学的主要经验""中国特色档案学的知识贡献"进行了详细探讨，进一步从逻辑理路层面，解决了中国特色档案学当代构建"为什么"的问题。通过详细探讨中国特色档案学的历史基础，本书从"认识论"层面厘清了中国特色档案学"是什么"的问题。本书通过运用历史研究法、文献研究法与专家访谈法,结合对特定历史时期国家和档案行业发展情况的考察,根据陈祖芬的范式理论,发现并阐释了中国特色档案学历史发展的三个主要时期。第一,1949年至1966年,是中国特色档案学独立教学模式的建立与开展特色领域研究的时期。在这一历史时期,中国特色档案学的建设成果体现在以下方面:自主建立了独立的教学模式,自主建立了党政档案统一管理理论,自主建立了技术档案管理学,实现了从文献公布学到文献编纂学的转向,实现从档案保管技术学到档案保护技术学的发展。第二,1978年至1996年,是档案学学科体系的自主建立与特色领域研究的发展时期。在这一历史时期,档案管理学部分特色领域研究的开展为应用档案学的形成提供了知识来源;科技档案管理学的自主建立,诠释了从"中国实践"到"中国理论"的演进规律。第三,1997年至今,是中国特色档案学的创新发展时期。在这一历史时期,科技档案管理学、档案保护技术学、档案文献编纂学等档案学传统特色领域实现了创新发展。基于对中国特色档案学历史脉络及主要成果的分析,本书提炼了中国特色档案学的演进规律、主要经验、知识建设贡献。中国特色档案学的创建与发展是由于悠久的中国历史孕育了深厚的档案管理历史经验积淀,独特的行政主导管理理念赋予学科建设统一性与连续性,广袤地域提供了丰富的档案应用场景,开放包容的世界视野和发展心态培植了学科特色显示能力。在理解中国独特的文化心理和社会习惯、顺应中国特色历史文化发展的基本形势、适应经济社会发展对档案事业提出的关键需求、满足人民群众对于开放利用档案的需要、融入数字社会与法治社会发展等国家整体事业发展的历史进程中,中国特色档案学逐渐形成了从"学习为主"到"以我为主"、从"源于中国实践"到"反哺中国实践"、从聚焦传统管理到融入数字空间、从立足单一视域到重视交叉融合的演进规律,呈现出本土性、政治性、科学性、融合性等主要特征,积累了重视立足中国国情与深耕中国实践、重视彰显中国特色、重视党政档案工作集中统一管理理论指引下的教学科研建设、重视教学实习的开展等经验。在此基础上，中国特色档案学的建设者为促进我国治理知识建设、管理知识建设、文化知识建设等方面作出了一定贡献，也揭示了具有中国特色的档案现象、本质及其规律，促进了档案管理工作的规范化建设，促成了学科发展内生动力的形成，提升了档案学的学科影响力、行业影响力、世界影响力。

最后，本书回答了中国特色档案学当代构建"怎么做"的问题，并从国情层、资源层、技术层、保障层等视角，从"面向中国特色国家发展战略的当代构建"和"面向交叉学科建设的当代构建"两个主要板块论述中国特色档案学当代构建的策略。第一，本书回答了"为什么要面向中国特色档案学国家发展战略，实现中国特色档案学的当代构建"的问题。中国特色国家发展战略是我国在遵循"走自己的路，建设有中国特色的社会主义"理念下，基于对国家发展的战略考量，在国家建设进程中形成的包括文化强国战略、科教兴国战略、健康中国战略在内的一系列国家发展战略规划。面向中国特色国家发展战略，实现中国特色档案学的当代构建，有助于中国特色档案学扎根中国大地，发挥赋能国家建设的积极效用。第二，本书通过研究中国特色档案学与文化强国战略、教育强国战略、人才强国战略、数字中国战略、健康中国战略、中国自主的知识体系建构目标之间的内在联系，提出面向文化强国战略，中国特色档案学的当代构建增强文化自觉和文化自信，充分发挥中国特色档案学学科特色与特长，加强对中华传统文化的研究与宣传，打造具有档案学特色的文化高地，推动社会主义先进文化建设；回应文化传承创新需求，加强档案保护技术学特色文化平台建设；回应文化"走出去"需求，建立覆盖档案学"文化特色"领域的对外合作交流平台，提升中国特色档案学的文化话语影响能力。面向教育强国战略，中国特色档案学的当代构建需要植根学科特色，在历史档案转录与编研、历史档案大数据开发利用、档案保护与修复、虚拟修复、档案数据化等特色领域加强行业型师资队伍建设；遵循以人民为中心的档案学教育本质，面向建成世界档案学教育中心目标，发挥教育强国的基础学科战略支撑作用；加快建设高质量档案学教育体系，全面提升档案学教育服务高质量发展的能力，在深化改革创新中激发档案学教育发展活力，促进档案学学历教育与职业教育协同发展，增强我国档案学教育的国际影响力；培养高素质档案学教师队伍，深化档案学教育评价改革，将思政教育、红色档案文化教育、党史档案教育置于档案学教育评价体系中；充分领会教育部关于加强专业型博士培养的政策精神，促进档案学学术型教育与专业型教育协同发展；围绕教育部的研究生教育改革发展意见，促进档案学研究生教育创新发展；借助数字平台，扩大档案学教育的社会影响，建设学科高水平社会人才教育培训平台，加快基于学科特色理论与实践的培训体系、培训教材、培训课程的开发，构建科学培训模式，为档案事业提供理论和实践培训，满足各层次实践人才培养的需要，面向社会开展高水平、高层次的教育培训，发挥学科优势，为建立档案领域全民终身学习的教育体系建设贡献力量。面向数字中国战略，中国特色档案学的当代构建需要推动档案学特色领域数字转型，充分运用档案教育界、学术界、实务界认可的故事化方法、叙事技术、长期保存技术、真实性保护技术、安全技术，实现档案保护、档案文献编纂、科技档案管理等传统特色领域的转型升级。面向健康中国战略，中国特色档案学的当代构建需要加强档案利用与鉴定研究，包括面向精准医疗需求，加强档案在医疗救治服务中的利用；面向精准预防需求，加强档案在疾病预防控制服务中的利用；面向精准健康教育需求，积极利用档案开展健康素养教育；面向精准融合需求，加强档案在体医融合服务中的利用；面向弱势群体，加强档案鉴定研究，纾解因信息贫困所引致的健康焦虑问题；提升弱势群体的在线健康档案信息甄别能力。面向建构中国自主的档案学知识体系目标，建构中国自主的档案学知识体系目标，加强档案智库建设，发挥中国特色档案学知识的治理效能，推进档案政策智库中心建设；坚持问题导向与学术导向相结合，注重通过加强中国特色档案学学术研究，服务于中国特色档案实践，形成与信息科学、经济学、金融学、工商管理、公共管理、社会学等多学科协同联动的知识共享和智库服务机制，打造新型专业智库，提升咨询服务能力建设，充分发挥档案学知识的服务功能。第三，本书考虑到中国特色档案学的当代构建需要把握交叉学科建设的资源效能，借力多学科资源的赋能效用，实现学科建设的创新发展；围绕交叉学科发展新的学科领域和学科方向，形成中国特色档案学知识体系创新发展的新领域，在与世界先进知识体系互学互鉴的同时，提升学科创新能力，助力中国特色哲学社会科学建设，提出中国特色档案学新兴交叉学科演进模式以及建设策略。其中，"问题域—特色域式交叉学科"以解决档案学在发展中所面临的问题为导向，通过不断挖掘学科理论、知识、方法、成果等方面的特色，促使新兴交叉学科形成。"特色域—问题域式交叉学科"以解决其他学科关注的问题为导向，输出档案学学科特色，促成新兴交叉学科形成。第四，"特色域—问题域式交叉学科"是以交叉融合档案学与其他学科的特色为导向，为中国特色哲学社会科学的整体推进输出学科特色，促成新兴交叉学科形成。持续推进中国特色档案学新兴交叉学科建设的策略，包括围绕档案学知识体系跨界交叉融合需求，促进档案学知识生产方式变革。

(二) 中国特色档案学的后续命题之"中国"话语

中国特色档案学的形成，置身于中国特色社会主义事业发展的环境中。一方面，中国特色档案学形成本身具有国情层面的原因。由于在中国特色社会主义事业建设进程中，为应对世界局势变化，形成国家发展的内生动力，我国逐渐确立了"走自己的路"这一国家整体发展观念。另一方面，中国特色档案学的发展，体现了档案学所诠释的中国科技话语、文化话语、教育话语、经济话语、治理话语，在中国特色社会主义事业建设中发挥了资政效能、育人效能、服务效能，为铸牢中华民族共同体意识提供了历史记录支持。

回顾的是历史，建构的是未来。根据对历史的回顾可以发现，中国特色档案学在诠释"中国"话语方面已经作出了一定的贡献。面向未来，中国特色档案学"中国"话语的建构仍需扎根中国大地，想国家之所想，急国家之所急，回应实践对于学科的需求，特别是中华民族现代文明建设需求，回应丰富人民精神世界需求，回应依法治档需求，回应提升全民健康素养需求，等等。中国特色档案学的未来发展，需要进一步为中华民族伟大复兴提供文化心理支持、留存真实历史记录、培养档案学人才队伍，促进中国特色档案学"中国"话语效能的进一步发挥。

（三）中国特色档案学的后续命题之"特色"阐释

中国特色档案学的形成，不仅具有国情层面的原因，也具有学科层面的原因。一方面，由于中外政治体制、文化心理、社会民俗等各方面差异的客观存在，中外档案学学科建设的土壤和发展目标存在差别，国外档案学建设及学术发展没有考虑中国国情、中国话语和中国习惯，盲目介绍和引进国外档案学理论，不利于我国档案学的长远发展。另一方面，我国档案学的发展与国家整体事业的发展一样，都不能够过度依赖对于国外先进经验的学习，否则容易造成"受制于人"和"人云亦云"的问题。因此，档案学学科发展需通过重视"中国特色"提升学科本身的话语能力，这与国家科技事业通过重视"中国特色"研究解决技术层面"卡脖子"问题的思路相一致。学科特色辨识关系有助于帮助学科应对技术冲击、学科目录调整等发展挑战，也有助于学科加强生源认同、档案实务界认同、信息资源管理一级学科认同、哲学社会科学认同、社会大众认同等各领域、各层面的认同。

（四）中国特色档案学的后续命题之世界认同

深化中国特色档案学的世界认同，是通过档案学向世界诠释好中国方案、中国经验、中国贡献的重要途径。回顾历史，档案保护技术学可以被视为中国特色档案学增进世界认同的主要领域。档案保管技术、档案修复技术、纸张去酸技术、新型档案材料技术等主要学术议题受到国际档案大会的关注。面向未来，中国特色档案学世界认同程度的提升，可以从推广中国珍贵档案文献遗产保护理论与方法，彰显世界文化遗产保护的"中国话语"，并以此为契机尝试让世界认识、接纳、认同更多的中国特色档案学元素。

参考文献

一 中文文献

(一) 专著

曹喜琛主编：《档案文献编纂学》，中国人民大学出版社1990年版。

陈国琛：《文书之简化与管理》，台北：新生报社1946年版。

《档案学通讯》杂志社编：《档案学经典著作》第5卷，辽宁大学出版社2017年版。

邓绍兴：《档案分类》，首都师范大学出版社1998年版。

邓绍兴：《档案检索》，档案出版社1985年版。

冯惠玲、刘越男等：《电子文件管理国家战略》，中国人民大学出版社2011年版。

冯惠玲、赵国俊等：《中国电子文件管理：问题与对策》，中国人民大学出版社2009年版。

冯乐耘主编：《中国档案修裱技术》，中国档案出版社2000年版。

国家档案局档案干部教育中心编：《回顾与展望——第五期全国档案学研讨班论文选集》，档案出版社1991年版。

国家档案局档案科学技术研究所、《档案计算机管理实用手册》编委会：《档案计算机管理实用手册》，中国档案出版社1996年版。

皇甫汸：《皇甫司勋集》，《景印文渊阁四库全书》，台北：商务印书馆

1986 年版。

刘国能、王湘中、孙钢：《档案利用学》，中国档案出版社 1996 年版。

马振犊：《民国档案研究》，金城出版社 2020 年版。

孙淑扬：《档案管理与计算机教学大纲》，档案出版社 1987 年版。

台湾"中研院"历史语言研究所：《明神宗实录》，中国书店 1983 年版。

王德俊：《企业档案管理》，南开大学出版社 1989 年版。

王焰新：《高校"三融合"人才培养模式的理论与实践》，科学出版社 2020 年版。

吴宝康：《档案学理论与历史初探》，四川科学技术出版社 1986 年版。

肖东发、杨虎：《中国出版史》，北京大学出版社 2017 年版。

徐望之：《公牍通论》，商务印书馆 1931 年版。

张斌：《档案价值论》，中央文献出版社 2000 年版。

中共中央文献研究室：《十八大以来重要文献选编》（中），中央文献出版社 2016 年版。

中国档案分类法编辑委员会：《中国档案分类法》，档案出版社 1987 年版。

邹步英、邓绍兴、荷文等：《〈中国档案分类法〉的理论和使用》，档案出版社 1988 年版。

邹家炜、董俭、周雪恒编著：《中国档案事业简史》，中国人民大学出版社 1985 年版。

（二）期刊论文

安小米、韩新伊、陈桂红：《政府数据利用能力保障要素研究：以北京市为例》，《情报资料工作》2023 年第 5 期。

安新宇、钱毅：《综合档案馆档案数字资源备份介质选型研究》，《北京档案》2023 年第 3 期。

本刊编辑室：《关于立卷的几个问题》，《档案工作》1961 年第 4 期。

毕建新、邬静娴、余亚荣等：《面向证据效力维护的电子档案可信管理探析》，《档案学通讯》2023年第6期。

卞咸杰：《试析档案学专业"双师双能型"师资队伍的建设》，《档案学通讯》2018年第1期。

蔡盈芳、嘎拉森：《数字经济时代企业档案工作一体化研究》，《档案学研究》2022年第4期。

蔡盈芳：《构建中国特色的高质量企业档案工作体系》，《档案学通讯》2023年第2期。

蔡盈芳：《数据管理业务与档案融合管理研究》，《档案学研究》2021年第3期。

曹润芳、王健：《试析我国的文书学研究》，《档案学通讯》1996年第4期。

朝乐门：《电子文件管理系统的技术特征》，《现代图书情报技术》2013年第4期。

朝乐门：《信息资源管理理论的继承与创新：大数据与数据科学视角》，《中国图书馆学报》2019年第2期。

陈光瑗：《档案工作怎样为我国过渡时期的总任务服务？》，《档案工作》1953年第5期。

成蹊：《追本溯源——中国档案文化内核撷谈》，《档案学通讯》2016年第4期。

程恩富、董金明：《习近平新时代中国特色社会主义思想对社会主义本质的丰富和发展》，《内蒙古社会科学》2023年第4期。

仇壮丽、刘歌宁：《"女书档案"的征集、保护与开发研究》，《档案学研究》2008年第5期。

储节旺、李佳轩：《数字生态下数据向善的源起、要素、驱动与困境》，《图书情报工作》2023年第10期。

崔璐、李姗姗、李岚：《濒危档案文献遗产隐性信息采集与保护研究》，

《浙江档案》2022 年第 3 期。

《档案工作》编辑委员会社论：《切实管好科学技术研究档案》，《档案工作》1962 年第 2 期。

邓达宏：《论档案在民族文化传承中的地位与作用》，《档案学通讯》2002 年第 1 期。

邓文霞：《从"资源"到"资产"：档案数据资产治理模型初探》，《浙江档案》2022 年第 7 期。

丁晓东：《个人信息权利的反思与重塑：论个人信息保护的适用前提与法益基础》，《中外法学》2020 年第 2 期。

丁晓东：《论数据垄断：大数据视野下反垄断的法理思考》，《东方法学》2021 年第 3 期。

丁晓东：《论数据携带权的属性、影响与中国应用》，《法商研究》2020 年第 1 期。

丁晓东：《论算法的法律规制》，《中国社会科学》2020 年第 12 期。

丁岩：《吹响非遗数字化保护工作的时代号角》，《中国文化报》2013 年 12 月 1 日第 3 版。

方辉：《中华文明起源与发展的连续性及其文化基因》，《中国社会科学》2023 年第 8 期。

冯惠玲、刘越男、马林青：《文件管理的数字转型：关键要素识别与推进策略分析》，《档案学通讯》2017 年第 3 期。

冯惠玲：《认识电子文件〈拥有新记忆——电子文件管理研究〉摘要之一》，《档案学通讯》1998 年第 1 期。

冯惠玲：《数字记忆：文化记忆的数字宫殿》，《中国图书馆学报》2020 年第 3 期。

冯惠玲：《我国电子文件管理国家战略的特点》，《档案学通讯》2009 年第 5 期。

冯惠玲、赵国俊、刘越男等：《电子文件管理国家战略刍议》，《档案学通讯》2006年第3期。

冯乐耘：《"文件材料保管技术学"内容简介》，《档案工作》1957年第4期。

冯子直：《提高学术研究水平发展具有中国特色的档案学体系》，《北京档案》1985年第6期。

傅国义：《"以德治档"是推进档案事业发展的重要保证》，《贵州档案》2001年第3期。

甘玲、朱玉媛：《论档案学"三位一体"的知识结构体系及其相对稳定性》，《图书情报知识》2005年第1期。

葛荷英：《关于档案鉴定知识及诸多难题的研究》，《档案学通讯》2003年第5期。

耿敬：《谱学，鼎盛于魏晋南北朝的家族档案学》，《上海档案工作》1994年第5期。

宫晓东：《"维系之道"的道之维系——档案法治论》，《档案学通讯》2003年第4期。

巩君慧：《西藏红色档案资源融入高校思想政治教育的价值意蕴和实践路径》，《西藏民族大学学报》（哲学社会科学版）2023年第4期。

归吉官：《西南边疆民族地区国家综合档案馆特色档案资源整合与服务现状、问题及对策》，《档案学研究》2020年第1期。

郭莉珠、唐跃进、张美芳等：《我国濒危历史档案的抢救与保护研究》，《档案学通讯》1985年第6期。

郭硕楠、吴建华：《中国电子文件归档变迁及其规律初探——基于政策文本和研究文献的双重视角》，《档案学通讯》2023年第4期。

韩宝华：《努力建设具有中国特色的社会主义的档案文献编纂学——兼评张关雄主编的〈编研工作概论〉》，《档案与建设》1997年第4期。

何嘉荪：《从德里达的"档案化"到中国的"档案化治理"——大数据

时代档案学理论的"扬弃"》,《浙江档案》2023 年第 12 期。

何晓芳:《中国家谱:中华民族命运共同体的历史叙事——以青州、岫岩家谱为个案》,《广西民族研究》2022 年第 3 期。

何庄:《试论司马迁对档案文献鉴辨的开创之功》,《档案学通讯》2008 年第 2 期。

何庄:《中国历史档案的传统文化特征及其成因》,《山西档案》2006 年第 4 期。

侯希文、石敏:《西藏地方档案教育发展论要》,《档案学通讯》2022 年第 3 期。

胡鸿杰:《档案文献编纂学评析》,《档案学通讯》2003 年第 2 期。

胡鸿杰:《理念与模式——中国档案学论》,《档案学通讯》2003 年第 6 期。

胡键:《哲学社会科学创新、技术革命与国家的命运》,《当代世界与社会主义》2020 年第 2 期。

华北局办公厅:《华北局机关档案整理、归档、调阅试行办法(草案)》,《档案工作》1953 年第 4 期。

华林、董慧囡、李莉:《少数民族生态伦理档案文献馆藏资源建设研究》,《北京档案》2021 年第 11 期。

华林:《分割与联系——以〈科技档案管理学〉为例探讨档案学专业综合素质培养的问题》,《档案学通讯》2006 年第 4 期。

华林、宋梦青、杜其蓁:《基于生态文明治理的云南少数民族伦理档案文献遗产发掘研究》,《档案学研究》2020 年第 2 期。

黄建军:《唯物史观视域中的人类文明新形态》,《中国社会科学》2023 年第 10 期。

黄丽辉:《国立中央大学档案介绍》,《历史档案》1981 年第 4 期。

黄霄羽:《国际档案大会关于现代技术和新型档案的研讨》,《中国档案》1996 年第 6 期。

黄霄羽、王逸梵：《企业档案部门助力品牌建设的角色定位及实现路径》，《浙江档案》2022年第8期。

黄晓霞、张美芳：《古籍贝叶经手工修复的风险评估和应对策略》，《大学图书馆学报》2020年第4期。

霍倩、梁宵萌、潘亚男：《科学数据管理政策对档案部门科学数据管理的启示——基于政策工具的文本量化分析》，《图书情报工作》2021年第20期。

计啸：《科技档案商品化之我见》，《湖北档案》1992年第1期。

季卫东：《计算法学的疆域》，《社会科学辑刊》2021年第3期。

加小双：《当代身份认同中家族档案的价值》，《档案学通讯》2015年第3期。

贾君枝：《基于ISO 25964的词表互操作实现探析》，《数字图书馆论坛》2016年第12期。

简繁：《中国特色哲学社会科学教材体系建设成就、问题与路径探析》，《思想理论教育导刊》2020年第5期。

蒋云飞、金畅：《档案开放审核尽职免责：理论阐释与制度创设》，《档案学通讯》2023年第5期。

金波、杨鹏：《档案数据治理生态运行演化与平衡调控》，《信息资源管理学报》2023年第6期。

金波、杨鹏、宋飞：《档案数据化与数据档案化：档案数据内涵的双维透视》，《图书情报工作》2023年第12期。

金波、杨鹏、邢慧：《大数据时代档案数据共享利用探析》，《情报科学》2023年第6期。

康震：《中华民族现代文明的历史逻辑、实践路径与价值导向》，《中国社会科学》2023年第8期。

雷江梅、王武喆：《文明交流互鉴：中国道路化解文明冲突的新智慧》，《北京理工大学学报》（社会科学版）2023年第6期。

李财富:《关于建构中国自主的档案学知识体系的若干思考》,《档案学通讯》2023 年第 3 期。

李财富:《中国档案学史论》,《档案学通讯》2003 年第 6 期。

李满、孟祥麟、张慧中:《从日内瓦到万隆:新中国大国外交崭露头角》,《人民日报》(海外版) 2021 年 2 月 11 日第 2 版。

李姗姗、周耀林、戴旸:《非物质文化遗产信息资源档案式管理的瓶颈与突破》,《信息资源管理学报》2011 年第 3 期。

李晓艳:《目的论视角下的中国特色档案术语英译策略研究》,《北京档案》2018 年第 1 期。

李瑶、王志华:《德法共治:儒家"德"的现代意义》,《上海行政学院学报》2023 年第 6 期。

梁继红:《石室金匮与敬天法祖(下)——中国传统档案管理模式系列研究》,《档案学通讯》2017 年第 3 期。

梁继红:《试论清代奏议总集的编排体例》,《档案学通讯》2006 年第 1 期。

梁继红:《学术研究成果库的资源分类与著录——中国档案事业史知识库建设研究之二》,《档案学通讯》2015 年第 1 期。

梁继红:《走向文本的历史档案数字整理:历史追溯与时代转型》(上),《档案学通讯》2021 年第 5 期。

梁志:《当代中国外交史研究如何利用多国档案文献》,《中共党史研究》2020 年第 4 期。

林晨:《对中国特色哲学社会科学创新发展的主要任务和工作思路的思考》,《中国人民大学学报》2022 年第 3 期。

刘复兴、董昕怡:《论教育强国指标体系建构》,《新疆师范大学学报》(哲学社会科学版) 2024 年第 1 期。

刘国能:《有中国特色的国家档案事业》(上),《中国档案》2008 年第 7 期。

刘红、谢冉、任言：《交叉学科教育的现实困境和理想路径》，《研究生教育研究》2022年第2期。

刘力超、曾静怡：《馆藏照片档案叙事可视化方法探析》，《档案学通讯》2023年第5期。

刘社文：《档案管理中二维码技术应用及风险管控研究》，《浙江档案》2022年第5期。

刘洋洋、闫静：《从女性身份认同到文化认同：女书档案资源的价值流变与开发利用策略》，《档案学研究》2023年第3期。

刘越男：《数据管理大潮下电子文件管理的挑战与对策》，《北京档案》2021年第6期。

刘越男、杨建梁、何思源等：《计算档案学：档案学科的新发展》，《图书情报知识》2021年第3期。

刘正业：《中国人民大学历史档案系师生下放锻炼的收获》，《档案工作》1959年第2期。

陆伟、刘家伟、马永强等：《ChatGPT为代表的大模型对信息资源管理的影响》，《图书情报知识》2023年第2期。

吕方、黄承伟：《国家减贫行动如何回应差异化需求——精准扶贫精准脱贫制度体系及其知识贡献》，《中国社会科学》2023年第12期。

律璞：《弘扬中华优秀传统法律文化——评〈中华法治文明〉》，《中国教育学刊》2023年第10期。

马费成、张帅：《我国图书情报领域新兴交叉学科发展探析》，《中国图书馆学报》2023年第2期。

马海群：《知识管理与企业档案资料的开发利用》，《档案学研究》2001年第5期。

马立伟：《以文本为基础的〈公牍学史〉研究》，《档案学研究》2017年第5期。

马英杰：《基于文书学视角的历史档案探微——以民国成都市政府地政

档案为例》,《档案学通讯》2016 年第 6 期。

茆邦寿:《文书定义评说》,《档案学通讯》1998 年第 4 期。

茆邦寿:《文书学研究之我见》,《档案学通讯》1999 年第 6 期。

牛力、黎安润泽、刘慧琳:《融合、延展、重构：物理与数字双空间业务转型视角下的档案信息技术应用思考》,《档案学通讯》2023 年第 5 期。

潘连根:《档案学逻辑起点探究》,《湖南档案》1997 年第 1 期。

潘亚男:《新时期科技档案工作的新变化与新问题——基于中国科学院科技档案实践的思考》,《图书情报工作》2022 年第 1 期。

逄淑美:《浅议少数民族档案数字化》,《思想战线》2013 年第 S2 期。

祁天娇、王强、郭德洪:《面向知识赋能的档案数据化编研：新逻辑及其实现》,《档案学通讯》2022 年第 1 期。

钱毅、崔浩男:《基于图像学理论的人物照片档案开发利用研究》,《档案与建设》2022 年第 6 期。

钱毅:《基于 U 形曲线重新审视档案信息化工作》,《档案与建设》2023 年第 4 期。

钱毅:《论电子文件中心元数据方案的管理策略》,《档案学通讯》2012 年第 6 期。

钱毅、苏依纹:《基于档案的数据基础设施（ABDI）的概念内涵与构建策略》,《档案学通讯》2023 年第 6 期。

钱毅:《新技术环境下电子文件管理纵深发展关键问题分析》,《档案学通讯》2020 年第 3 期。

邱均平、黄薇、付裕添、童子鲜:《微信用户健康信息甄别能力影响因素研究——以医疗健康类微信公众号为例》,《现代情报》2024 年第 8 期。

冉从敬:《捍卫国家数据主权刻不容缓》,《图书馆论坛》2023 年第 9 期。

冉从敬、刘妍：《数据主权的国际博弈与我国进路》，《图书馆论坛》2023年第9期。

冉从敬、刘妍：《数据主权的理论谱系》，《武汉大学学报》（哲学社会科学版）2022年第6期。

阮荣彬、朱祖平、陈莞、李文攀：《政府科技伦理治理与人工智能企业科技向善》，《科学学研究》2024年第8期。

沈成飞、连文妹：《论红色文化的内涵、特征及其当代价值》，《教学与研究》2018年第3期。

沈蕾、孙爱萍：《〈文书学〉课程改革的思考与实践》，《档案学通讯》2009年第3期。

沈蕾、王巧玲、朱建邦：《我国公文工作效率研究和实践探索历程述评》，《档案学研究》2012年第6期。

史江、黄天麒：《我国重大科技基础设施项目档案管理的特点、问题及改进策略研究》，《浙江档案》2022年第5期。

史林玉、詹逸珂：《政务数据资源档案化管理：面向传统归档实践的分析和思考》，《浙江档案》2022年第7期。

孙逍、王盈盈：《企业数据向政府共享：逻辑因由、实践模式与发展路径》，《电子政务》2024年第3期。

陶红亮：《海上丝绸之路》，海洋出版社2017年版。

田鹏颖：《习近平新时代中国特色社会主义思想蕴含的文化观》，《党建》2023年第10期。

万安伦、梁家楠：《论贝叶经传入傣族及傣族贝叶出版的历史地位》，《中国出版》2019年第9期。

王丹：《论清朝在蒙古地区涉及民族关系的刑事法律治理——基于清代土默特档案的考察》，《云南民族大学学报》（哲学社会科学版）2021年第4期。

王德俊：《建设有中国特色的档案学理论——学习曾三同志档案学思想

的点滴体会》，《档案与建设》1992年第2期。

王栋、贾子方：《论中国外交研究的三大传统》，《外交评论（外交学院学报）》2010年第4期。

王恩汉：《"归档"：一个中国特色的档案学术语》，《中国档案》2000年第2期。

王鹤鸣：《史界瑰宝 不朽盛业——近百年来开发中国谱牒资源简述》，《图书馆杂志》2001年第4期。

王洪才、王兆璟、赵亮等：《笔谈：新时代学科高质量发展的多维审视》，《现代大学教育》2022年第6期。

王珂：《美国解密档案与中美关系史研究》，《中共党史研究》2020年第4期。

王乃林：《党和政府重视档案资料工作的又一新措施——国务院科学规划委员会设立资料组》，《档案工作》1958年第1期。

王萍：《传统村落档案分类研究》，《浙江档案》2022年第10期。

王强：《企业档案工作数字化转型：实践探索与理论框架》，《浙江档案》2020年第9期。

王强：《治理现代化背景下的企业档案制度体系建设：基于中石油的案例研究及启示》，《档案学研究》2020年第4期。

王伟光：《实现中国式现代化是成就中国特色社会主义伟大事业的一篇大文章》，《哲学研究》2023年第9期。

王锡锌：《数治与法治：数字行政的法治约束》，《中国人民大学学报》2022年第6期。

王雁、徐强、尹学锋：《从多学科到超学科：学科交叉的生长逻辑和实践路径》，《高等工程教育研究》2024年第1期。

王战军、蔺跟荣：《交叉学科建设：第二轮"双一流"建设战略价值》，《教育发展研究》2022年第11期。

魏晓文、秦雪：《中国共产党百年治党历程及经验启示》，《思想教育研究》2021年第10期。

吴宝康：《档案学及其学科体系》，《湖南档案》1986年第5期。

吴宝康：《中国人民大学档案专修班立卷实验工作的初步研究》，《档案工作》1953年第2期。

夏翠娟：《构建数智时代社会记忆的多重证据参照体系：理论与实践探索》，《中国图书馆学报》2022年第5期。

夏翠娟：《面向人文研究的"数据基础设施"建设——试论图书馆学对数字人文的方法论贡献》，《中国图书馆学报》2020年第3期。

夏翠娟、张磊：《关联数据在家谱数字人文服务中的应用》，《图书馆杂志》2016年第10期。

夏天、钱毅：《面向知识服务的档案数据语义化重组》，《档案学研究》2021年第2期。

夏义堃：《数字环境下公共数据的内涵、边界与划分原则分析》，《中国图书馆学报》2024年第2期。

谢诗艺：《本体与空间：中国档案文化阐释》，《档案学通讯》2017年第6期。

辛巧巧：《论人工智能时代的计算法学方法》，《人民论坛·学术前沿》2020年第18期。

邢文明、刘我：《全要素数字化转型背景下大学生数字素养影响因素研究》，《数字图书馆论坛》2023年第10期。

徐国亮：《国家治理现代化的文化支撑》，《红旗文稿》2020年第2期。

徐亚文、郁清清：《法治在"铸牢中华民族共同体意识"中的特殊作用》，《湖南大学学报》（社会科学版）2021年第6期。

徐拥军：《对档案学研究对象、文书学和档案学关系的反思》，《档案学通讯》2003年第4期。

徐拥军、卢林涛、宋扬：《奥运文献遗产的人文价值及实现》，《兰台世界》2020年第1期。

徐拥军、牛力：《企业档案管理的十大发展趋势》，《中国档案》2014 年第 5 期。

徐拥军、王宏：《论企业档案在企业知识管理中的作用》，《档案学通讯》2004 年第 3 期。

徐拥军：《友言在先》，《兰台世界》2020 年第 1 期。

徐拥军、张丹：《北京奥运档案管理的"中国模式"》，《图书情报知识》2022 年第 3 期。

徐拥军、张丹：《论北京奥运档案的遗产价值》，《档案学通讯》2022 年第 1 期。

徐拥军、张丹、闫静：《奥运遗产理论的构建：原则、方法和内涵》，《成都体育学院学报》2021 年第 2 期。

徐拥军、周艳华、李刚：《基于知识服务的档案管理模式的理论探索》，《档案学通讯》2011 年第 2 期。

闫静：《史学思潮与档案景观的变迁》，《档案学研究》2022 年第 3 期。

严炜炜、谢顺欣、潘静等：《数据分类分级：研究趋势、政策标准与实践进展》，《数字图书馆论坛》2022 年第 9 期。

杨安莲：《试论电子文件管理理论体系》，《档案学通讯》2013 年第 3 期。

杨博文、孙永军：《理性赋能与向善赋权：科技伦理风险预警与敏捷治理体系的建构进路》，《科学技术哲学研究》2023 年第 4 期。

杨茜雅、魏薇、王羽琦等：《企业数字档案馆三元规范体系构建与实践应用研究》，《档案学研究》2017 年第 6 期。

杨戎：《抓住发展机遇 不断改革创新——〈文书学〉教学改革的背景与内容》，《档案学通讯》2001 年第 5 期。

杨文娜、张斌、李子林：《国外科研记录与数据管理实践对我国科研项目档案管理的启示》，《档案学研究》2019 年第 2 期。

杨文、王强：《数字时代国有企业档案资源开发利用的内在机理与实践路径》,《档案学研究》2022 年第 3 期。

杨文、姚静:《档案学科建设与人才培养的数字转型——基于图书情报与档案管理一级学科更名为信息资源管理的思考》,《图书情报工作》2023 年第 1 期。

杨文、张斌:《再论新时代中国特色档案学话语体系的构建》,《图书情报知识》2022 年第 4 期。

杨艳、王理、李雨佳等:《中国经济增长:数据要素的"双维驱动"》,《统计研究》2023 年第 4 期。

杨毅、赵局健:《西南民族档案管理的历史研究》,《云南社会科学》2017 年第 4 期。

尹鑫、张斌:《论加快构建中国特色档案学学术体系》,《图书情报知识》2021 年第 5 期。

尹鑫:《中国特色档案学学科建设成果与发展路径探析》,《档案学研究》2022 年第 6 期。

于海峰、何晓芳:《满族家谱:改革女真旧俗融入中华的历史叙事》,《黑龙江民族丛刊》2012 年第 3 期。

俞新天:《权力转移的新特点与中国外交的提升方向》,《国际展望》2020 年第 2 期。

曾静怡、顾伟、刘力超等:《馆藏照片档案叙事可视化方法探析》,《档案学通讯》2021 年第 4 期。

曾三:《关于目前档案工作方针的几个问题》,《档案工作》1957 年第 1 期。

翟运开、郭瑞芳、王宇等:《数据生命周期视角下的医疗健康大数据质量评价研究》,《现代情报》2024 年第 1 期。

张斌、梁瑞娟、薛四新:《中国档案事业史知识库的总体构建——中国档案事业史知识库建设研究之一》,《档案学通讯》2015 年第 1 期。

张斌:《论新时代红色文献保护与修复工作》,《中国人民大学学报》

2022 年第 3 期。

张斌、马晴、苟俊杰等：《我国档案学专业人才培养状况调查分析》，《北京档案》2015 年第 4 期。

张斌：《新中国档案高等教育创立期的探索与发展——基于中国人民大学校史档案的考察》，《档案学通讯》2023 年第 1 期。

张斌、杨文：《论新时代中国特色档案学话语体系的构建》，《档案学通讯》2019 年第 5 期。

张斌、尹鑫、杨文：《中国档案学学科体系建设回顾与展望》，《中国图书馆学报》2024 年第 2 期。

张斌、尹鑫：《中国特色档案学基础理论体系的历史发展与当代构建》，《中国图书馆学报》2021 年第 6 期。

张美芳：《基于文化记忆与社会记忆的历史档案装帧工艺的传承》，《档案学通讯》2015 年第 1 期。

张美芳、李冰：《西域文书修复风险分析及防范措施》，《档案学研究》2020 年第 4 期。

张美芳：《历史档案及古籍修复用手工纸的选择》，《档案学通讯》2014 年第 2 期。

张美芳、林嫒、阎政：《档案害虫耐饥耐寒能力的测试》，《档案学通讯》2000 年第 2 期。

张美芳：《面向数字人文的声像档案信息资源组织利用的研究》，《档案学研究》2019 年第 4 期。

张美芳、宋欣、吕晓芳等：《西藏贝叶经主要病害的诊断及修复关键技术的分析》，《中国藏学》2022 年第 4 期。

张美芳：《纸质历史档案文献毁损原因的研究》，《档案学通讯》2007 年第 1 期。

张明：《习近平新时代中国特色社会主义思想蕴含的实践观》，《党建》2023 年第 9 期。

张清志：《论字迹色素》，《档案学通讯》1997年第2期。

张兴林、李俊伟：《习近平新时代中国特色社会主义思想的生成逻辑》，《学术探索》2023年第7期。

张宇晴、阎二鹏：《新〈中华人民共和国档案法〉背景下电子档案信息安全的刑法保护路径研究》，《档案管理》2023年第6期。

张钰桐、徐健：《数字人文视域下的家谱档案资源重构：价值、逻辑及框架》，《档案学研究》2022年第5期。

张中：《从实际出发，切实做好档案工作，为四个现代化服务——国家档案局局长张中同志在人大档案系科学讨论会上的讲话》，《档案学通讯》1979年第3期。

赵国俊：《我国图书情报与档案管理学科发展中的分化与整合》，《情报资料工作》2013年第3期。

赵嘉庆：《论专门档案》，《档案学通讯》1989年第2期。

赵丽：《信息互动：中共华北根据地文书运作实态（1937—1945年）》，《档案学通讯》2023年第4期。

赵人旺、王国忱：《档案、资料工作在翠屏山农业社开花结果》，《档案工作》1958年第5期。

赵生辉：《中国少数民族语言电子文件集成共享的体系架构研究》，《图书情报知识》2012年第3期。

赵彦昌：《关于〈中国档案史〉教材建设的若干思考》，《档案学通讯》2009年第6期。

赵屹：《基于前端控制思想的电子文件形成过程研究》，《档案学研究》2012年第3期。

赵屹：《浅析电子文件的自然形成与受控形成》，《档案学通讯》2012年第5期。

郑江淮、周南：《数据要素驱动、数字化转型与新发展格局》，《山东大学学报》（哲学社会科学版）2023年第6期。

中国人民大学：《中国人民大学档案专修班关于第一期教学工作的基本总结》，《档案工作》1953年第3期。

中国人民大学：《中国人民大学档案专修班招生简讯》，《档案工作》1953年第2期。

钟贞山、吴东纳：《习近平生态文明思想引领美丽中国建设的原创性贡献》，《河海大学学报》（哲学社会科学版）2023年第6期。

周蓓新：《文书学学科建设问题之探讨》，《档案学通讯》2001年第5期。

周平：《铸牢中华民族共同体意识的双重进路》，《学术界》2020年第8期。

周文泓：《地方电子文件归档管理制度分析——〈电子文件归档与管理规范〉本地化研究》，《电子政务》2012年第1期。

周雪：《外国档案学理论的引鉴及本土化》，《浙江档案》2013年第6期。

周耀林、黄川川、叶鹏：《论中国刺绣技艺的保护与传承——基于群体智慧的SMART模型》，《武汉大学学报》（人文科学版）2016年第2期。

周耀林：《我国档案保护发展的历程回顾与创新趋向》，《浙江档案》2019年第4期。

周耀林、赵跃：《档案安全体系理论框架的构建研究》，《档案学研究》2016年第4期。

朱玉媛：《谈谈中国档案学学科体系及档案学理论体系——兼与宗培岭教授商榷》，《档案学通讯》2009年第1期。

朱子文：《继承周恩来档案学思想 建设具有中国特色的社会主义档案事业》，《档案与建设》1993年第5期。

宗培岭：《对中国特色档案学理论主体内容的探讨》，《档案学通讯》2008年第1期。

宗培岭：《对中国特色档案学理论主体内容的探讨（续）》，《档案学通讯》2008年第2期。

宗培岭：《改革开放与档案学理论研究》，《档案学通讯》1998年第6期。

宗培岭：《中国特色档案学理论初探》，《图书情报知识》2007年第4期。

左卫民：《中国计算法学的未来：审思与前瞻》，《清华法学》2022年第3期。

［苏］姆·斯·谢列滋涅夫：《苏联档案史》，《档案工作》1953年第1期。

（三）网络文献

边志锋、张立国：《中国高等教育治理研究的多元特征、演进体系与前沿趋势》，《统计与信息论坛》，https：//link. cnki. net/urlid/61. 1421. C. 20240111. 1708. 012。

财政部：《关于加强行政事业单位固定资产管理的通知（财资〔2020〕97号）》（2020-08-26）［2024-01-24］，https：//zcgls. mof. gov. cn/zhengcefabu/202008/t20200831_3578022. htm。

冯惠玲：《关于建构中国档案学自主知识体系的几点想法》（2022-11-30）［2024-02-20］，https：//mp. weixin. qq. com/s/DGY9exkpF4 NlIUiIRejGlQ。

刘倩倩、夏翠娟、单舒扬：《跨越千年的迁徙图——家谱迁徙数据的深度挖掘与可视化开发》，《信息资源管理学报》，https：//link. cnki. net/urlid/42. 1812. G2. 20231128. 1054. 002。

刘苏荣、潘小露：《铸牢中华民族共同体意识视角下民族地区乡村振兴的实现路径》，《青海民族大学学报》（社会科学版），https：//link. cnki. net/urlid/63. 1071. C. 20240115. 2234. 010。

孟宪平：《习近平文化思想的体系结构论析》，《江苏社会科学》，

https：//doi. org/10. 13858/j. cnki. cn32-1312/c. 20231127. 014。

文丰安：《中国式现代化进程中数字乡村建设的高质量发展——现实问题、价值阐释与对策建议》，《中国流通经济》，https：//link. cnki. net/urlid/11. 3664. F. 20231129. 0926. 002。

张敏：《福建省福州市长乐区长安村：数字赋能为人居环境整治插上"智慧翅膀"》（2023-12-20）[2024-01-17]，http：//city. ce. cn/news/202312/20/t20231220_7375408. shtml。

《中共中央 国务院关于构建更加完善的要素市场化配置体制机制的意见》（2020-03-30）[2023-01-24]，https：//www. gov. cn/gongbao/content/2020/content_5503537. htm？ivk_sa=1024320u。

中华人民共和国国家档案局：《国家档案局印发〈关于在深化国有企业改革中加强档案工作的意见〉的通知》（2019-01-10）[2023-11-26]，https：//www. saac. gov. cn/daj/tzgg/201901/b29640235b7c4ba2bb1d556efcc2b8fa. shtml？ivk_sa=1024609w。

中华人民共和国中央人民政府：《中华人民共和国国民经济和社会发展第十四个五年规划和2035年远景目标纲要》（2021-03-13）[2024-01-20]，https：//www. gov. cn/xinwen/2021-03/13/content_5592681. htm？eqid=a14468700001730f000000026480655e。

周向军、庞付玲：《习近平新时代中国特色社会主义思想的世界观和方法论：辩证关系、核心要义与实践指南》，《新疆师范大学学报》（哲学社会科学版），https：//doi. org/10. 14100/j. cnki. 65-1039/g4. 20231012. 002。

二 英文文献

（一）著作和论文

An, X. M., Deng, H. P., Zhang, B., "Reinventing the Concept of the State Archival Fond in China", *Archives and Manuscripts*, 2014, 42

(2): 146-150.

Bartlett, B. S., "A World-Class Archival Achievement: The People's Republic of China Archivists' Success in Opening the Ming-Qing Central-government Archives, 1949 – 1998", *Archival Science*, 2007 (7): 369-390.

Coco, O., "Sino-Italian Relations Told Through the Archive's Papers of the Banca Italiana per la Cina (1919-1943)", *Journal of Modern Italian Studies*, 2020, 25 (3): 318-346.

Evans, P. B., *Embedded Autonomy: States and Industrial Transformation*, Princeton University Press, 2012: 4-20.

Feng, H. L., "Identity and Archives: Return and Expansion of the Social Value of Archives", *Archival Science*, 2017 (17): 97-112.

Feng, H. L., Lian, Z. Y., Pan, W. M., et al., "Retrospect and Prospect: The Research Landscape of Archival Studies", *Archival Science*, 2021 (21): 391-411.

Hoon, K. J., "Arrangement of Recent-Modern Official Documents of History Department in the Era of the Republic of China-Focused on Ming and Qing Imperial Cabinet Archives", *History & the World*, 2016, 49: 129-159.

Kang, D. S., "A Study on Record Management Systems of China and Japan", *Journal of Korean Society of Archives and Records Management*, 2004, 4 (2): 92-117.

King, M. M., "The Social Service Department Archives: Peking Union Medical College 1928-1951", *The American Archivist*, 1996, 59 (3): 340-349.

Levitin, A. V., Redman, T. C., "A Model of the Data (Life) Cycles with Application to Quality", *Information and Software Technology*, 1993, 35

(4): 217-223.

Lian, Z. Y. , "Archives Microblogs and Archival Culture in China", *The American Archivist*, 2015, 78 (2): 357-374.

Lian, Z. Y. , "Dancing with the State: The Emergence and Survival of Community Archives in Mainland China", *Archives and Manuscripts*, 2021, 49 (3): 228-243.

Lian, Z. Y. , Oliver, G. , "Sustainability of Independent Community Archives in China: A Case Study", *Archival Science*, 2018 (18): 313-332.

Li, H. T. , Song, L. L. , "Empirical Research on Archivists' Skills and Knowledgeneeds in Chinese Archival Education", *Archival Science*, 2012 (12): 341-372.

Macneil, H. , *Trusting Records: Legal, Historical and Diplomatics Perspective*, Dordercht/Boston/London: Kluwer Academaic Publisher, 2000: 20-22.

Ma, L. Q. , Han, R. H. , "Chinese 'Archival' Stories of Lifecycle Management: Tracing Three Major Reformative Events from 1933 to 2010", *Archival Science*, 2021 (21): 117-137.

Mathews, J. A. , "Competitive Advantages of the Latecomer Firm: a 59. Recourse-based Account of Industrial Catch-up Strategies", *Asia Pacific Journal of Management*, 2002, 19 (4): 467-488.

Michelle, M. C. , "The Manuscript as Question: Teaching Primary Sources in the Archives—The China Missions Project", *Archives and Manuscripts*, 2010, 71 (1): 49-62.

Moseley, E. , "Visiting Archives in China", *The American Archivist*, 1987, 50 (1): 137-141.

Moss, W. W. , "The Archives Law of the People's Republic of China: A Summary and Commentary", *The American Archivist*, 1991, 54 (2):

216-219.

Nalen, J. E., "Private Archives in China", *International Journal of Libraries and information Studies*, 2002, 52 (4): 241-262.

Pan, W. M., Duranti, L., "Sitting in Limbo or Being the Flaming Phoenix: The Relevance of the Archival Discipline to the Admissibility of Digital Evidence in China", *Archives and Manuscripts*, 2020, 48 (3): 300-327.

Qin, Z. G., Qu, C. M., Hawkins, A., "The Three-Character Classic of Archival Work: A Brief Overview of Chinese Archival History and Practice", *Archival Science*, 2017 (21): 97-116.

Qi, T. J., "Rural Archives in China over the Past 40 Years", *Archival Science*, 2020 (20): 167-185.

Tak, Y. H., "Current Issues of Archive Management in China", *Journal of Studies on Korean National Movement*, 2009 (60): 305-342.

Turvey, S. T., Crees, J., Li, Z. P., et al., "Long-term Archives Reveal Shifting Extinction Selectivity in China's Postglacial Mammal Fauna", *Biological Sciences*, 284 (1867): 1-10.

Wang, Y., Ge, C. D., Zou, X. Q., "Evidence of China's Sea Boundary in the South China Sea", *Acta Oceanologica Sinica*, 2017, 36 (4): 1-12.

Wang, Z. Y., Wu, J. Y., Yu, G., et al., "Text Analysis and Visualization Research on the Hetu Dangse during the Qing Dynasty of China", *Information Technology and Libraries*, 2021, 40 (3): 1-23.

Xiao, Q. H., Zhang, X. J., Qiu, J., "China's Archival Higher Education: Its Features, Problems, and Development", *The American Archivist*, 2011, 74 (2): 664-684.

Xu, Y. Q., "Differences and Similarities in Chinese and American Approaches to Archives", *The American Archivist*, 1991, 54 (2): 206-215.

Yong, K. J., "The Independence Hall of Korea's Collection Outcomes and

Tasks of Korean Independence Movement Historical Materials in China", *Journal of Historycal Review*, 2014: 185-221.

Zhang, M. F., Wang, Y. S., "Energy Efficiency Approaches in Archives and Library Buildings in China", *Archival Science*, 2015 (15): 71-81.

Zhao, A. G., Chang, T., Moss, W. W., "Exquisite Art and Precious Archives: China's Records in Bronze", *The American Archivist*, 1989, 52 (1): 94-98.

Zhou, W. H., Wen, C. L., Dai, L. X., "Collaborative Construction of Social-oriented Family Archives: A Case Study Based on the Practiceof China", *Archives and Recordst*, 2020, 41 (1): 52-67.

한미경, "A Study of Local Government's Archives in Beijing, China", *Journal of the Korean Library and Information Science Society*, 2014, 48 (3): 411-430.

허욱, "A Study on Archives Law of the People's Republic of China-Compared to Regulation of the People's Republic of China on the Disclosure of Government", *Chinese Law Review*, 2013 (20): 223-256.

서석제, "An Analysis for Basic Concepts of the Integrated Management of Records and Archives in China", *The Korean Journal of Archival Studies*, 2004 (10): 198-225.

（二）会议文献

Jiang, Y., Dong, H., "Towards Ontology-Based Chinese E-Government Digital Archives Knowledge Management", Aarhus: 12th European Conference on Research and Advanced Technology for Digital Libraries, 2008, 5173: 13-24.

Wang, J., Zhu, Y. Q., Song, J., Yang, Y. P., "2009 International Conference on Environmental Science and Information Application Technology", Wuhan: IEEE: 2009 International Conference on Environmental

Science and Informati on Application Technology, 2009: 229-232.

Xiang, Y. T., "Analysis on the Protection, Development and Utilization of Cultural Classics of Yi Nationality", Qingdao: 6th International Education, Economics, Social Science, Arts, Sports and Management Engineering Conference, 2018, 294: 301-308.

Zhang, C., "Research on the Status Quo of Archives Management of Ex-serviceman in China", Jingangshan: IEEE: International Conference on Man-Machine-Environment System Engineering, 2017: 241-247.

Zhang, J., Lin, J. P., "Current Situation and Countermeasures of the Legal Protection of Digital Archives User's Privacy in China", Tsukuba: International Conference on Asian Digital Libraries, 2016: 16-20.

Zhang, M., Chen, Y. M., "Archives Transfer under Emergency - A Case Study of the May 12 (th) Wenchuan Earthquake in China", Chengdu: 5th International Conference on Public Administration, 2009 (1): 388-394.

Zhang, Y., "On the Characteristics of Constructing Archives for New Professional Peasantss in China", Hamburg: Euro-Asia Conference on Environment and CSR-Tourism, 2017 (2): 159-163.

（三）网络文献

Beagrie, N., Pothen, P., "Digital Curation: Digital Archives, Libraries and E-Scienceseminar", (2021-08-23) [2023-12-12]. http://www.ariadne.ac.uk/issue/30/digital-curation.

DCC. What is Dihital Curation?, (2023-05-19) [2023-12-10], http://www.dcc.ac.uk/about/digital-curation.

Open AI. Chat GPT: Optimizing Language Models for Dialogue, (2023-02-09) [2023-12-17], https://openai.com/blog/chatgpt.

University of Illinois, Full Catalog, (2013-11-24) [2023-12-10], http://www.lis.illinois.edu/academics/courses/catalog#500level.

附　　录

附录 A　中国人民大学档案系馆藏历史资料举隅
（按资料形成的时间顺序排列）

附表 A-1　中国人民大学档案系馆藏历史资料举隅
（按资料形成的时间顺序排列）

历史资料
[E001] 苏联专家米加叶夫论档案工作的理论与实践（中国人民大学历史档案系，1957）
[E002] （苏联）专家辅导（第一部分）（中国人民大学历史档案系，1957）
[E003] 英、美、法、意、加拿大、捷克等国档案学院资料汇编（中国人民大学历史档案系译，1957）
[E004] （俄华对照）档案识名手册（初稿）（中国人民大学历史档案系翻译室，1957）
[E005] 中国档案史讲稿（中国人民大学历史档案系，1957）
[E006] 档案保管技术学实验讲义（中国人民大学历史档案系，1958）
[E007] 学生实习报告与实习作业选编（中国人民大学历史档案系，1959）
[E008] 马克思主义经典作家论文件材料（中国人民大学历史档案系，1960）
[E012] 明清档案工作资料汇编（中央档案馆明清档案部，1962）
[E013] 档案事业管理学大纲（初稿）（冯子直，全国省以上档案局馆领导进修班，1981）
[E014] 中国人民大学档案系建系三十周年论文集（1982）
[E015] 档案文献编纂学讲义（中国人民大学档案系文献编纂学教研室，1983）

续表

历史资料
[E016] 欧洲档案学的理论与历史（德国布伦内克著，中国人民大学档案系译，1985）
[E017] 档案学论著目录（1911—1983）（中国人民大学档案学院资料室编，1986）
[E018] 外国档案管理参考资料（中国人民大学韩玉梅等著，1987）
[E019] 高等学院教学档案管理（北京理工大学，1989）
[E020] 档案学专业主要专业课程教学大纲（中国人民大学档案学院编，1990）
[E021] 中国档案分类的演变与发展（中国人民大学邓绍兴等著，1992）
[E022] 坚持和发展党的马克思主义档案观（冯子直，1996）
[E023] 档案保护技术学十年回顾（冯乐耘、郭莉珠，1996）
[E024] 中国人民大学档案学院校友录（1952—1997）（1997）
[E025] 高等教育自学考试档案学专业应试必读（中国人民大学档案学院，2000）
[E026] 中国人民大学信息资源管理学院简史（1952—2012）（2012）
[E027]《档案保护技术学》课程建设（冯乐耘，2015）
[E028] 纪念国家档案局成立60周年文集（2015）
[E029] 20世纪50年代苏联专家在中国人民大学（中国人民大学档案馆编，2017）
[E030] 中国人民大学首批十四个"双一流学科发展简史·图书情报与档案管理学科发展简史"（中国人民大学纪念命组建70周年校史资料，2020）

附表 A-2　对附表 A-1 所示历史资料的开放式编码及范畴提炼

（按数据形成的时间顺序排列）

范畴	初始概念	原始资料片段
国外博物馆档案保管的最佳温湿度	中国档案保护技术学科早期根据苏联普·亚·米津恩、阿·采列维吉诺夫合著《文件材料保管技术学》的翻译	[F01] 苏联博物馆采温度12℃—18℃，湿度50%—60%；伦敦不列颠博物馆采温度14℃，湿度57%—63%；巴黎国家博物馆采温度20℃—24℃，湿度50%—55%；荷兰国家博物馆采温度25℃，湿度50%—60%

续表

范畴	初始概念	原始资料片段
文件材料的机要性	中国人民大学历史档案系本科1956级二班学生对马思主义经典作家对文件材料的性质、作用论述的编纂	［F02］文件材料具有机要性，是制定纲领策略、了解情况作结论、科学研究的必要条件
马克思主义经典作家论档案本质属性	中国人民大学历史档案系本科1956级二班学生对马思主义经典作家对档案性质论述的编纂	［F03］档案文件是历史的真实记录
档案学科核心概念	中国档案学科早期在苏联辅导下建立起来的重要概念	［F04］全宗卡片目录/全宗单/编制一览的方法/备考表/不可分散性
档案学科教师培养	苏联专家对早期中国档案教师培养的初步方略	［F05］抽调研究生，培养中国教员，是必要的。九个研究生可为档案教员
档案学科教师授课的独立性	苏联专家对中国档案教师授课独立性的强调	［F06］中国教员要能自己上课，我们需要教中国档案史，必须是教研室自己的教员去讲
档案学实验室首要工作	苏联专家对早期中国档案学实验室建设的辅导方案	［F07］实验员的工作是很多的，首先要准备好材料，因此首先要把拿来的文件整理好，立卷，分类，编案卷登记表
苏联历史档案学院实验室生产实习经验	1954年苏联历史档案学院的实验室工作经验传授	［F08］苏联历史档案学院实验室的生产实习由主任组织，实验员准备上课、实物教材、编写历史事实考证、划分芬特工作、典型芬特的整理
教材建设中的翻译工作	苏联专家对早期中国档案学翻译外国讲义、教材、著作的辅导方案	［F09］翻译还有不少工作要做：一是讲义。二是档案工作指南。三是校对米留申的书。四是米加叶夫的书亦须校对。五是要讲如何保管文件的技术，需要翻译另一本书
教学参考材料建设	苏联专家对早期中国档案学教材建设的指导意见	［F10］参考材料、参考书问题对讲课效果有重大意义，在未讲历史内容前，应首先给学生指出学习中国档案史的有关参考材料、参考书
教学实习	中国档案学科最早的教学实习记录	［F11］为了贯彻理论联系实际的教学方针，中国人民大学历史档案系三年级学生45人，从1958年6月25日至8月2日在中国科学院历史研究所第三所南京史料整理处实习，另有6人在北京实习

续表

范畴	初始概念	原始资料片段
中国档案史学科的重要价值	中国档案史学科创建者对档案史教学意义的强调	[F12] 一个档案工作者特别应该熟悉本门科学的发展历史，才能知道本门科学的发展方向
中国古代线装书籍保护方法	中国档案保护技术学科早期编纂霍怀恕《线装书籍保护法》中对典藏和装订业务环节保护线装书籍的论述	[F13] 典藏线装书籍的方法，如曝书、避蠹、防煤烟。装订线装书籍的方法，如折页、分书、齐线、添副页、草订、加书面、截书、打磨、钉眼、穿线
美国档案保护对纸张的重视	中国档案保护技术学科早期翻译美国档案学家爱蒂莱特·E. 敏诺葛1943年为《文件的修正和保管》所作序言中对档案保护学科重点的论述	[F14] 档案机关经常遇到的文件组成部分是墨水、纸张、羊皮纸、画布和熟皮。纸张是一切收藏文件中的最大数量，保管和修整档案材料将主要重点放在处置纸类文件的各种方法上
档案学科与中国最古文字记录的关联	档案对于中国最古文字记录的记载	[F15] 档案是产生最早的文献记录。我国现存最古的文字记录，是殷代甲骨档案
档案文献编纂	我国最早的档案文献汇编	[F16] 有史可考的我国最早的档案文献编纂活动是孔子编订《六经》，流传至今的最早档案文献汇编是《尚书》
档案学最早体系	初步基础和最早体系	[F17] 伴随20世纪30年代资产阶级文书档案改革运动和史学界整理明清档案高潮，形成档案学最早体系
社会主义档案学	社会主义档案学的最初萌芽标志	[F18] 1931年瞿秋白起草的《文书处置办法》具有理论意义、实践意义、现实意义
苏联经验的中国化	苏联经验中国化的最初尝试	[F19] 1953年陆晋蓬《档案管理法》的出版
理论建设	新中国档案学理论建设任务	[F20] 由于新中国档案学与旧中国档案学有根本区别，新中国档案学理论建设的任务不仅需要正确反映新中国成立后的档案工作实践，还要能正确地指导实践
学科建设的第一个十年	新中国成立后十年的新档案学道路	[F21] 一条循着以马克思列宁主义、毛泽东思想为指导，从中国实际出发，创建和发展起来的新档案学道路

续表

范畴	初始概念	原始资料片段
旧档案学	新中国成立前档案学的基本特点	[F22] 一是研究范围主要为机关档案室工作；二是学术思想、观点、原则、方法深受机关档案室研究影响；三是集中、统一、公开思想具有一定进步意义
新中国档案学的创建、指导思想、时代特征、优越性、前途	新中国档案学的创建和发展	[F23] 苏联专家谢列兹涅夫、米留申、沃尔钦科夫传播了苏联先进的档案学理论
	新中国档案学的发展前途	[F24] 一是社会主义制度优越性、党和国家对发展学的重视奠定了政治、思想、物力基础和根本保证；二是新中国成立后我国档案工作实践中积累的丰富档案工作经验，是进行档案工作理论的重要依据；三是新中国成立后已经逐渐建立起一个档案学科学研究基地，培养了一定数量的档案科学研究专业队伍；四是我国整个领域中的各门科学都有巨大发展，成为促进档案学发展的有利因素
中国特色社会主义档案学	中国特色社会主义档案学	[F25] 新中国成立后创建起来的档案学就是具有中国特色的社会主义档案学
	中国特色社会主义档案学的指导思想	[F26] 马克思列宁主义、毛泽东思想
科学体系和结构	档案学完整的科学体系和结构建立时间	[F27] 吴宝康1986年版《档案学理论与历史初探》称此时已经基本上建立了我国档案学完整的科学体系和结构
早期教学科研活动	中国人民大学建系三十周年论文集对建系初期教学科研活动的阐述	[F28] 1955年6月，在将近三年学习和借鉴苏联经验后，中国人民大学历史档案系各专业教研室积极组织开展教学和科研活动
专业课建设	1955年档案学专业课已有七门	[F29] 1955年6月，由历史档案系开设的专业课已发展到八门
本土档案学课程体系	1955年建立的特色课程体系	[F30] 1955年6月，以中国档案史、中国国家机关史、文书处理学等课程为代表，初步建立了本土档案学的课程体系
课程体系的发展	1959年课程体系建设的发展	[F31] 1959年，课程体系进一步扩大、内涵逐步增深、外延不断扩展，本土特色也愈益明显

续表

范畴	初始概念	原始资料片段
教材中国化	档案保护学科对教材中国化建设的调查和探索	［F32］对我国档案保护技术状况的调查，力求教材"中国化"，可以说是当时教材建设迈出的第一步
中国特色档案材料	中国档案制成材料的独特性	［F33］我国档案制成材料与国外有所不同，我国古代和近代档案，大部分采用手工纸、块墨、墨汁、硃砂墨等书写而成。现代档案制成材料虽然与许多国家相似，但是国情不同，也具有自己的特点
调查研究	档案保护调研对实践发展的促进作用	［F34］通过调查研究的方式，我们使得这一部分教材中国化了，解了燃眉之急。同时还促进一些厂家研究改进产品配方和生产工艺，提高产品的耐久性。如上海墨水厂生产出了新的品种"档案墨水"，上海圆珠笔厂生产出新的圆珠笔油墨，耐光性从原一、二级提升到三、四级
从档案保管技术学到档案保护技术学	档案保护课程体系的改进	［F35］李鸿健促进了课程体系的改进，将《档案保管技术学》改为《档案保护技术学》有他的功劳
学科建设的学者观点	建设具有中国特点的先进的社会主义档案学路径的学者观点	［F36］我们主张建设档案学必须先密切联系实际，发展理论研究，批判地继承历史遗产，吸取外国先进技术道路，只有这样才能建成水平较高、越来越高的具有中国特点的先进的社会主义档案学

附录B 中国人民大学档案系毕业生访谈资料举隅

为获取毕业学生对于档案学"中国特色"的认知数据，笔者于2022年2月至2023年7月，选择13位中国人民大学档案系培养的优秀毕业生作为实地访谈对象，围绕档案学的"中国特色"、档案学教育的"中国特色"、档案学教材的"中国特色"、档案学课程的"中国特色"这四个主要论题开展实地访谈。出于保护受访者隐私考虑，也出于归纳调研数据范畴的考虑，本书对相关数据采用代号表示，并进行了基于范畴的扎根分类。本书部分研究结论的得出，参考了这些访谈资料。

附表 B-1　　中国人民大学档案系毕业生访谈资料举隅

受访者序号	受访者身份
D1	中国人民大学信息资源管理学院档案保护技术学教授
D2	中国人民大学信息资源管理学院党总支书记
D3	中国人民大学信息资源管理学院档案文献编纂学副教授
D4	中国人民大学信息资源管理学院文书学副教授
D5	中国人民大学档案系原政治辅导员
D6	中国人民大学信息资源管理学院（系）原党总支书记
D7	人事部原副部长
D8	民政部人事教育司原司长
D9	中国航天系统科学与工程研究院高级工程师
D10	中国长安汽车集团有限公司职员
D11	中国人民大学信息资源管理学院原院长助理
D12	国家档案局原副局长
D13	国家新闻出版署副署长

附表 B-2　　中国人民大学档案系毕业生访谈资料举隅

原始访谈记录示例
中国历史档案中有大量的手工纸、驰名中外的宣纸，还有历史悠久的墨、朱墨，这些都是具有中国特色的书写材料，我们的祖先对这些书写材料的耐久性很有研究。（D1-9）
我国档案保护技术学教育的理论性、系统性和实践性均较强，应用效果明显，与国外同类教育相较，具有国际先进水平。（D1-11）
档案学教育创办初期只有文书档案一个专业，这是中国档案学专业的传统特色。（D8-4）
对于档案学的教学方法，令我印象深刻的是档案文献编纂学方向的赵建老师，毕业上半年他带领我们去辽宁省档案馆开展实习，老师采用让我们通过文件内容自拟标题以及辨认领导人手迹作出释文的方法，让我们学习到文献编纂要注意文献的保密性、政策性，还要懂得中国书法。（D12-1）

续表

原始访谈记录示例
1966年元旦第二天,冯乐耘和李鸿健老师带领我们到广西壮族自治区州、地、县档案馆调研,实际了解考察档案部门档案防虫、防霉、防湿的保护技术。从各地、县档案部门调研来看,多半用的是土办法,用石灰、木炭除湿,用香草防虫,何时开窗换气,根据户外气象变化而定。我们在广西也做了些实验,例如,把无保存价值的档案装到塑料薄膜袋内密封好,放在水池里进行观察,看放置1个月有什么变化,放40天有什么变化,放60天有什么变化,进行比较、再作记录。在广西进行了5个月调研,回北京后由冯乐耘老师执笔,将调研材料整理成"关于档案保护技术小册子",我们通过出差调研,亲身领悟到档案保护技术学需要秉持的严谨、细致的科研精神。(D12-2)
"档案保护技术学"是实践性很强的课程,我认为课程的体系乃至各个章节的内容,应当符合实际和实践发展的需要;课程中的理论必须与实践密切结合;课程讲述的技术方法,应当是经过科学实验或实践检验的。我们从学苏联开始,必须迅速解决"中国化"的问题,要让课程的理论与实践符合我国国情。要达到这个要求,重要措施之一是经常不断地从各个不同角度深入实际,进行调查研究。(D1-6)
我国的档案孕育产生于中华优秀传统文化之中,档案的形成、保护的环境与外国不完全相同,中国档案保护技术应当具有自己的特点。(D1-1)
关于档案保护技术,应当十分注重总结研究中国传统保护技术,只有在批判性地继承传统经验的基础上,才能更好地吸取国外有用的技术,使档案保护技术的现代化具有中国特色。(D1-15)

后　　记

　　选择"中国特色档案学的当代构建"作为博士学位论文研究选题，其初心始于攻读博士学位刚入学时导师对于中国特色档案学研究寄予的厚望。中国特色档案学不仅寄托着我国古时历代档案工匠传承文明的理想，也是近代以至当代历代档案学者不断拓宽与拓深学科研究领域，使之日益成为我国哲学社会科学整体发展进程中的一门"显学"之历史功绩的集成，同时，它同样也寄托了我的理想与热爱。借论文完成的时机，我要向一切关心、爱护、帮助过我实现理想、守护着我的热爱的人们表示由衷的谢意！感谢你们帮助我完成攻读博士学位生涯中的一次又一次进步，并进而成就了我的人生。

　　宋代著名思想家和词人苏洵曾说："为一身谋则愚，为天下谋则智。"首先，我希望感谢这篇作为博士学位论文的主要研究依托的祖国，也感谢自古以来我国历史上持续不断涌现的具有中国特色的档案智慧、躬耕文明沃土的档案工匠，以及辛勤培育桃李的档案学教师，是你们给了我研究的动力和灵感，给我提供了丰富的研究素材。对于祖国的爱，自年幼时起，在党和人民的教导下，早已深入灵魂，并构成我求学、求知时光中最深刻最虔诚的动力。这种情感不仅指引着我人生的方向、对学术的理解、对档案学的理解，而且帮助我克服了成长路上一个又一个困难，感谢祖国赋予我的这种情感，让我不管在取得进步，抑或遇到低谷时，成为我的信念、我的灵魂、我最虔诚的信仰、我的力量和翅膀，我不断生长的羽毛和日益坚韧的羽翼。

感谢我的导师张斌教授！导师如父亲般慈爱，如神祇般至善，如大山般巍峨，是导师托举了平凡的我，使我有机会破茧成蝶，拥有一方舞台。感谢冯惠玲老师在攻读博士学位入学之初，对我们说的那句"珍惜在人大读博的时光"！感恩有幸聆听了冯老师许多完美的课程和讲座！冯老师是一个理想主义者，也是一个勤于治学的务实主义者，是一个近乎完美的学者，冯老师的教诲和引领，是档案学界之幸，冯老师也是我所崇拜的偶像和希望学习的榜样。感谢徐拥军老师、刘越男老师、钱毅老师、梁继红老师、张美芳老师、黄霄羽老师、牛力老师、王英玮老师、闫慧老师、钱明辉老师、索传军老师、何庄老师等学科导师对我的提点和支持！感谢刘越男老师放弃中午休息的时间为我亲自手写推荐信！感谢钱毅老师对学位论文重要方向的指导！感谢徐拥军老师为我的科研论文写作提示方向！他像导师一样关心和支持我的成长。感谢闫慧老师对我说的那句"必须支持"！这让我非常感动。感谢韩曙光老师在紧张的学习之余提醒我多参加体育活动，感谢您对我说的那句"同等重要"！感谢五位外审老师对于论文的肯定与指导！感谢任越老师、周林兴老师分别从黑龙江和上海远赴北京出席答辩会！感谢蔡盈芳司长作为科研专家赴中国人民大学出席答辩会，感谢你们支持并见证我人生的重要时刻！感谢学院资料室马婵老师为我查阅和参考历史资料提供帮助！感谢吉林大学张卫东教授对于学位论文谋篇布局大方向的指导！感谢中山大学陈涛老师对我成长的关心、帮助和支持！感谢我的硕导王协舟教授、师母陈艳红教授对我成长的关心和支持！你们在我心中都是亲切和蔼、治学严谨的前辈，是我学习的榜样和前进的动力。

感谢师兄师姐师弟师妹对我成长的帮助、肯定和支持！感谢杨文师兄在博士一年级时对我大量阅读档案学著作和论文的指导，以及为我多篇科研论文做修改把关！感谢王露露师姐、虞香群师姐、李子林师姐对我成长方向的引导和帮助！感谢我的本科师兄高鹏志！感谢13年前师兄将他自己随身佩带的中国政法大学校徽郑重地交给我，寄予我"法治天下，学问古今"的理想，并在此后多年一直关心、支持我的学习和成长，从中国政法大学到最高检检察官，师兄一直是我崇拜和学习的榜样，是我从事信息科学领域法学研究的引路人和坚定的支持者。感谢我的本科师姐李静、阳琳！感谢你们像亲生姐姐一样呵护我的梦想和成长，关心和帮助我的每一步成长。

感谢我的同学、家人和朋友对我生活上的照顾和爱护，使我能够开心、顺利且幸运地成长！特别要感谢我的爱人汪书路副教授为本书做的逐字校对工作！感谢2020级博士班优秀且努力的同学们，你们不仅以勤奋严谨的治学态度潜移默化地影响着我，也具备团结、协作、谦和、圆融等优秀品质，我时常能从你们身上认识到自身的差距和不足，并以此作为不断学习和进步的动力。同样，也感谢你们对我的认可和鼓励，让我能够保持前进的信心和勇气。感谢我的初中同学晏娜对我成长的帮助和提点！在我心中，娜娜一直是优秀、聪明、豁达且率真之人，感谢你陪伴和见证了我成长的每一个脚印。感谢我的本科同学苏星移、刘文蛟、朱丹、王璐等对我的鼓励、帮助和支持！感谢我的硕士同学秦顺、张婧怡、李鑫等对我的鼓励、帮助和支持！

感谢我的母校中国人民大学，以及信息资源管理学院！在这有着"我国档案学高等教育师资的黄埔军校""我国档案学高等教育师资的摇篮"美誉的档案学殿堂，我有幸当了您摇篮中的孩子。树高千尺不忘根。感谢您以最高深之学问培育我，以严格的方法训练我，以包容的胸怀教育我！感谢您的卓越与优秀给予我的坚定依靠！感谢您培养的众多优秀人才成为指引我前行的明灯，给予我关怀与支持！感谢您，亲爱的母校！在您的孕育下成为学者，在您的孕育下走向高等教育的讲台；从您微笑的目光中，以最高学位服加身的我，也将铭记您的期待和教诲，继续当一个快乐而幸福的教学科研耕耘者。

感谢我深深热爱的学术事业！感谢您不仅成为我的盔甲和羽翼，也时常给予我内心的安宁，使我明白自身存在的价值。我虽身为您的初学者，但已然得以见识您的美丽与富饶，此生有缘继续深耕于您的沃土，继续领略您的博大与精深，实乃人生万幸。

感谢这所有！到了这最高学位服加身的庄严时刻，一方面，我深刻地认识到我之所以获得成长，取得进步，是因为有许多老师、前辈、师长、同学的帮助；是因为你们的爱护、帮助、关爱、包容、鼓励，才成就了我的进步；若是未来能获得更大进步，也与你们的帮助和支持密切相关。记得硕士时代的理想是："学通古今，五字成诗，七字成律，十言成词，百字成赋，既能前瞻建筑高深理论，又能俯身贴地关怀天下，既有严谨之科研思维，突破已有知识极限，又有古今儒生之满腹才华，传承深厚文明。"到现在，这些仍是我的理想。并且，在此时，我也在想，理想是不是一篇又一篇成功发表的高级别论文，理想是不是顺利完成了导师对于我每一步成长的期许，理想是不是偶然翻到的高中毕业纪念册里那句"二十年后有一个约定"。在未来，理想是不是大学教师生涯中精彩的第一节课和每一节课，理想是不是顺利申报和认真完成的每一项课题，理想是不是学生们的进步、笑脸和掌声，理想是不是家人的欢声笑语、温暖陪伴、健康平安，理想是不是实现了等待自己每一个好消息时老师那句"你看我早说了"……总之，理想应该有很多样子，记录着每一个成长中的我和所有帮助过我的人们。为着这些理想，也为着因这些理想而生的热爱，为着这多感谢、深爱、嘱托、使命、责任、期许，我将继续跋涉。

尹　鑫

2024 年 12 月

于武汉大学信息管理学院